建设国际一流的
和谐宜居之都
研究

RESEARCH ON

THE CONSTRUCTION OF
INTERNATIONAL FIRST-CLASS HARMONIOUS

AND

LIVABLE CAPITAL

主　编／**盛继洪**

副主编／**黄江松　王　海　鹿春江**

社会科学文献出版社
SOCIAL SCIENCES ACADEMIC PRESS (CHINA)

《建设国际一流的和谐宜居之都研究》编委会

前　言

　　党的十八大以来，习近平总书记两次视察北京并发表重要讲话，明确北京全国政治中心、文化中心、国际交往中心、科技创新中心的战略定位，提出建设国际一流的和谐宜居之都战略目标。站在新的历史起点，要努力把北京建设成为拥有优质政务保障能力和国际交往环境的大国首都，弘扬中华文明与引领时代潮流的文化名城，全球创新网络的中坚力量和引领世界创新的新引擎，人民幸福、社会和谐的首善之区，天蓝水清、森林环绕的生态城市，世界超大城市可持续发展的典范。

　　建设国际一流的和谐宜居之都，是以习近平同志为核心的党中央，统揽发展全局、把握时代潮流，对首都发展提出的新要求、寄予的新期望，也是北京这座伟大城市新的历史使命，更是全市人民热切期盼的美好明天。为深入研究如何建设国际一流的和谐宜居之都，首都社会经济发展研究所、北京市决策学学会、北京决策研究基地联合中国人民大学、日本山梨县立大学、韩国汉城大学、北京市发展和改革委员会、北京市社会科学院、北京市城市规划设计研究院等国内外机构组成编委会。首都社会经济发展研究所所长、北京市决策学学会秘书长盛继洪担任主编，首都社会

1

经济发展研究所副所长黄江松、党支部书记王海和综合处处长鹿春江担任副主编。全书文稿由盛继洪、黄江松、王海、鹿春江、张文、董方审阅和修改。

该书是"2017年北京市社科联社会组织重点资助项目",感谢北京市社科联的支持。该书的编辑出版得到了社会科学文献出版社社会政法分社总编辑曹义恒的大力支持,特此感谢。

由于编著者的水平有限,书中定有疏漏和不妥之处,恳请读者批评指正。

2017 年 10 月

目　录

第一章　国际一流的和谐宜居之都指标体系及对

北京的评价 ……………………… 黄江松　鹿春江　徐唯燊／1

一　对现有宜居城市指标体系的简要评述 …………………… 1

二　对"国际一流的和谐宜居之都指标体系"的理解 ………… 3

三　宜居城市指标体系设计的原则 …………………………… 4

四　宜居城市指标体系的理论基础：基于马斯洛需求理论

构建特大城市宜居框架 …………………………………… 5

五　国际一流的和谐宜居之都指标体系及对北京的评价 ……… 8

六　北京宜居水平民意调查结果 ……………………………… 11

第二章　促进首都精明增长的思路和路径研究 ………… 林恩全／39

一　国际国内精明增长的理论和实践 ………………………… 39

二　精明增长视角下北京市发展现状与差距 ………………… 40

三　促进首都精明增长的思路及路径 ………………………… 44

四　促进首都精明增长的政策措施 …………………………… 57

第三章　对国家政治中心建设的几点思考 ……………… 尤国珍／64

一　国家政治中心的内涵和特征 ……………………………… 64

二　国外国家政治中心建设的经验 …………………………… 68

三　北京全国政治中心建设的历史追溯 ……………………… 78

第四章　北京全国文化中心建设研究 …………………… 王林生／83

一　北京文化中心建设的多层次内涵 ………………………… 83

二 北京城市总体规划与城市文化定位 …………………………… 85

三 全国文化中心建设存在的问题 ………………………………… 99

四 推进全国文化中心建设的对策建议 …………………………… 102

第五章 北京国际交往中心建设研究 ……………………… 刘 波 / 105

一 城市对外交往的历史发展路径 ………………………………… 105

二 嵌入式外交：全球化下城市国际交往的内涵、
形式与功能 ………………………………………………………… 110

三 北京国际交往中心发展历程、现状及存在问题 ……………… 112

四 北京国际交往中心建设的特征、功能和战略目标 …………… 119

五 纽约、伦敦、巴黎、东京等世界城市国际交往发展经验 … 127

六 强化北京国际交往中心建设的对策建议 …………………… 129

第六章 北京建设全国科技创新中心路径研究 …… 鹿春江 徐唯燊 / 134

一 北京建设全国科技创新中心的基础和保障 ………………… 134

二 北京加强全国科技创新中心建设的矛盾和问题 …………… 142

三 北京加强全国科技创新中心建设可借鉴的经验 …………… 146

四 北京加强全国科技创新中心建设的对策和建议 …………… 149

第七章 纽约、伦敦的最新城市规划特点及对
北京的启示 ………… 伍毅敏 王吉力 常 青 高 雅 / 154

一 纽约、伦敦与北京的基础数据比较 ………………………… 154

二 纽约、伦敦最新城市规划介绍 ……………………………… 161

三 纽约、伦敦最新城市规划对北京的启示 …………………… 175

第八章 东京的城市管理 …………………………………… 张 兵 / 180

一 东京都的政府机构和行政管理体制 ………………………… 182

二 东京的交通 …………………………………………………… 192

三 东京的市政公用设施 ………………………………………… 198

四 东京的环境和绿化 …………………………………………… 202

五 东京的人口和城市规划 ……………………………………… 206

六 东京城市管理对北京的启示 ………………………………… 209

第九章　2030 首尔规划 ……………………………… 朴寅星／212

一　《2030 首尔规划》概要 …………………………… 212

二　《2030 首尔规划》的编制原则和特点 ……………… 215

三　各热点主题规划 …………………………………… 219

四　实现规划的措施 …………………………………… 222

第一章 国际一流的和谐宜居之都指标体系及对北京的评价

黄江松　鹿春江　徐唯燊[*]

一　对现有宜居城市指标体系的简要评述

从 20 世纪末开始，国外对宜居城市评比就非常关注。联合国每年专门用人类发展指数（HDI）对全球不同国家的宜居状况进行了排名（没有专门针对城市的排名）。联合国人居署（UNHSP）还就城市政府、组织、个人或项目在适合人居方面的突出工作设立了"联合国人居奖"，以表彰其在人居环境改进方面的工作。该奖项不针对城市整体宜居状况，而是针对城市宜居状况改进工作的奖励，也没有宜居城市排名。出于对政府改进工作和一些跨国公司经济利益的考虑，西方发达国家还产生了许多对全球或是本国内的城市宜居状况的排名，如英国经济学人信息部（EIU）排名、美世人力资源咨询公司宜居城市排名、CNN 网与《Money》杂志排名、美国 The Partners for Livable Communities 排名和 Sperling'Best Place 排名等。其中，EIU 和美世人力资源咨询公司宜居城市排名在国际上是很有影响力的。EIU 选取了社会稳定、医疗资源、文化环境、教育资源和基础设施的五个方面（30 个指标），每年对全球 140 个城市的宜居水平进行两次评价。美世人力资源咨询公司（以下简称美世）从

---

[*] 黄江松，博士，首都社会经济发展研究所副所长、研究员，主要研究领域是城市发展战略、城市管理、社会管理；鹿春江，首都社会经济发展研究所综合处处长、副研究员，主要研究方向是首都经济社会发展重大问题；徐唯燊，博士，首都社会经济发展研究所综合处主任科员、助理研究员，主要研究领域是城市发展战略、国际贸易与国际投资。

金融环境、基础设施、教育、居住条件、消费品、经济环境、医疗保健、自然环境、社会稳定、休闲娱乐、公众社会生活自由度等方面选取 31 个指标，对全球 230 个城市的生活质量进行排名。宜居城市是个动态的概念，处于不同发展阶段的城市，人们对它的认识是不同的。欧美国家的城市发展水平普遍高于我国，EIU、美世评价宜居城市的指标体系不太适合我国城市发展水平。比如空气质量、交通拥堵这些对国内大城市而言很重要的指标要么没涉及，要么权重太低，以至于评价结果与人们的直观感受大相径庭。根据 EIU 的评价，在北京、上海、广州、深圳、青岛、大连、苏州这七个城市中，北京的宜居水平是最高的，这个结果一公布，引起舆论一片哗然。同时，我们通过对 EIU 和美世在北京的分支机构的走访了解到，EIU、美世评价宜居城市的指标体系以人们的主观感受为主，而且问卷调查的样本量很小，如美世只发放 100 份问卷，调查对象还仅限于在中国居住的外国人。

中国学者对宜居城市评价指标体系的研究始于 20 世纪 90 年代。吴良镛最早建立了人居环境的实证研究框架，把人居环境分为居住系统、人类系统、社会系统、自然系统和支撑系统五个系统加以研究。此后，不少学者以客观指标为基础构建了适合中国国情的宜居城市评价指标体系，如聂春霞和何伦志使用经济发展、环境优美、废物处理、生活舒适、文化丰富五个方面（24 个指标）构建评价体系，对中国 30 个主要城市的宜居水平进行评价。与此同时，以被调查者主观感受为基础构建评价指标体系的研究也方兴未艾，如孟斌等和党云晓等基于三次大规模抽样调查问卷对北京市的人居环境变化进行评价。2016 年 3 月北京市统计局发布了"国际一流的和谐宜居之都"监测评价结果，从城市安全、生活品质、环境宜人、社会和谐、开放创新这五方面进行评定，具体监测指标涵盖了 35 项。由于是政府部门设计、发布的指标及进行的监测，在指标选取方面受到的约束较多，如要考虑监测结果发布的时效性，要考虑相关政府部门的利益；有的指标具有浓厚的本地特点，不能开展城市宜居水平国内外横向比较，如市民公共行为文明指数、环境卫生指数、京津冀城镇化率；这套指标体系没有设定目标值，宜居的标准、国际一流的标准都没设定，所以只能开展北京宜居水平的纵向比较，对于社会各界普遍关切的北京宜居水平距离一流的差距没有给予回应。

二　对"国际一流的和谐宜居之都指标体系"的理解

（一）对宜居城市的理解

1996 年联合国第二次人居大会提出了城市应当是适宜居住的人类居住地的概念，此概念一经提出就在国际社会达成了广泛的共识，成为 21 世纪新的城市发展观。2004 年北京在全国率先提出建设宜居城市，2014 年 2 月习近平总书记视察北京时提出北京要建设国际一流的和谐宜居之都。2017 年 2 月习近平总书记视察北京时强调要把建设国际一流的和谐宜居之都作为战略目标。宜居城市有广义和狭义之分。狭义的宜居城市是指气候条件宜人、生态景观和谐、适宜人们居住的城市。广义的宜居城市是一个全方位的概念，强调城市在经济、社会、文化、环境等各个方面都能协调发展，人们在此工作、生活和居住都感到满意，并愿意长期居住下去。本课题采用的是广义的宜居城市的概念。我们认为，宜居城市是面向所有城市居民的，不仅仅为在城市中工作的人，还要为儿童、老年人、残疾人等各类人群提供较好的生活环境，使他们各得其所；宜居城市是可持续发展的城市，不仅适合当代人居住，还要适合子孙后代居住；宜居城市既要有良好的"硬环境"，满足居民的物质需求，又要形成人与人之间和谐共处的"软环境"，满足居民的精神需求。

从广义宜居城市的内涵来看，和谐内含于宜居的概念之中。

（二）宜居城市指标体系研究的视角

概括起来，对宜居城市指标体系研究有三种视角：一是以城市的客观指标数据为基础，通过对城市各方面的指标进行综合评比，最后得出结果；二是基于居民主观感受的心理视角，这类评价数据来自对城市居民的实际调查，主要采用问卷调查、随机访谈等形式；三是将前二者结合的视角。本课题采取第一个视角，全部采用客观指标。

（三）宜居城市指标体系研究的空间层面

对宜居城市的评价，可以从三个空间层面来进行评价。一是评价和比较城市之间的宜居水平。评价单元为独立的城市，评价的内容和相应的评价指标相对宏观，既包括环境和生态指标，又包括经济指标和社会发展指标，但核心是与居民生活和居住密切相关的内容。要评价的城市必须具有可比性，即城市规模、发展水平等差异不能太大。二是评价城市内部不同区域的宜居水平。评价单元为城市内部不同的空间，评价内容和指标相对具体。三是评价城市内部不同居住区的宜居水平。评价单元是独立的住宅或居住区，评价指标具体到各住宅区的建设面积、建设质量、建筑风格、日照、配套设施等。本课题采取第一个空间层面，而且北京是国际性大都市，所以本课题研究的是特大城市的宜居指标体系，即宜居之都指标体系。

（四） 如何体现国际一流

自北京提出建设宜居城市目标以来，社会各界争议很大，认为北京人口多、城市规模大、城市功能集聚、资源承载力有限，北京不可能建成宜居城市。2015 年美世评选出宜居城市前五名是：维也纳、苏黎世、奥克兰、慕尼黑、温哥华，同年 EIU 评选出的宜居城市前五名是墨尔本、维也纳、温哥华、多伦多、卡尔加里和阿德莱德（并列）。可见，全球最宜居的城市都不是特大城市，联合国将人口在 800 万以上的城市定为特大城市。但是，根据这两大机构的评价，世界城市东京、纽约、伦敦都是宜居城市。三大世界城市的 GDP 在全球城市中的排名分别为第一、第二、第四，人口总量都在 800 万以上或接近 800 万，人口密度在每平方公里 5000 人以上。北京有 2000 多万人口，与东京、纽约、伦敦同属特大型城市之列。所以，北京与人口较少、规模较小的城市比宜居水平，显然有失公平。因此，北京要建设的宜居城市，应瞄准东京、纽约、伦敦等国际性、特大型城市的宜居水平。所以，在本课题研究中将这三个城市的宜居水平确定为标准值，体现国际一流。

三 宜居城市指标体系设计的原则

一是着眼宜居城市的建设。一个城市宜居水平的高低部分取决于先天条件，如地理位置、气候条件，这套指标不是对城市宜居水平的客观评价，所以并不涉及作为宜居城市的先天指标。在指标体系设计上，要着眼宜居城市的建设。

二是着眼政府促进城市宜居水平的提高。宜居城市的建设是个系统工程，涉及政府、企业、社会、公众多个主体。在指标体系设计上，要着眼政府这个城市建设主体。

三是着眼问题导向。处于不同发展阶段，宜居城市建设的重点不同，这套指标体系重点关注国内特大城市当前在宜居方面的短板。

四是着眼前瞻性原则。指标体系要体现世界城市在提高宜居水平方面的新理念、新举措。

五是着眼居民需求的满足。指标体系突出反映城市发展与人的需求满足的关系。习近平总书记在"2·24"重要讲话中提到，城市规划建设做得好不好，最终要用人民群众的满意度来衡量，要坚持人民城市为人民，以北京市民最关心的问题为导向，增强人民群众获得感。

四　宜居城市指标体系的理论基础：基于马斯洛需求理论构建特大城市宜居框架

做好城市工作，要坚持以人民为中心的发展思想，坚持人民城市为人民。以人民为中心，建设国际一流的和谐宜居之都就要从满足人的需求出发。根据马斯洛的需求层次理论，人的需求从低到高分为五个层次，即生理需求、安全需求、社交需求、尊重需求、自我实现需求。马斯洛认为，一个国家多数人的需求层次结构，是同这个国家的经济发展水平、科技发展水平、文化和人民受教育的程度直接相关的。那么，我们进一步分析会发现，需求是动态变化的，生活在不同地域、不同时代，人们的各种需求的表现差异性很大。

将马斯洛的需求层次理论与现代大城市生活结合起来，我们认为提高特大城市宜居水平应从五个层次需求的满足出发，以提高特大城市的健康性、安全性、开放性、包容性和活力。

一是满足人的生理需求，提高城市的健康性。生理需求是指个人在城市生活所必需的物质方面的需求。格莱泽在《城市的胜利》书中提到，"地缘上的接近性为思想和商品的交流提供了便利，但它同时也方便了细菌的传播和钱包的盗窃。全球所有较为古老的城市都得过'大城市病'：传染病、犯罪、拥挤"。在历史上，城市的健康水平一度低于农村。17世纪，英国城市地区的死亡率大大高于农村；1901年，纽约市民平均预期寿命比全国平均预期寿命少了7岁。随着时代的发展，现代城市经过几十年到几百年的建设、发展，城市满足市民生理需求的能力大幅提高，所以市民生理需求的内涵已发生很大变化。比如，洁净的空气成为人们在大城市生活基本的生理需求。根据对在北京工作的外籍人的调查，北京的雾霾天气已成为外籍人员离京、外籍人员拒绝来京工作的首要因素，76.1%的被调查者表示会因空气质量差而选择离开北京。人们来到城市是为了生存，宜居城市是能让他们生活得更好的城市，能够满足市民健康生存和繁衍的要求，提供健康的空气、水、住宅、食品，完善的市政基础设施，便利的商业环境，有效防治各种传染病。

二是满足人的安全需求，提高城市的安全性。李光耀认为，一个宜居城市的重要条件是人民感觉安全，他说："在这个地方创造一种安全，一种舒适的感觉。如果你老是感觉害怕，无论周遭环境有多美好也没有用。"但是在现代社会，特大城市由于人口密集、规模大、社会多元、对外开放程度高、社会关注度高，面临的潜在风险非常大，是各种风险的多发地和矛盾的汇集点。当今世界的恐怖袭击事件无一不在特大城市发生，这向世人警示特大城市的高度脆弱性。特大城市危机事件还呈现跨领域发生态势，经济安全、社会安全、生态安全、网络安全彼此间界限逐渐模糊，相互交融，牵一发而动全身；传统威胁增加的同时，恐怖袭击、金融攻击、网络攻击等非传统威胁亦呈不断上升势头。宜居城市应满足人的安全需求，增强市民的安全感，维持稳定的社会秩序。

三是满足人的社交需求，提高城市空间的开放性。20 世纪 90 年代我国在城市实行住房制度改革，单位不再分配住房，人们住在商品房小区；而且随着改革的深入城市人口流动性加大，大量外来人口涌入大城市，导致我国现代大城市与传统的乡村社会、计划经济时代的大城市在社区层面存在本质区别，现代大城市的社区是陌生人社会，邻里之间没有天然的联系。那么，建设宜居城市要最大限度地满足市民社交的需求。城市政府要在社区建有足够的、满足不同人群的公共空间、文体设施和场地、公园绿地为居民交往提供场所。大城市公共交通要便捷，慢行系统要完善，方便各类居民，尤其是无车居民出行。大城市要重视街道的建设，雅各布斯在《美国大城市的死与生》一书中提出，街道是一个城市最重要的器官，能促进人们的交往。街道及街边的商店是大城市里非正式的公共场合，丰富的城市生活就是从街道开始的。街道还是城市里孩子们成长的地方，城市街道是培养孩子们公共责任感的绝佳的场所。另外，处在信息时代的人们大都依靠互联网、移动互联网进行交往，大城市要建有广覆盖、安全、快速、低价甚至免费的互联网、移动互联网。

四是满足人的尊重需求，提高城市社会的包容性。尊重的基础是公民社会权利的平等，没有公民权利的平等，尊重就不可能实现。城市要提供平等的公民权利体系，城市居民不论种族、肤色、户籍都平等地享有选举权和被选举权，平等地享有教育、医疗、社会保障等公共服务，平等地参与城市管理、接受公共管理。社会建有客观的评价机制，只有每个公民的贡献能够得到恰当的评价，尊重才能得到体现。全社会建有良好的收入分配机制，这是尊重在经济上得以体现的最为根本的机制。能给予一个人和其才能、贡献相匹配的报酬，能打破各种身份限制，实现同工同酬。社会学的研究证明，对于一个社会的良性运行而言，有组织比没组织好。政府要鼓励、扶持各类社会组织的发展。尊重需求的满足，重点体现在对城市贫困人口、老年人、残障人等弱势群体的服务、关怀上。

五是满足人的自我实现需求，提高城市的活力。城市是人类最伟大的发明，在工业社会，城市能通过组织大规模生产降低生产成本，创造极大的物质财富；在信息社会，虽然互联网普遍使用，人们借助新技术可以无障碍地进行交流，大城市因为人员的多元性、地缘的接近性、空间的集聚性，相比农村、小城市，仍然具有满足自我实现需求的先天优势。宜居城市应满足市民自我实现的需求，提高城市活力。提高城市经济活力，使之成为创业、创新、创意人才的集聚地。营造独特、多元的城市文化氛围，提高城市文化活力。功能齐全、完备的文化设施，丰富的公共文化活动，繁荣的文化市场都有助于满足人自我实现的需求，吸引各地、各国优秀的文化人才。世界上的特大城市无一例外都是地区乃至世界的文化中心，如纽约、伦敦、巴黎、东京。研究美国大城市中心区的振兴过程还发现，居民的文化参与有助于提高公民意识、增强社区凝聚力，文化舞台越活跃，中心区的暴力水平和贫困率下降越多。发展慈善事业，提高城市社会活力。就个人而言，参与慈善活动是满足自我实现需求的路径，随着社会的进步，慈善将成为一种生活方式；对国家而言，基本完成工业化之后的国家，如果能够兴起广泛而持续的慈善运动，整个社会就会实现稳定的转型和提升。基于马斯洛的需求层次理论的特大城市宜居框架详见图 1-1。

图 1-1　基于马斯洛的需求层次理论的特大城市宜居框架

五　国际一流的和谐宜居之都指标体系及对北京的评价

在前几部分研究的基础上，同时考虑到四个城市客观指标的可得性、可比性，课题组构建了国际一流和谐宜居之都指标体系。构建本指标体系的目的，除了进一步明确国际一流和谐宜居之都的内涵外，更主要的是对北京目前的宜居水平做出评价。城市的宜居水平不存在绝对的标准，只有在比较中才会凸显出来。这里采用的方法是在特定指标上将北京与纽约、伦敦、东京的一般水平（用这三个城市指标的平均值来反映）相比得到一个比值，该比值代表了北京在该指标上宜居水平的实现度。通过计算 20 个指标的加权平均实现度，就能得到北京国际一流和谐宜居之都的实现度（见表 1-1）。

表 1 - 1　国际一流和谐宜居之都指标体系

总目标	目标	具体指标	北京	纽约	伦敦	东京	国际一流	实现度（%）
国际一流和谐宜居之都	城市环境的健康性（25%）	PM2.5 年均浓度（微克/立方米）	80.6	10	11	16	12.3	15.3
		供水安全系数	1.25	1.4	1.4	1.4	1.4	89.3
		污水处理率（%）	87.9	100	100	100	100	87.9
		森林覆盖率（%）	25.6	65	34.8	37.8	45.9	55.8
		单项实现度						62.1
	城市的安全性（25%）	失业率（%）	1.39	5.6	7.1	3.6	5.43	100
		刑事犯罪率（件/十万人）	457.29	1188.93	2751.64	1162	1700.86	100
		万车死亡率（人/万车）	1.64	1.2	0.53	0.49	0.74	45.1
		火灾死亡率（人/万人）	0.022	0.083	0.06	0.07	0.071	100
		单项实现度						86.3
	城市空间的开放性（20%）	人均公园绿地面积（平方米）	9.84	19.6	25.4	9	18	54.7
		网速（兆比特/秒）	2.2	11.77	9.19	19.01	13.32	16.5
		百人互联网宽带用户数（户）	22.65	27.12	—	38.43	32.78	69.1
		15 公里半径内轨道密度（公里/平方公里）	0.58	0.71	1.2	1.23	1.047	55.4
		单项实现度						48.9
	城市社会的包容性（15%）	平均受教育年限（年）	12	12.9	12.3	11.5	12.23	98.1
		教育占财政支出比重（%）	10.6	—	16.9	14.34	15.62	67.9
		每万人社会组织数（个）	14.7	52	—	97	74.5	19.7
		社会保障占财政支出比重（%）	8.7	—	39.3	14.86	27.08	32.1
		单项实现度						54.5

总目标	目标	具体指标	北京	纽约	伦敦	东京	国际一流	实现度（%）
国际一流和谐宜居之都	城市文化的活力（15%）	世界200强大学数（个）	2	3	5	2	3.333	60
		世界文化遗产数（个）	7	1	4	0	1.7	100
		万人文化创意产业从业人员（人）	932	530	573	744	615.7	100
		文化场馆指数	34	56	82	43	60.3	56.4
		单项实现度						79.1
		总实现度						66.9

注：数据来源说明详见附件1。

根据我们的评价，北京与东京、伦敦、纽约的宜居水平存在很大差距，仅相当于这三个城市的 66.9%。差距比 EIU 的评价更大。根据 EIU 2015 年的数据，北京宜居水平是 76 分，东京、纽约、伦敦分别是 95 分、87 分、87 分，北京相当于它们的 84.7%。原因在于我们选取的指标、赋予的权重直指北京在宜居方面的软肋，比如，对空气质量指标就赋予很高的权重。而且，我们全部采取客观指标进行评价，结果应该更接近事实（见表 1 - 2）。

表 1 - 2　北京及国际大都市宜居水平比较（2015 年）

单位：分

项目	北京	东京	伦敦	纽约
社会稳定	80	90	70	70
医疗资源	67	100	88	92
文化娱乐与自然环境	69	94	97	92
教育资源	83	100	100	100
基础设施	86	93	100	100
总分	76	95	87	87

通过评价我们还找到了北京宜居的短板。从总体上看，北京在城市安全、城市文化活力方面的表现尚可，相当于这三个城市的 80%。尤其是在

就业、社会治安、历史文化遗产、创意产业从业人员数量等方面，北京已超过三个世界城市的平均水平，具有明显优势。但是，北京在城市空间的开放性、社会包容性、环境的健康性三个方面与世界城市存在很大差距。从具体指标来看，北京宜居短板突出体现在空气质量差、上网速度慢、社会组织少，北京在这三个指标上的实现程度不到三个世界城市的 20%。2015 年北京 PM2.5 年平均浓度为 80.6 微克/立方米，而东京、伦敦、纽约 PM2.5 年均浓度分别为 16 微克/立方米、11 微克/立方米、10 微克/立方米。2015 年北京的上网速度仅为 2.2 兆/秒，而东京高达 19 兆/秒，伦敦在三个城市中是最低的，也达 9.19 兆/秒。2015 年北京每万人社会组织数为 14.7 个（指登记注册和备案的社会组织），而发达国家每万人社会组织数一般在 50 个以上，美国是 52 个，日本是 97 个，法国是 110 个。另外，财政在社会保障上的支出、森林覆盖率、人均公园绿地面积、交通安全、轨道交通密度这五个指标，北京相当于世界城市的 50% 左右。

但是我们不应否认的是，"十二五"以来北京的宜居水平在缓慢提高。EIU 调查数据显示，"十二五"时期，北京的宜居水平有了进一步提高。在 2015 年 8 月公布的最新城市宜居水平排名中，北京排在第 69 位，比"十一五"时期末的排名上升了 7 位；北京的总分是 76 分，比 2010 年增加 2 分。EIU 将总分在 80 分以上的城市认定为宜居城市，所以距离 80 分的门槛仅相差 4 分。2016 年 3 月 24 日，北京市统计局首次发布"国际一流的和谐宜居之都"监测评价结果称，在过去五年中，北京和谐宜居总指数逐年上升，2015 年达到 118.9，较 2010 年提高 18.9 个点。

应该说近年来北京在城市发展理念上越来越关注人的感受，采取了一些卓有成效的措施，如加大轨道交通的建设力度，治理大气污染和水环境，实行平原造林，在中心城区腾退的空间建设公园绿地，等等，促使城市宜居水平的提高。

六　北京宜居水平民意调查结果①

为了解北京市民对北京市宜居水平的评价，我们采用前述宜居城市指标体系进行了主观评价。2017 年 1 月，委托北京市社情民意调查中心

---

① 详见附件 4。

开展专题民意调查。在调查实施过程中，根据《北京市统计用区划代码（2015年版）》，采用多阶段抽样方式随机抽选调查社区。在选定的社区中对本社区居民进行随机拦截，并发放调查问卷进行调查访问。共接触1367个调查样本（即被访者），调查范围覆盖全市16个区，最终实际有效调查样本为1000个。

调查显示，2016年，居民认为北京市宜居水平得65.3分，与客观评价结果高度吻合。在五个二级指标中，城市健康水平得分最低（60.6分），社会包容度评价得分最高（68.4分），极差为7.8分（见表1-3）。

表1-3　北京市宜居水平评价情况

单位：分

项目	评价得分
城市健康	60.6
城市安全	66.5
空间开放度	66.9
社会包容度	68.4
文化活力	66.1
宜居水平（加权计算）	65.3

纵观北京市16区居民对宜居水平的评价，郊区居民的宜居水平评价普遍高于城区居民的评价。密云区居民对宜居水平的评价最高，评分为81.5分；排第二、第三的是延庆区、通州区，分数分别为76.8分、74.0

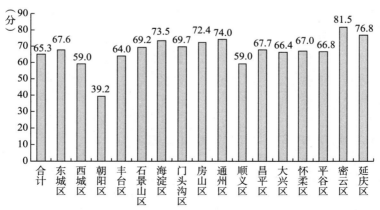

图1-2　各区居民对北京市宜居水平评价

分;海淀在城六区中排第一,全市排名第四,评分为 73.5 分;排第五的是房山区,评分为 72.4 分(见图 1 - 2)。

年龄越大,对北京的宜居水平评价越低。20 岁以下居民对北京市宜居水平评价最高,为 68.8 分,30 ~ 39 岁及以上的居民评价最低,为 64.3 分,相差 4.5 分。

学历越高,评价越低。初中及以下评分为 68.3 分,研究生评分为 61.6 分,相差 6.7 分(见图 1 - 3)。

非京籍居民比京籍居民对北京的宜居水平评价高,高 5.5 分。在北京居住时间越长,对北京的宜居水平评价越低。在京居住 5 年以下的居民评价为 72.0 分,而居住 30 年以上的居民评分为 63.0 分,相差 9 分(见图 1 - 4)。

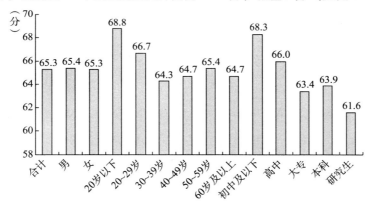

图 1 - 3　不同性别、年龄、学历居民对北京市宜居水平评价

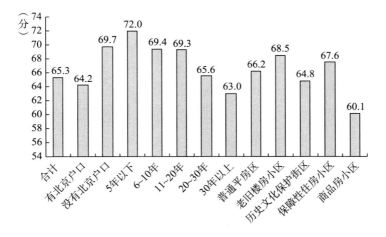

图 1 - 4　不同户籍、居住年限、房屋类型居民对宜居水平评价

在评价宜居水平的 23 个三级指标中，评价最好的 5 个方面是水电气供应、中小学教育、互联网服务、社会保障、社会治安。评价最差的 5 个方面是空气质量（33.2 分）、水质（56.6 分）、食品安全（58 分）、小区环境（62.9 分）、社区活动空间（63.1 分）（见图 1 - 5）。

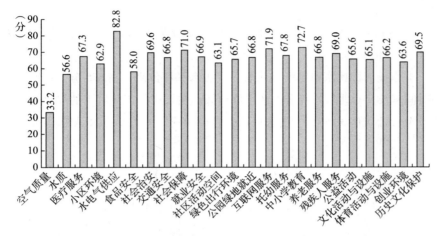

图 1 - 5   北京市居民对宜居水平 23 个三级指标总体评价

附件 1   数据来源说明

1. PM2. 5 年均浓度

北京数据来源于北京市环境保护局，纽约数据来源于 New York City Community Air Survey，伦敦数据来源于 London Datastore，东京数据由北京市统计局提供。

2. 供水安全系数

供水安全系数由北京市水务局提供。

3. 污水处理率

北京数据来源于《北京统计年鉴 2016》，纽约、伦敦、东京数据由北京市水务局提供。

4. 森林覆盖率

森林覆盖率由北京市园林绿化局提供。其中，北京森林覆盖率是指平原地区森林覆盖率。

5. 失业率

北京数据来源于《北京统计年鉴 2016》，纽约数据来源于纽约州政府网站，伦敦数据来源于 Office for National Statistics，东京数据来源于东京都总务局统计部。

6. 刑事犯罪率

刑事犯罪率来源于《北京法治发展报告（2013）》。

7. 万车死亡率

北京数据来源于《北京统计年鉴 2016》，纽约、伦敦、东京数据来源于《北京法治发展报告（2013）》。

8. 火灾死亡率

北京数据来源于《北京统计年鉴 2016》，纽约、伦敦、东京数据来源于《北京法治发展报告（2013）》。

9. 人均公园绿地面积

人均公园绿地面积由北京市园林绿化局提供。

10. 网速

网速数据来源于 Bandwidth Place 网站。

11. 百人互联网宽带用户数

北京数据来源于《北京统计年鉴 2016》，纽约、伦敦、东京数据来源于《中国社会建设报告（2014）》。

12. 15 公里半径内轨道密度

15 公里半径内轨道密度由北京市统计局提供。

13. 平均受教育年限

北京数据由北京市统计局提供。纽约、伦敦、东京数据为所在国家数据。

14. 教育占财政支出比重

北京数据来源于《北京统计年鉴 2016》，伦敦数据来源于《中国社会建设报告（2014）》，东京数据来源于《东京都统计年鉴 2014》。

15. 每万人社会组织数

北京数据来源于《北京市"十三五"时期民政事业发展规划》，为2015 年包括登记注册和备案在内的北京社会组织数。纽约、东京数据为所在国家数据，来自《建设世界城市背景下推进北京社会组织培育发展和服务管理的思考》（岳金柱等著，《社团管理研究》2012 年第 3 期）。

16. 社会保障占财政支出比重

北京数据来源于《北京统计年鉴 2016》，伦敦数据来源于《中国社会建设报告（2014）》，东京数据来源于《东京都统计年鉴 2014》。

17. 世界 200 强大学数

世界 200 强大学数来源于 QS World University Rankings（2016—2017）。

18. 世界文化遗产数

世界文化遗产数来源于联合国教科文组织网站，截至 2016 年世界文化遗产数。

19. 万人文化创意产业从业人员

北京文化创意产业从业人员和人口数据来源于《北京统计年鉴 2016》，纽约、伦敦、东京文化创意产业从业人员数据来源于《中国社会建设报告（2014）》，纽约人口数据来源于维基百科，伦敦人口数据来源于 Office for National Statistics，东京人口数据来源于东京都总务局统计部。

20. 文化场馆指数

博物馆个数、公共图书馆个数、美术馆（画廊）个数、剧院（演出场所）个数和电影院个数五个指标均由北京市统计局提供。

附件 2　文化场馆指数的计算方法

文化场馆指数是综合反映城市文化场馆发展情况的指数。该指数通过综合评价法计算得出，把不同量纲的指标合成为一个无量纲的指数。具体计算过程如下。

1. 数据收集

文化场馆指数由博物馆个数、公共图书馆个数、美术馆（画廊）个数、剧院（演出场所）个数和电影院个数五个指标合成得到。这五个指标的数据详见附表 2－1。

附表 2－1　文化场馆原始数据

单位：个

项目	北京	纽约	伦敦	东京
博物馆	173	143	215	72
公共图书馆	25	217	353	388
美术馆/画廊	189	613	857	688

项目	北京	纽约	伦敦	东京
剧院/演出场所	102	420	241	230
电影院	182	95	158	82

2. 数据标准化

为了便于对数据进行统一处理，需要先对数据作标准化处理去除量纲。这里采用常规的极值标准化方法，鉴于上述五个指标都是正向指标，计算公式均为：

$$Y_{ij} = 100 \cdot (X_{ij} - \min X_{ij}) / (\max X_{ij} - \min X_{ij})$$

其中，Y_{ij} 代表第 i 个城市第 j 个指标标准化后的数值；X_{ij} 代表第 i 个城市第 j 个指标的原始数值；i 的取值为 1、2、3、4，分别对应北京、纽约、伦敦、东京四个城市；j 的取值为 1、2、3、4、5，分别对应博物馆个数、公共图书馆个数、美术馆（画廊）个数、剧院（演出场所）个数和电影院个数五个指标。通过这种方法，标准化后的指标数值均在 0~100 区间，最小值为 0，最大值为 100。标准化后的指标数值详见附表 2-2。

附表 2-2　标准化后的指标数值

项目	北京	纽约	伦敦	东京
博物馆	70.63	49.65	100	0
公共图书馆	0	52.89	90.36	100
美术馆/画廊	0	63.47	100	74.7
剧院/演出场所	0	100	43.71	40.25
电影院	100	13	76	0

3. 确定指标权重

通过专家打分，确定五个指标为相同权重。

4. 计算指数

通过加权平均的方式计算出各城市的文化场馆指数，计算公式为：

$$Z_i = 0.2 \cdot \sum_{j=1}^{5} Y_{ij}$$

其中，Z_i 代表第 i 个城市的文化场馆指数；Y_{ij} 代表第 i 个城市第 j 个指标标准化后的数值；0.2 为五个指标的权重。四个城市的文化场馆指数详见附表 2-3。

附表 2 - 3　文化场馆指数

项目	北京	纽约	伦敦	东京
文化场馆指数	34	56	82	43

附件3　宜居城市要素问卷调查分析

　　为了解市民对宜居城市构成要素的需求，课题组开展了问卷调查，共发放问卷561份，回收有效问卷508份。其中男性比例为46%，女性比例为54%；67%的人有北京户口。学历结构详见附图3-1。

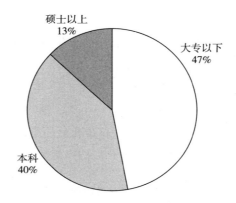

附图 3 - 1　受访者学历结构

受访者职业结构详见附图3-2。

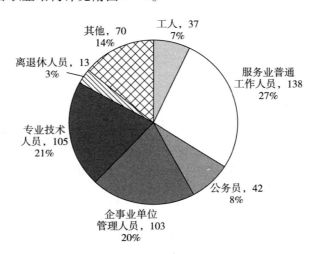

附图 3 - 2　受访者职业结构

受访者在京居住时间详见附图 3 - 3。

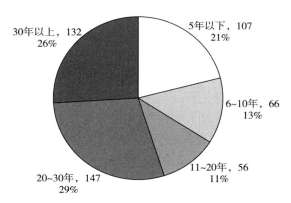

附图 3 - 3 受访者在京居住时间

通过对调查数据分析，居民看重的宜居因素分数排名详见附表 3 - 1。

附表 3 - 1 居民看重的宜居因素分数

单位：分

排名	指标	得分	平均分	中位数	众数
1	用电有保障	2240	4.409449	5	5
2	燃气供应有保障	2240	4.409449	5	5
3	自来水供应有保障	2209	4.348425	5	5
4	医疗水平高	2187	4.305118	5	5
5	饮用水质放心	2186	4.30315	5	5
6	社会治安好	2182	4.295276	5	5
7	食品安全	2161	4.253937	5	5
8	公共交通便捷	2159	4.25	5	5
9	城市绿化率高	2156	4.244094	5	5
10	看病方便	2151	4.234252	5	5
11	购买食品、生活日用品方便	2148	4.228346	5	5
12	社会保障健全	2134	4.200787	5	5
13	中小学教育质量满意	2124	4.181102	5	5
14	小区干净、整洁	2108	4.149606	5	5
15	空气质量好	2106	4.145669	5	5
16	餐馆卫生，品种多	2092	4.11811	5	5
17	网速快	2088	4.110236	5	5
18	有充足的就业机会	2083	4.100394	5	5

续表

排名	指标	得分	平均分	中位数	众数
19	较高的经济发展水平	2070	4.074803	4	5
20	物业服务好	2069	4.072835	5	5
21	托幼服务满意	2063	4.061024	5	5
22	居民受教育水平高	2062	4.059055	4	5
23	物价水平合理	2058	4.051181	5	5
24	步行安全、方便	2058	4.051181	5	5
25	没有噪音污染	2050	4.035433	5	5
26	通信费低	2047	4.029528	4	5
27	河湖水清	2045	4.025591	5	5
28	堵车不严重	2041	4.017717	5	5
29	房价合理	2038	4.011811	5	5
30	人口密度合适	2034	4.003937	5	5
31	居民区停车方便	2034	4.003937	5	5
32	家附近有公园	2033	4.001969	4	5
33	骑自行车安全、方便	2033	4.001969	4	5
34	注重保护城市历史风貌	2033	4.001969	4	5
35	养老服务水平高	2030	3.996063	4	5
36	电影院、剧院等文化场所方便	2023	3.982283	4	5
37	养老服务价格不高	2021	3.978346	4	5
38	无障碍设施方便	2021	3.978346	4	5
39	高水平大学多	2010	3.956693	4	5
40	健身场所方便	2008	3.952756	4	5
41	养老设施多	2007	3.950787	4	5
42	图书馆方便	1972	3.88189	4	5
43	房屋租赁市场规范	1962	3.862205	4	5
44	社区有活动空间	1961	3.860236	4	5
45	上班离家近	1947	3.832677	4	5
46	垃圾再利用率高	1941	3.820866	4	5
47	健身场所收费不高	1940	3.818898	4	5
48	社区自治水平高	1930	3.799213	4	5
49	博物馆多	1926	3.791339	4	5
50	图书馆多	1921	3.781496	4	5

续表

排名	指标	得分	平均分	中位数	众数
51	文化演出多	1921	3.781496	4	5
52	文化演出价格不高	1904	3.748031	4	5
53	公益慈善活动多	1877	3.694882	4	5
54	社区活动多	1795	3.533465	4	5

附件 4　北京宜居水平民意调查分析报告

为了解北京市民对北京市宜居水平的评价，我们采用前述宜居城市指标体系进行了主观评价。2017 年 1 月，委托北京市社情民意调查中心开展专题民意调查。在调查实施过程中，根据《北京市统计用区划代码》（2015 年版），按照区—街道（乡镇）—社区居委会，采用多阶段抽样方式随机抽选调查社区。在选定的社区中对本社区居民进行随机拦截，并发放调查问卷进行调查访问。共接触 1367 个调查样本（即被访者），调查范围覆盖全市 16 区，最终实际有效调查样本为 1000 个。被调查居民的结构有以下几个特点。

（1）在被访居民中，六大城区样本居多，占六成；十大郊区样本占四成（见附表 4-1）。

附表 4-1　各区被访者比例

单位：人，%

城区	样本人数	比例	郊区	样本人数	比例
东城区	100	10	门头沟区	40	4
西城区	100	10	房山区	40	4
朝阳区	100	10	通州区	40	4
丰台区	100	10	顺义区	40	4
石景山区	100	10	昌平区	40	4
海淀区	100	10	大兴区	40	4
			怀柔区	40	4
			平谷区	40	4
			密云区	40	4
			延庆区	40	4

（2）被访居民女性较多（见附表 4 - 2）。

附表 4 - 2　被访者的性别结构

单位：人，%

性别	样本人数	比例
男	413	41.3
女	587	58.7

（3）被访居民年龄分布较为均匀（见附表 4 - 3）。

附表 4 - 3　被访者的年龄结构

单位：人，%

年龄	样本人数	比例
20 岁以下	21	2.1
20 ~ 29 岁	217	21.7
30 ~ 39 岁	196	19.6
40 ~ 49 岁	194	19.4
50 ~ 59 岁	188	18.8
60 岁及以上	184	18.4

（4）被访居民学历结构分布（见附表 4 - 4）。

附表 4 - 4　被访者的文化程度

单位：人，%

文化程度	样本人数	比例
初中及以下	206	20.6
高中（含中专、职高）	317	31.7
大专	230	23.0
本科	224	22.4
研究生	23	2.3

（5）八成被访居民拥有北京户口（见附表 4 - 5）。

附表 4 - 5　被访者的户籍

单位：人，%

户口	样本人数	比例
有北京户口	801	80.1
没有北京户口	199	19.9

（6）85.2%的被访居民在北京居住了10年以上（见附表4-6）。

附表4-6　被访者的居住年限

单位：人，%

居住年限	样本人数	比例
5年以下	49	4.9
6~10年	99	9.9
11~20年	117	11.7
20~30年	180	18.0
30年以上	555	55.5

（7）一半居民居住在普通平房区和老旧楼房小区（见附表4-7）。

附表4-7　被访者的居住房屋类型

单位：人，%

居住房屋类型	样本人数	比例
普通平房区	202	20.2
老旧楼房小区（1990年前）	289	28.9
历史文化保护街区	30	3.0
保障性住房小区	182	18.2
商品房小区（1990年以后）	297	29.7

一　北京市宜居水平得分为65.3分

调查显示，2016年，居民认为北京市宜居水平得分为65.3分，与客观评价结果高度吻合。在五个二级指标中，城市健康水平得分最低（60.6分），社会包容度评价得分最高（68.4分），极差为7.8分（见附表4-8）。

附表4-8　北京市宜居水平评价情况

单位：分

项目	评价得分
城市健康	60.6

续表

项目	评价得分
城市安全	66.5
空间开放度	66.9
社会包容度	68.4
文化活力	66.1
宜居水平（加权计算）	65.3

纵观北京市 16 区居民对宜居水平的评价，郊区居民的宜居水平评价普遍高于城区居民的评价。密云区居民对宜居水平的评价最高，评分为81.5 分；排第二、第三的是延庆区、通州区，分数分别为 76.8 分、74.0分；海淀在城六区中排第一，全市排名第四，评分为 73.5 分；排第五的是房山区，评分为 72.4 分（见附图 4－1）。

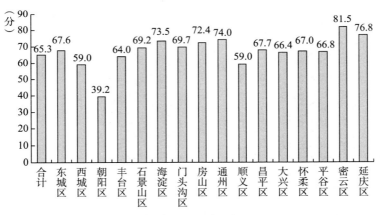

附图 4－1　各区居民对北京市宜居水平评价

从被访居民年龄来看，年龄越大，对北京的宜居水平评价越低。20岁以下居民对北京市宜居水平评价最高，为 68.8 分，30～39 岁及以上的居民评价最低，为 64.3 分，相差 4.5 分（见附图 4－2）。

从被访居民学历来看，学历越高，评价越低。初中及以下评分为68.3 分，研究生评分为 61.6 分，相差 6.7 分。

非京籍居民比京籍居民对北京的宜居水平评价高，高 5.5 分。在北京居住时间越长，对北京的宜居水平评价越低。在京居住五年以下的居民评价为 72.0 分，而居住 30 年以上的居民评分为 63.0 分，相差

9 分（见附图 4－3）。

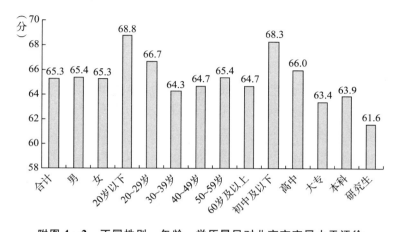

附图 4－2　不同性别、年龄、学历居民对北京市宜居水平评价

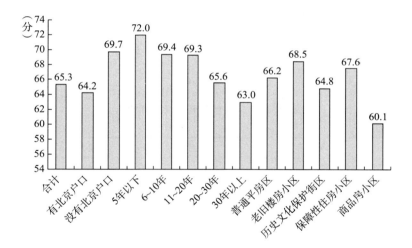

附图 4－3　不同户籍、居住年限、房屋类型居民对宜居水平评价

在评价宜居水平的 23 个三级指标中，评价最好的五个方面是水电气供应、中小学教育、互联网服务、社会保障、社会治安。评价最差的五个方面是空气质量（33.2 分）、水质（56.6 分）、食品安全（58 分）、小区环境（62.9 分）、社区活动空间（63.1 分）（见附图 4－4）。

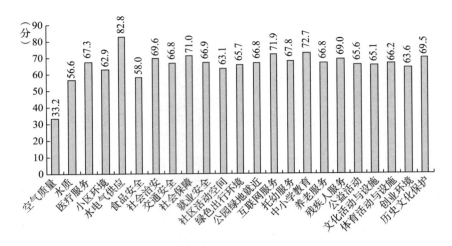

附图 4-4　北京市居民对宜居水平 23 个三级指标总体评价

二　在"城市健康"五个指标中，空气质量成为最大的短板

调查显示，城市健康水平得分为 60.6 分，其中被访居民对水电气供应的评价最高，达到 82.8 分，空气质量的评价最低（仅为 33.2 分），水质得分为 56.6 分（见附表 4-9）。

附表 4-9　城市健康维度评价情况

单位：分

项目	评价得分
城市健康总体水平	60.6
空气质量	33.2
水质	56.6
医疗服务	67.3
小区环境	62.9
水电气供应	82.8

从分项评价指标来看，空气质量成为最大的短板，2016 年全市 PM2.5 年均浓度为 73 微克/立方米，仍超国标（年均 35 微克/立方米）1.09 倍，与居民的期望差距较大。城市"最轻的"空气会影响"最重的"民心，宜居的城市、健康的环境对大家很重要。大气环境质量比较详见附表 4-10。

附表 4－10　大气环境质量比较

单位：微克/立方米

项目	澳大利亚	美国	加拿大	欧盟	东京	新加坡	韩国	香港	世界平均水平	北京★
PM2.5 年均浓度	5.9	11	12	14	16	18	29	30	32	73

注：北京为 2016 年数据，东京、新加坡和香港为 2014 年数据，其他国家和地区为 2013 年数据。

另外"水质"短板较为明显，南水北调中线通水后，北京市生活刚性用水需求得到基本满足，有效地缓解了水资源紧张状况。但随着居民生活水平的提高，居民对水质的关注度逐渐提高，各种家用净水设备的热销也能够反映居民对水质的焦虑。

1. 密云区和延庆区居民对城市健康方面顾虑较少，朝阳区居民忧患意识最高

各区居民对"水电气供应"的评分都在 80 分以上，而顺义区和朝阳区居民的评分较低，分别是 73.8 分和 68.4 分。

对于"空气质量"，可以很明显地看到，延庆区和密云区的空气质量远优于其他区，居民给出了 74.3 分和 65.3 分的评价分数，分别高于北京市总评价分数 41.1 分和 32.1 分。

另外，密云区和延庆区的居民对"水质"也较为满意，给出 83.5 分和 78.8 分；而朝阳区和怀柔区的居民却对水质问题有较大的担忧，仅给出 29.2 分和 37.5 分。

在"医疗服务"和"小区环境"方面，通州区、密云区、延庆区和海淀区的居民认同度较高，打分都逼近 80 分；朝阳区居民却认为这两方面的表现和他们的期望差距较大，评分只有 41.3 分和 31.2 分（见附图 4－5）。

2. 在维度分析中，不同类型的居民对北京市城市健康的五个指标的评价基本一致

相对而言，20 岁以下的年轻人对"小区环境"的评价低于总体评价 4 分左右。

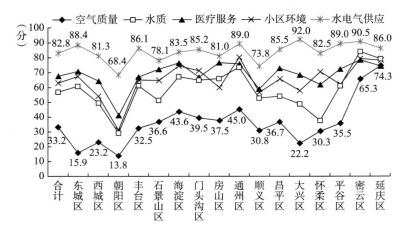

附图4-5 各区居民对城市健康水平总体评价

随着学历的升高，居民对"小区环境"、"水质"和"空气质量"的要求越来越高；值得关注的是，研究生学历的被访居民对空气质量的评价最低，分数低于总评分近12分（见附图4-6）。

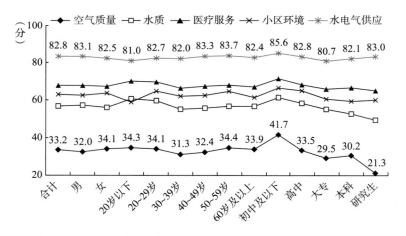

附图4-6 不同性别、年龄、学历居民对城市健康水平总体评价

住在历史文化保护街区的居民对"水电气供应"没有什么顾虑，但对"空气质量"更加担忧（见附图4-7）。

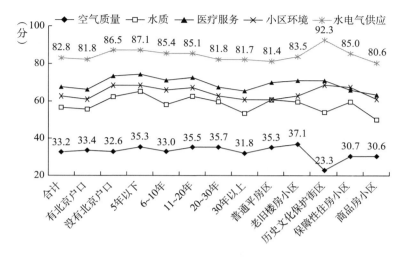

附图 4 - 7　不同户籍、居住年限、房屋类型居民对城市健康水平总体评价

三　在"城市安全"五项指标中，食品安全仍是被访居民认为需要提升的重要指标

调查显示，城市总体安全水平得分为 66.5 分，其中被访居民对社会保障的评价最高（71.0 分），其次为社会治安（69.6 分），食品安全的评价最低（58.0 分）（见附表 4 - 11）。

附表 4 - 11　城市安全维度评价情况

单位：分

项目	评价得分
城市安全总体水平	66.5
食品安全	58.0
社会治安	69.6
交通安全	66.8
社会保障	71.0
就业安全	66.9

1. 密云区和延庆区居民对城市安全评价较高，评分皆在 80 分左右，朝阳区居民评分最低，分数仅在 40 分左右

密云区和延庆区在"食品安全"方面做得较好，分数分别为 76.5 分和 73.0 分；顺义区和通州区在食品安全方面尚未达到 60 分，

还有待提高。

另外，房山区居民在"社会治安""交通安全""社会保障""就业安全"方面评价也较高；值得关注的是，在十大郊区中，顺义区在五项安全指标评价中都得分较低；怀柔区居民对"就业安全"呼声较大，评分为 57.5 分。

在城六区中，海淀区的安全水平各项指标评价都高于其他区；而朝阳区居民对各项指标都表现得非常担忧；石景山区在"社会保障"和"就业安全"方面表现较好；西城区在"交通安全"方面还要加强，评分为 61.0 分；另外，加强食品安全问题仍是各区的工作重点（见附图 4 − 8）。

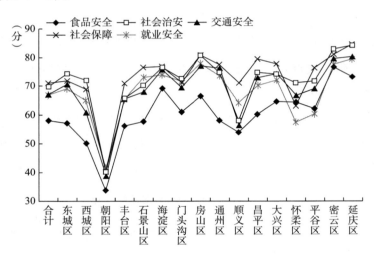

附图 4 − 8　各区居民对城市安全总体评价

2. 随年龄、学历和居住时间的变化，居民对北京市安全水平的五个指标的评价呈趋势化

被访居民年龄越大，对"社会治安"和"交通安全"的评价得分越低；而研究生学历的被访居民对这两个指标的评价分数较高；住在历史文化保护街区的居民对"社会治安"评价较高（见附图 4 − 9）。

在北京居住时间较长以及住在商品房小区的居民对北京市安全水平的各项指标评价都较低；而住在老旧楼房小区的居民对各项指标评价都较高（见附图 4 − 10）。

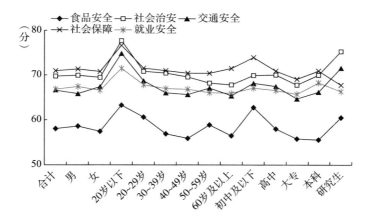

附图 4 - 9 不同性别、年龄、学历居民对城市安全总体评价

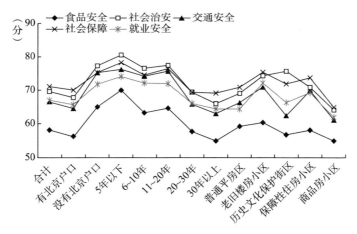

附图 4 - 10 不同户籍、居住年限、房屋类型居民对城市安全总体评价

四 在"城市开放度"四项指标中，社区活动空间略有不足

调查显示，城市总体开放度得分为 66.9 分，其中被访居民对北京市互联网服务（网速、网费）的评价最高（71.9 分），其次为公园绿地就近（66.8 分），社区活动空间的评价最低（63.1 分）（见附表 4 - 12）。

附表 4 - 12 城市开放度维度评价情况

单位：分

项目	评价得分
城市总体开放度	66.9
社区活动空间	63.1

续表

项目	评价得分
绿色出行环境	65.7
公园绿地就近	66.8
互联网服务（网速、网费）	71.9

1. 密云区居民对城市开放度评价较高，朝阳区居民评价最低

密云区在城市开放度各方面都领先于其他区，且四项指标评分皆在80分以上；通州区在"绿色出行环境"方面也达到了80分；而顺义区的居民对于几个指标的评分比其他几个郊区都相对较低，特别是"公园就近绿地"一项的评分，仅为47.5分（见附图4-11）。

在六大城区中，海淀区和石景山区对四项指标的评价均较高。

值得关注的是，朝阳区居民对"社区活动空间""绿色出行环境"和"公园绿地就近"三项评分都是最低，不到40分。

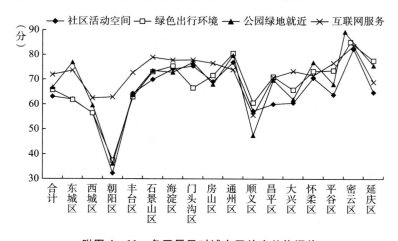

附图4-11 各区居民对城市开放度总体评价

2. 学历越高，在京居住年限越长的居民对北京市城市开放度的四个指标的需求越高

20岁以下的年轻人对北京市"绿色出行环境"的评价较高，高于平均分7.2分；研究生、居住在历史文化保护街区和商品房的居民对于"社区活动空间"和"绿色出行环境"两项指标的需求较高，评价低于60分。

在北京居住 6—10 年和住在老旧楼房小区的居民对于"互联网服务"
满意度较高（见附图 4 - 12、附图 4 - 13）。

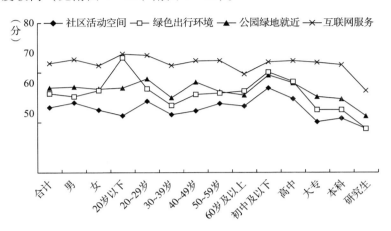

附图 4 - 12 不同性别、年龄、学历居民对城市开放度总体评价

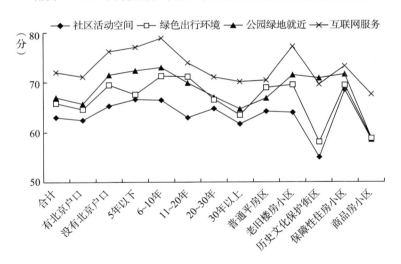

附图 4 - 13 不同户籍、居住年限、房屋类型居民对城市开放度总体评价

五 在"城市包容度"的五项指标中，北京城市社会的包容度较高

调查显示，城市总体包容度得分为 68.4 分，在六个二级指标中
得分最高。其中被访居民对中小学教育的评价最高（72.7 分），其
次为残疾人服务（69.0 分），对公益活动的评价最低（65.6 分）
（见附表 4 - 13）。

附表 4 – 13　城市包容度维度评价情况

单位：分

项目	评价得分
城市总体包容度	68.4
托幼服务	67.8
中小学教育	72.7
养老服务	66.8
残疾人服务	69.0
公益活动	65.6

1. 房山区、密云区居民对城市包容度评价较高，朝阳区居民评分最低

房山区、延庆区、怀柔区、密云区对"中小学教育"的评分分别为87.5 分、84.5 分、83.5 分和 83.0 分，明显高于其他区。

房山区、密云区和平谷区的"托幼服务"评分也都在 80 分以上。

房山区和密云区在"残疾人服务"方面也做得较好。

在"养老服务"方面，房山区的评分也是最高（81.5 分）。

"公益活动"获得密云区居民的高度认可。

相比之下，朝阳区居民对 5 项指标的评价都未达到 50 分，对于"养老服务"指标的评价，分数仅有 33.0 分（见附图 4 – 14）。

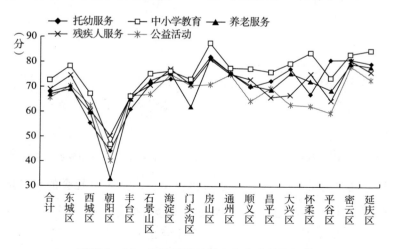

附图 4 – 14　各区居民对城市包容度总体评价

2. 学历越低、在京居住年限越短的居民表现出越高的城市包容度

刚离开中小学校园不久的 20 岁以下的年轻人对北京市"中小学教育"评价较高；学历为初中及以下、在北京居住 5 年以下的被访居民有同感。

住在商品房小区的居民对城市包容度的 5 项指标评价都较低，其中，"公益服务"和"养老服务"的评分低于 60 分（见附图 4－15、附图 4－16）。

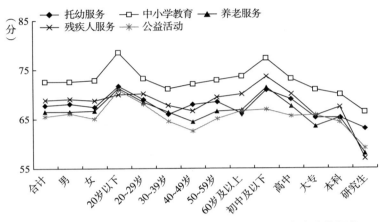

附图 4－15　不同性别、年龄、学历居民对城市包容度总体评价

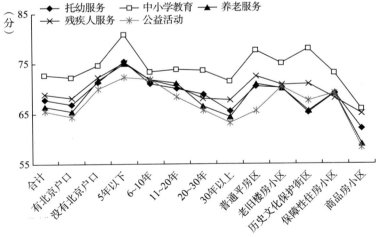

附图 4－16　不同户籍、居住年限、房屋类型居民对城市包容度总体评价

六　在"城市文化活力"四项指标中，北京创业环境有待进一步提高

调查显示，城市总体文化活力得分为 66.1 分，各项指标得分较为均衡。其中，被访居民对历史文化保护的评价最高（69.5 分），其次为体

育活动与设施（66.2 分）和文化活动与设施（65.1 分），对创业环境的评价最低（63.6 分）（见附表 4-14）。

附表 4-14　城市文化活力维度评价情况

单位：分

项目	评价得分
城市总体文化活力	66.1
文化活动与设施	65.1
体育活动与设施	66.2
创业环境	63.6
历史文化保护	69.5

1. 密云区居民对城市文化活力评价较高，朝阳区居民评分最低

密云区居民对城市文化活力 4 项指标的评价都在 80 分以上，尤其是对"文化活动与设施""体育活动与设施"和"历史文化保护"三个指标的评价皆已达到 85 分以上。

另外，在"历史文化保护"方面，房山区和怀柔区做得也不错，分别得到 84.3 分和 82.5 分的评价。

相比其他区，在"创业环境"和"体育活动与设施"方面，顺义区和西城区还有提高的空间，居民给出的评价都低于 60 分。

朝阳区居民对北京市文化活力满意度最低，四项指标评分都在 40 分以下（见附图 4-17）。

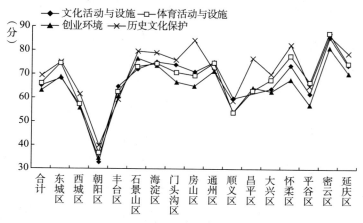

附图 4-17　各区居民对城市文化活力总体评价

2. 年龄越大、学历越高、在京居住年限越长的居民对北京市的城市文化活力满意度越低

除此以外，住在历史文化保护街区的居民认为"体育活动与设施"方面做得还不到位；而住在商品房的居民更加担忧"创业环境"（见附图 4 - 18、附图 4 - 19）。

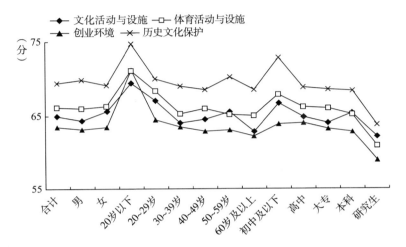

附图 4 - 18　不同性别、年龄、学历居民对城市文化活力总体评价

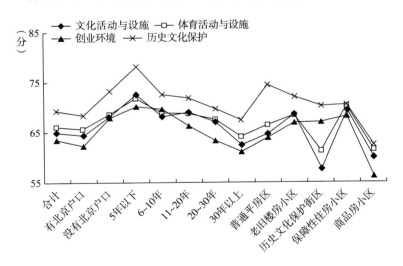

附图 4 - 19　不同户籍、居住年限、房屋类型居民对城市文化活力总体评价

参考文献

〔美〕爱德华·格莱泽：《城市的胜利》，刘润泉译，上海社会科学院出版社，2012。

董晓峰等：《基于统计数据的中国城市宜居性》，《兰州大学学报（自然科学版）》2009 年第 10 期。

黄江松等：《北京要建设什么样的宜居城市》，《前线》2007 年第 1 期。

黄江松等：《北京与世界城市宜居水平比较研究》，《前线》2010 第 10 期。

〔加〕简·雅各布斯：《美国大城市的死与生》，金衡山译，译林出版社，2005。

蒋之炜等：《从马斯洛需求层次理论看城市生活品质内涵》，《中国人口·资源与环境》2008 年第 18 期。

李健等：《全球创新网络视角下的国际城市创新竞争力地理格局》，《社会科学》2016 年第 6 期。

〔美〕刘易斯·芒福德：《城市文化》，宋俊岭、李翔宁、周鸣浩译，中国建筑工业出版社，2009。

齐心：《北京城市病的综合测度及趋势分析》，《现代城市研究》2015 年 12 月。

齐心等：《北京世界城市指标体系的构建与测评》，《城市发展研究》2011 年第 4 期。

宋贵伦等：《中国社会建设报告（2014）》，中国社会科学出版社，2015。

田山川：《国外宜居城市研究的理论与方法》，《经济地理》2008 年第 4 期。

屠启宇等：《国际城市发展报告（2016）》，社会科学文献出版社，2016。

王军：《城记》，生活·读书·新知三联书店，2004。

王坤鹏：《城市人居环境宜居度评价——来自我国四大直辖市的对比与分析》，《经济地理》2010 年第 10 期。

王兆宇：《世界城市服务业发展的结构特征与经验借鉴》，《城市发展研究》2015 年第 12 期。

许传玺：《北京法治发展报告（2013）》，法律出版社，2013。

杨全社：《基于马斯洛需求层次理论的公共产品分类及其对公共产品供给管理的意义》，《经济研究参考》2010 年第 20 期。

岳金柱等：《建设世界城市背景下推进北京社会组织培育发展和服务管理的思考》，《社团管理研究》2012 年第 3 期。

张文忠等：《和谐宜居城市建设的理论与实践》，科学出版社，2016。

张暄：《聚焦东京》，中国城市出版社，2004。

赵峥：《亚太城市绿色发展报告》，中国社会科学出版社，2016。

朱鹏等：《基于人的"需求"理论的"宜居城市"评价指标初探》，《河南科学》2006 年第 1 期。

第二章　促进首都精明增长的思路和路径研究

林恩全[*]

　　2015 年 12 月，习近平总书记在中央城市工作会议上的讲话中提出："要坚持集约发展，树立'精明增长'、'紧凑城市'理念，科学划定城市开发边界，推动城市发展由外延扩张式向内涵提升式转变。"[①] 这是精明增长概念首次出现在中央重要文件中。2017 年 6 月，习近平总书记专题听取北京城市总体规划编制工作的汇报时强调指出："注重长远发展，注重减量集约，注重生态保护，注重多规合一"。对新时期用精明增长理念提升城市发展内涵提出了更高的要求。落实精明增长理念对于新时期北京统筹生产、生活、生态三大布局，建设国际一流的和谐宜居之都具有特别重要的意义。当前，非常有必要强化各区、各部门的精明增长理念，在调整疏解中探索出一条具有中国特色、符合首都特点的精明增长之路。近期，我们围绕首都精明增长的思路和路径进行了务实研究，在理论研究和现状分析的基础上提出了一些具体措施建议。

一　国际国内精明增长的理论和实践

　　"精明增长"是一项与城市蔓延相对应的城市发展理念，其本质是调控城市扩展的综合性策略，意味着在拓宽容纳经济社会发展用地需求的基础上，控制土地的粗放利用，提高集约节约利用水平，实现城市可持续发展。其核心内容包括：努力保护生态空间；用足城市存量空间，

---

* 　林恩全，现任北京市发展和改革委员会综合处处长兼研究室主任。

① 　《聪明的城市选择"精明增长"》，《北京日报》2016 年 4 月 18 日。

减少盲目扩张；加强对现有社区的更新和生活服务配套；推动土地混合利用，盘活低效工业用地；城市建设相对集中，尽量拉近生活和就业单元之间的距离，减少基础设施、房屋的建设和使用成本。与精明增长相似的还有一个紧凑城市理念。紧凑城市理念源于 1973 年丹齐格出版的《紧缩城市——适于居住的城市环境计划》一书。"紧凑"并非传统意义上的物理形态紧凑，而是交通方式与城市单元的有效联系。精明增长与紧凑城市都是城市集约发展的重要理念和策略。

新加坡是基本实现精明增长的成功典范。新加坡是一个小岛国，有限的土地面积是城市发展的最大制约之一，所以发展之初就确立了紧凑开发的理念，经过 100 多年的发展，形成了有特色、便利、宜居的社区，良好的生态空间，丰富便捷的交通出行方式，以及集约高效的经济生产方式。新加坡城市发展能基本实现精明增长，主要得益于以下五个因素：一是强势的政府规划管制力；二是极具理想城市色彩的新市镇建设；三是极为清醒的国土资源忧患意识；四是将历史文化保护与传承看作城市振兴的积极要素；五是随着形势变化动态调整的规划策略。

二 精明增长视角下北京市发展现状与差距

（一）生态空间：过多被挤占，生态服务功能减弱

1. 生态用地总量持续减少

根据遥感影像及统计分析，北京城区的绿色空间总量在 1989～2009 年呈递减趋势，1989 年、1999 年、2009 年绿色空间比例分别为 41.57%、35.73% 和 26.89%。从空间格局来看，绿色空间的减少主要集中在城市边缘区，这主要是由城市无序扩张所引起的。与此同时，主要受绿色奥运等政策影响，城区局部的绿色空间略有增加。

2. 2008 版北京市绿地系统规划已无法实现

近年来，由于城市绿化隔离带被大量建设用地侵占，绿色空间镶嵌结构遭到了较大的破坏，绿化隔离带并未成为城市增长的边界。《北京市绿地系统规划（2008 年版）》描绘的，中心城区青山相拥，三环环绕，十字绿轴、十条楔形绿地、公园绿地星罗棋布，由绿色通道串联成点、线、面相结合的绿地系统结构已无法实现。

3. 绿色空间生态服务功能被弱化

虽然近年来全市绿化覆盖率稳步增加，但市民并没有感受到绿色空间增多。主要由于北京城市公园类型组成不协调，大型公园比例偏大，小型、中小型公园比例偏小；而且城市中心缺乏"绿心"，局部过于分散，导致公园和城市生活无法实现自然相融，然而城市公园绿地又是城市绿色空间的主要类型，因此生态服务功能整体被弱化。

（二）生活空间：功能分布不合理，品质差且缺乏前瞻性

1. 区域内居住与就业不匹配

北京城市空间存在一定程度上居住和就业空间不匹配现象。根据2014年统计部门调查数据，北京市约有330万的常住就业人口职住分离，占全市常住就业人口的比重接近三成。具体来看，主要受不同区域功能定位影响，内城和北城就业集聚区相对较多，远郊区和南城居住集聚区相对较多，亦庄作为国家经济技术开发区也有部分就业集聚区分布。由职住分离引起的交通拥堵、通勤时间增加和生活质量下降等问题也日趋严重。2014年北京居民平均通勤时间为48.5分钟；而美国居民平均通勤时间为25.1分钟，其中，通勤时间最长的纽约、华盛顿、波基普西三个城市，分别为34.6分钟、33.4分钟、32.2分钟，耗时都少于北京。

2. 城乡居民居住条件还有较大提升空间

2014年，北京市城镇居民人均住房建筑面积31.54平方米，距国家制定的小康标准33平方米仍有一定差距。北京市20世纪90年代及90年代前建成的住房套数占全市住房比重达到24%，2001年以前建成的住房套数占全市住房比重达到51%，老旧住宅小区的更新改造任务依然繁重；棚户区改造任务也较为艰巨。

3. 基础设施和公共服务分布不均

北京市中心城区集中了全市最好的医疗、教育等公共服务和高密度路网、轨道交通、地下管廊等基础设施。以医疗资源为例：北京市现有72家三级医院中有75%集中在中心城区，其中约一半集中在三环内；核心区每千人拥有的卫生人员数是通州的10倍多。

4. 适老、智能设施相对缺乏

由于生育率偏低，平均预期寿命较长，加之外来人口增速放缓，北京市人口老龄化进程正在加快。然而，在北京市已有住宅建设、基础设施和公共服务设施建设中，养老机构和适老设施都相对缺乏；特别是中心城区老年人口集中，养老需求高，但养老机构相对更少。北京市智慧社区建设规模整体相对较小，尤其是融入物联网、信息智能终端、大数据的智慧社区更为有限；智慧城市建设水平也落后于上海等城市。

（三）生产空间：规模过大，集约节约水平较低

1. 建设用地效率相对偏低

近年来，北京市人均城乡建设用地规模逐年缩小，建设用地的地均产出、城乡建设用地第二产业、第三产业增加值等指标体现的单位建设用地产生的经济效益稳定增长，表明建设用地效率在逐年提升，但与其他城市相比，仍有一定差距。从人均建设用地来看，北京市人均建设用地 167 平方米，比深圳市和上海市分别高出 78 平方米和 40 平方米；从地均产值来看，北京市建设用地地均产出 553 万元，低于深圳市的 822万元，比上海市低 151 万元。即使扣除山区对北京市整体水平的影响，两个指标与深圳、上海相比仍有一定差距（见表 2 – 1）。

表 2 – 1　北京市土地利用效率与深圳、上海比较

地区	建设用地 （平方公里）	常住人口 （万人）	GDP （亿元）	人均建设用地 （平方米/人）	建设用地地均 GDP（万元/公顷）
深圳	942	1055	12950	89	1375
上海	3070	2415	21602	127	704
北京	3529	2115	19501	167	553
北京平原	2803	2115	19501	133	696

《国家级开发区土地集约利用评价情况通报（2012 年度）》显示，北京市中关村科技园区、北京经济技术开发区、北京天竺综合保税区三个国家级开发区在 336 个开发区中排序分别为第 46、168、259 名。从纵向来看，3 个开发区在 2010 年度评价中排序分别为第 31、89、162 名，反映出三个开发区的综合排名均出现下降。从横向来看，北京市国家级开发区在土地集约利用方面与上海市同类开发区仍存在一定差距（见表 2 – 2）。

表 2 - 2 北京市国家级开发区土地利用效率与上海市比较

开发区类型	开发区名称	综合容积率	建筑密度（％）	工业用地综合容积率	工业用地建筑系数（％）	工业用地产出强度（万元/公顷）	工业用地固定资产投入强度（万元/公顷）	高新技术产业用地产出强度（万元/公顷）
全国平均水平		0.83	29.23	0.83	47.30	12984.94	5407.31	26668.11
经济开发区	北京经开区	0.61	17.80	0.88	29.89	19147.37	7173.12	—
经济开发区	昆山经开区	0.86	37.05	0.86	60.67	27640.85	8487.32	—
高新区	中关村科技园区	1.18	21.46	0.91	33.20	17740.41	7341.79	43965.4
高新区	上海漕河泾新兴技术开发区	0.95	23.68	1.27	37.87	41058.19	12271.68	106408.68
海关区	北京天竺综合保税区	0.26	19.45	0.38	29.62	3881.88	2176.35	—
海关区	上海外高桥保税区	0.92	32.51	1.06	42.85	63471.98	6851.43	—

2. 工业用地比重偏大，集中度偏低

从城乡建设用地用途的结构来看，全市城乡建设用地中居住用地规模最大，约占城乡建设用地总规模的 37%。排在第二位的为产业用地，约占城乡建设用地总规模的 32%。在产业用地中，以工业用地和村镇企业用地为主，分别占全市城乡建设用地总规模的 13% 和 11%。日本东京市域和都心五区的工业用地比例分别为 5.9% 和 2.4%；纽约市域和曼哈顿地区的工业用地比例分别为 2.8% 和 1.5%，与其他国际大都市比较，北京市工业用地比重偏高（见表 2 - 3）。

北京市工业用地集中度整体偏低，工业用地中除了 3 个国家级园区、16 个市级开发区外，北京工业用地还有 75% 分布在乡镇工业用地上，而中关村科技园分布在 11 个园区，16 个市级开发区产业用地分散在 28 个片区内，乡镇工业园区各自独立发展，用地资源难以有效整合。

表 2 - 3 工业用地占比的国际比较

工业用地比例	北京		东京		纽约	
	市域	13%	区部	5.9%	市域	2.8%
	中心城	5%	都心五区	2.4%	曼哈顿	1.5%

3. 新增产业用地已基本为零

2013 年底，全市城乡建设用地达到 2887 平方公里，已突破规划目标 187 平方公里。为有效改善城乡居民生活条件，北京市住宅用地规模仍将适度增加，基础设施和特殊用地规模也将有所增加，这就意味着新增产业用地已经为零，将以盘活存量、实现二次开发为土地主要利用模式。

综上所述，由于城市功能的空间分布不协调，导致生活、生产、生态空间没能统筹布局，产生了中心城区首都功能过于集中、职住分离现象依然较为突出、产城融合发展水平相对较低、生态空间不断被挤占等现象。为落实首都城市战略定位，围绕建设国际一流的和谐宜居之都的目标，亟须引入精明增长、紧凑城市理念，以实现生态空间山清水秀、生活空间宜居适度、生产空间集约高效。

三　促进首都精明增长的思路及路径

（一）促进首都精明增长的总体思路

全面贯彻党的十八大和十八届三中全会、十八届四中全会、十八届五中全会、中央城市工作会议精神，按照"五个统筹"的要求，立足首都城市战略定位和阶段性特征，尊重超大城市发展规律，坚持以人为本、科学发展，着眼建设国际一流的和谐宜居之都的宏伟目标，把紧凑集约、高效绿色作为发展导向，着力提高首都发展持续性和宜居性，以解决首都"大城市病"为首要任务，将促进精明增长与有序疏解非首都功能、推进城市内部功能重组、推进京津冀协同发展紧密结合，坚持在疏解和调整中实现精明增长；以土地集约利用为主要抓手，全面推进生态红线和增长边界划定、中心城区有机更新、副中心和新城紧凑开发等重大战略实施；以改革创新为主要动力，深化推进城市管理体制改革，提高规划、建设和管理服务三大环节协调配合，提升城市治理综合统筹能力，彻底改变原有粗放型城市治理方式，实现首都生产空间集约高效、生活空间宜居适度、生态空间山清水秀，城市发展从重数量的外延式扩张转向重品质的内涵式发展，走出一条具有中国特色、适合北京市情的超大城市精明增长之路。

（二）促进首都精明增长的原则

框定总量，限定容量。把生态文明、绿色发展理念贯穿在首都经济社会发展全过程和各领域，强化"两线三区"全域空间管控，划定并严守生态保护红线和城市增长边界，提高空间约束力，坚决遏制"摊大饼"式发展；按照"中心城—新城—镇—村"分区管控建设用地规模和开发强度，发展规模必须与区域功能定位和资源环境承载能力相适应，着力优化城市内部空间结构；有序疏解中心城非首都功能，降低老城人口密度，扩大生态空间和公共空间，提升整体环境品质。

盘活存量，优化增量。精心做好老城功能提升和风貌改造，用足存量空间，高效使用微小地块，进一步提升城市集约度和高端产业功能区效率；系统规划使用中心城区非首都功能疏解腾退空间，加强生态环境、公共服务和基础设施，适量置换成聚人少的高精尖业态；降低工业用地比例，盘活工业用地存量，推行弹性出让和租赁制，促进低效产业用地腾笼换鸟；推进农村土地制度改革试点，引导集体土地合理流转和集约利用，促进低效集体用地退出、调整和升级改造。

分区引导，差异发展。中心城区重点是老城改造和高端产业升级，提升中心城区宜居性和财富创造能力，实现"密而有序、密而高效、密而宜居"；副中心和新城重点是合理控制建设规模和开发强度，配置高标准基础设施、生态空间和公共服务，加强智慧城市建设，坚持产城融合、紧凑开发、职住平衡，坚决避免"城市病"重演；加快城乡一体化进程，推动基础设施、公共服务和城市管理向郊区农村覆盖，结合区域各自特点打造功能性小城镇和建设美丽乡村。

强化统筹，同向发力。完善城市规划立法，加强各类重要规划的结构细部设计、公开性和执行强制性，规划经过批准后要严格执行，用法治思维、法律手段保障规划得以实施；完善超大城市管理体制，坚持协调协同，强化规划、建设、管理三大环节统筹，保证各级政府及各部门思想同心、目标同向、行动同步、执行同力，提高城市工作的系统性；统筹政府、社会、市民三大主体，提高各方推动城市发展的积极性，使政府有形之手、市场无形之手、市民勤劳之手同向发力。

（三）促进首都精明增长的路径及重点

1. 严守生态红线，保护生态空间

为遏制北京城"摊大饼"式发展，应强化"两线三区"的全域空间管控，划定并严守生态保护红线和底线，加强生态资源保护和生态环境

建设，提高城市绿化水平，构建平原生态安全格局；提升涵养区生态屏障，水源涵养，旅游休憩，健康养老等服务功能，实现生态空间有效保护和生态功能不断提升。

（1）划定生态红线，强化底线思维。生态保护红线是为了维护国家或区域生态安全和可持续发展，根据自然生态系统完整性和自我修复的要求，划定的生态环境保护基准线，是保障生态安全的底线。

一是划定并严守生态保护红线和底线。将重要的"山水林田湖"等生态资源用地，自然保护区、风景名胜区、水源保护区等法定保护用地和规划城镇绿色空间划入生态保护红线，对生态红线区实行最严格的保护与监管。

二是研究制定生态红线动态调整机制，并加强监管。结合区域发展实际，将后续逐步建成的生态绿地纳入生态保护红线，确保生态红线面积只增不减。做好生态环境红线管理，巩固提高生态修复和建设成效。加强部门联合执法和监督检查，严厉查处破坏生态环境的违法行为。

（2）提升平原地区绿化水平。一是加快推进城市绿化美化。加快实施大尺度城市森林建设，增加城市森林和绿地面积，扩大环境容量和生态空间。加大城市中心区多元增绿和规划建绿，实施绿心、绿道、绿廊等绿色空间工程；推动城乡接合部地区拆建还绿，利用疏解腾退的土地，建设一些大尺度的公共绿地，满足市民的绿色休闲需求。按照见缝插绿原则，继续推动老旧小区的绿化改造升级，开展屋顶绿化、垂直绿化、写字楼周边立体绿化等工程。积极推动首都绿化美化花园式单位、花园式社区、园林小城镇等创建，显著提升城市景观品质。

二是提升绿化隔离地区绿化隔离功能。按照"一绿地区全面城市化，二绿地区加快城镇化"的目标，加强绿化隔离地区的规划、建设和管理。建立绿化隔离地区腾退空间的政策机制，加大绿化隔离地区绿化建设力度，解决一道和二道绿化隔离地区遗留问题。推动退化防护林更新改造，全面提升防护林质量。增加对绿化隔离地区的资金投入，适当提高生态林占地补偿费用和生态林养护补助标准，在加大各级政府建设资金投入的同时，要积极吸引社会资金参与建设。提升绿化综合防控和管护能力，加强质量监督，创新管理机制，强化区政府作为巩固绿化成果责任主体的职责，制定绿化隔离地区绿地管护标准和目标考核办法，建立针对区政府和实施单位的责任追究机制，保障生态绿化可持续发展。

三是高标准进行绿化建设。按照《国家生态园林城市标准（2010年版）》要求，不断提高建成区绿化覆盖率、人均公共绿地、绿地率水平，逐步向《国家生态园林城市标准（2010年版）》看齐。例如：城市副中心，已经按照《国家生态园林城市标准（2010年版）》进行规划编制。规划提出到2020年，城市副中心的绿化覆盖率将超过45%，公园500米服务半径覆盖率在90%以上，空气好于二级的天数在300天以上，污水处理率在90%以上。

（3）优化山区生态涵养功能。一是强化水库、水源地保护。严格保护水库周边环境，严守水资源开发利用控制、用水效率控制和水功能区限制纳污三条红线，确保水库水质保持在国家地表水二类标准以上，水源保护区水质达标率始终保持100%。针对不同立地条件下的低效水源涵养林及大面积的人工水源林，通过调整树种、林分密度等更新改造措施优化水源林结构，加强水源涵养功能。

二是加强荒山造林和废弃矿山生态修复。在重点区域及荒山荒地、废弃沙石坑等地区，实施一批林业工程，持续加大绿化改造提升力度，通过大组团、大色块、多树种的合理搭配，打造一批大规模、高水准、有特色、多功能的森林景观，提高森林碳汇，显著改善区域生态环境和景观效果。

三是加强山区郊野公园建设。在浅山区，依托生态风景林建设，开发集景观、生态、游憩功能为一体的山野公园。加大对雾灵山、云蒙山、云峰山等自然保护区的建设力度，促进生物多样性保护，在生态保护重点地区共同推进环首都国家公园建设。结合区域内自然保护区、风景名胜区、森林公园等，不断提高森林覆盖率和建设质量。

2. 推动旧城更新改造，优化中心城区综合服务功能

为贯彻落实严控城乡建设用地总量，实现减量发展的目标，应加快推动旧城更新改造，向"存量用地"要"发展增量"；配合非首都功能疏解，应加强疏解腾退用地的管控，主要用于服务保障首都核心功能，改善居民生活条件，加强生态建设，增加公共服务。

（1）对旧城更新单元实施分类改造。随着经济快速发展和城市化推进，在北京市中心城区，高楼林立的繁华商务区、时尚高档的住宅社区和年久失修的破旧民居形成了巨大反差。繁华和破旧共生共存，成为现

阶段北京市中心城区最突出的时代特征。旧城更新改造不仅是一座城市建设和现代文明的重要组成部分，也是一个城市发展的重要指标，改造遗留的老旧建筑就像是拔去坏掉的牙齿，修缮是止痛，改造是新生。旧城改造是提升居住承载能力、提高周边城市运行效率、促进中心城区实现精明增长的重要途径。

一是对部分区域实施全面改造。对于危破房分布相对集中、土地功能布局明显不合理或公共服务配套设施不完善的区域，进行拆除重建。主要适用于棚户区改造和部分非首都功能疏解项目等城市重点功能区以及对完善城市功能、改善城市面貌有较大影响的城市更新项目。

专栏一：广州猎德村全面改造成效显著

> 广州猎德村更新，采取的是全面改造模式。改造后，猎德村环境得到明显改善，通过村民集中居住，猎德村节约土地247亩，节地率达52%；绿地率由改造前的5%提高到30%；建筑密度由原来的60%降低到28%。经济效益明显提高，村民房屋出租收益增长5倍；村民自有房屋价值增长7倍多；村集体年收入增长5倍；村民每年人均分红增长6倍。

二是对老旧小区进行更新改造。对零散分布的危破房或部分结构相对较好但建筑和环境设施标准较低的旧住房，进行局部或全面改造。具体做法主要包括以下三种：一是只对建筑的内部格局和外观进行改造，例如内部空间重新分配组合、拆除改造建筑内部非承重结构部分、翻修外立面等；二是增加建筑的使用面积，例如加盖近似阁楼的屋顶层、将阳台进行封装、把室内挑高的空间加封板等；三是增加社区公共服务配套设施，例如住宅底层改为商业功能，旧厂房改为办公、娱乐场所，增加必要的娱乐设施和体育设施等。从国外经典案例来看，单一的改造方案通常难以达到预期目标，大都需要综合采取上述多种手段。

三是加强对文物古迹、历史建筑的保育、活化。对历史文化街区和优秀历史文化建筑，严格按照"修旧如旧，建新如故"的原则进行保护性整治更新，按照"重在保护，弱化居住"的原则，依法合理动迁、疏解历史文化保护建筑的居住人口。探索采取出售文化保护建筑使用权或产权的方法，引进社会资金建立保护历史文化建筑的新机制，以保护城市特色资源，维护历史文化传承。

（2）增加公共开放空间和公共服务设施。一是封闭式小区实现不同程度的开放。借鉴北京"建外SOHO"以及"当代MOMA万国城"建设经验，鼓励新建小区规划设计采取不同的开放型小区策略，对于城市更新项目，尝试将居住区内部景观活动空间进行不同程度的开放，使它们与旧城街道或广场空间相融合，从而有助于被住区分割的片断空间的重新联系，并为住区带来更加丰富的城市生活。

二是将机动车道引入带状城市公园。根据实际情况，在车道中间、单侧、双侧或立交桥底开辟带状公共空间，其可以作为城市步行连廊，也可以成为社区小公园，强化了传统公共空间使用功能的多重复合，还有效改变了城市空间面貌。

三是鼓励更新项目提供公共停车位。要求旧城更新项目，配置合理的机动车停车位；鼓励配建专用停车场（库）对外开放；合理利用当前道路的富余通行能力进行占道停车规划，同时规范路内停车设施，改善行车、停车环境。

四是增加适老化的公共服务设施。对全市范围内所有居住区和公共区域进行无障碍改造设计，在有高差处增设坡道、对公共卫生间加入无障碍设计、在公共走道内增加栏杆和扶手等。对居住区内现有的文化娱乐服务设施进行无障碍改造，并在设施内划分出老年人专属的活动空间，在社区医院划分老年人看病专区、将社区活动中心的首层作为老年人的专属活动场所、在户外活动区增设适宜老年人的健身器材、在户外划分出并改造成适宜老年人的休憩空间等。

（3）改善中心城区交通微循环。北京市中心区功能过于集中，早晚高峰通勤时段出行向心性明显。虽然已实行错峰制，但通勤压力依然较大，导致交通流在中心区的时空聚集，降低了城市中心区的可达性，增加了交通拥堵程度，亟须改善中心城区交通微循环，以缓解首都交通拥堵。

一是部分地区恢复"棋盘式"的交通格局。落实中心城区道路的网格化"棋盘式"格局，在不打破现有环路干路的情况下，结合路网微循环建设，扩展和改造横纵脉络，使支线道路密度提高到国家推荐标准乃至更高的国际城市标准。

二是在道路交叉口设置转向限制。为了保证重点路段分流畅通，依据流向特征可实施道路强化管理措施，通过禁止机动车在路口左转向，组织机动车单向行驶，或设置道路引导标志，规定限时等措施，以增加微循环道路利用程度，缓解主要交通节点的拥堵。

三是开发新一代智能交通管理和服务系统。加强交通决策智能化建设，建设完善综合交通决策支持体系，对交通行业数据进行深入挖掘、分析、处理，支撑综合交通运行监测和预测预警、综合运输协调联动、交通应急指挥。推出电子智能车牌、交通拥堵收费管理系统、交通信息发布和预警预报系统等，以提高中心城交通信息管理系统建设，提升服务能力。

四是全面加强停车管理。制定小客车泊位证管理规定，明确单位和个人在办理缴纳车购税等手续时，应出示停车泊位证明文件。加强停车管理，推动停车产业化，拓展停车交通设施建设渠道。调整停车费率，完善停车管理体制、规范停车行业发展、严格停车执法；建设电子泊车咪表、停车分级诱导标志，立体停车场，多渠道立体化扩大停车位，缓解车位矛盾。

五是完善自行车、步行等慢行交通配套设施。完善步行自行车道，形成连续、安全的步行自行车道路网络，满足短距离交通需求，提高在短距离出行中步行、自行车的出行比例。在地铁站点、公交集散站点、重要交通枢纽、功能区等，建立安全的自行车存放设施，将其作为接驳交通，与其他交通方式共同协调构建完善的综合交通体系。结合停车治理、交通秩序整治等，保障步行自行车路权。扩大步行自行车休闲廊道，建立步行、自行车示范区，倡导绿色出行理念，打造健康的出行方式，提高城市生活的品质。

3. 城市副中心和新城紧凑开发，实现功能复合发展

为落实严控城镇建设用地增量的要求，城市副中心和新城建设要统筹地上地下空间，加强土地混合利用，通过紧凑开发实现土地集约高效利用。逐步完善服务设施，强化产业支撑，加强生态建设，促进产城融合，实现宜居宜业，更好地承接中心城区的疏解。

（1）加强基础设施建设，提升综合配套能力。一是优化交通环境。加快构建高效便捷、安全稳定、适度超前的综合交通体系，基本形成承

载辐射功能突出的交通网络，充分彰显区域性交通枢纽作用。着眼以交通引导布局发展，增强交通枢纽功能建设；打通新城内部微循环，推进区内横向、纵向交通干道建设；加快轨道交通建设，优先完善快速公交东延线路，提升内外交通畅达能力。

二是启动综合地下管廊建设。新城规划建设之始，需启动相应的地下综合管廊规划和建设。积极争取国家地下综合管廊试点。尝试以现有的热力管道小"管廊"为基础，进行拓宽，以兼容安置更多其他管线。

三是承接中心城疏解的公共服务。坚持以人为本、民生优先，高标准配置优质公共服务，积极承接中心城优质公共服务疏解，在新城建立多元的公共服务高地，形成覆盖城乡的公共服务体系。进一步探索新城建设过程中新增公共服务资源融合建设、配套建设等新模式，积极推进教育领域综合改革，加大名校办分校及师资力量跨区流动力度；不断提高现有医院的软硬件水平；通过与重点医院合作或合并办医，引导中心城区优质医疗资源入驻新城，以满足新城地区多层次、多样化、城乡均等的公共服务需求。积极探索通过学区制、校际联盟、医联体、医疗托管等新模式，促进教育、医疗等优质资源纵向流动、区域共享的举措，切实促进区域公共服务均衡化配置。

（2）实现区域功能紧凑匹配。一是实行小尺度街区规划建设。规定新城新建小区、社区规模控制在适度面积范围内，以人的尺度而非汽车的尺度规划建设城市，让街道、广场成为人际互动的空间。相关研究显示，一个街区在 $70m \times 70m \sim 100m \times 100m$ 的面积范围内是比较合理的，当街区边界由 $50m \sim 60m$ 不等的线段长度组合而成时，能够在地块内部形成友好的南北通达的人行路线。大规模的封闭式社区和商务区建设，大都只有一两个出入口供居民使用，使得其内部缺乏活力，而且大多封闭社区不允许有道路穿过，无形中增加了城市交通压力。北京市老城区的街区尺度相对较为合理，大多控制在 $150m \times 150m$ 左右，但部分新城的街区尺度过大，有的甚至达到 $500m \times 500m$ 的规模，破坏了城市的可渗透性。

二是实现多种功能紧凑布局。办公室、住宅、商业、工业、服务、文化以及娱乐设施的布置，尽量紧凑并相对接近对方，以增强各功能空间的有机联系，从源头降低人们对汽车出行的需求，实现区域交通出行的最小化，也给出行者及非出行者都带来环境、健康以及生活质量的提升。从城市副中心和亦庄的发展现状来看，在土地利用规划上，功能分区规划的痕迹十分明显，工业、居住、商业用地被大规模的分离开来，导致有城无业、有业无城等现象的出现。应该加强居住与就业对接，促进职住均衡协调发展；加强住宅、商业与办公对接，促进产城融合发展。

三是加强轨道交通节点和沿线功能复合布局。注重城市轨道交通节点对人流的聚集效应，加快配套与其相关的延伸服务功能，不仅包括相应居住、办公功能，还应配备商业、零售、服务、休闲、娱乐、小学、幼儿园等一系列配套服务设施。进一步优化城市交通资源路线及其与产业、居住、游憩、学习、医疗等功能的融合规划设计，实现土地功能的复合利用。

专栏二：无间隙出行有效提高交通效率

> 巴西库里蒂巴市的对乘客友好、双零换乘的巴士公交系统极具说服力。五条主要林荫大道从市中心放射出来，每条大道均设有双向快速巴士专用通道，每隔 1400 米设换乘枢纽，可与地方支线巴士换乘；同时借助公交进程控制系统，使巴士到达换乘点的时间与开往其他地方的巴士出发时间相衔接，采用与巴士地板等高的管状巴士停靠站来缩短乘客上下车的时间，从而将乘客换乘、等待的时间最小化，实现"无缝换乘"。由此建构起的公交网络高效而便捷，它承担了这个具有 300 万人口城市 75% 以上的出行，从 1974 年以来，该市人口增长了一倍，小汽车交通量却下降了 30%，比巴西其他城市每年少耗费 700 万加仑燃油，同时还节约了道路用地，减少了污染，提高了绿地率。

（3）推动建设用地立体开发复合利用。从国内外经验来看，混合土地利用是土地资源高效配置的重要方式之一，灵活的土地混合已经成为城市重要的用地方式。土地用途混合开发利用，强调的是各种土地用途的实现，更注重于增加城市局部地区的活力，减少通勤生活带来的交通压力，有助于改善局部地区城市环境，提升城市空间品质。北京市在混合土地利用方面，也有过一些尝试，但大多局限于传统的"商住混合"用地，对其他混合土地利用模式少有涉及。因此，北京市需要在国家规范的基础上提出不同类型的土地混合利用方式，从而有效地进行控规编制，适应新城发展，并制定相关法规指引，并设置兼容性管理机制。

一是实现多功能立体开发。改变办公大楼或高层公寓底层的原有功能，或者设计综合大楼，实现高层建筑集居住、办公、商业、公共配套等多功能为一体的目标。统筹地上地下空间开发，鼓励新城地下空间的开发利用；积极探索 TOD 开发模式，建立城市轨道、市郊铁路与沿线用地"捆绑"的建设开发模式，实现一体化开发建设，推进建设用地的立体复合，提高空间利用效率。

二是鼓励产业＋产业模式创新。鼓励商业、商务、工业、仓储、交通和居住等多类用地混合使用，促进物流园区和商贸园区包装加工、物流及商贸等多功能复合。鼓励商业、商务、工业、研发和居住等多类用地混合使用，促进科技产业园区都市工业生产、研发和展贸等多功能复合。鼓励位于良好地段的旧工业区，随着产业的转型升级，依托标准厂房的灵活转换性，其转变为商业、办公和居住功能混合的商业区（见表 2 - 4）。

专栏三：深圳市土地混合利用

2010 年 8 月，深圳市出台《深圳市土地混合使用指引》，以鼓励合理的土地混合使用，增强土地使用弹性。《深圳市土地混合使用指引》根据产业用地的特点和趋势，允许工业用地开展配套办公、小型商业服务设施和单身宿舍等配套建设项目，并给出了相应的容量指标。

表 2 - 4　深圳市工业用地适建范围调整一览

用地类别	原标准中的适建范围	《深圳市土地混合使用指引》中的适建范围	容量指标
M1 一类工业用地	厂房、库房附属设施	配套办公、配套单身宿舍、小型商业服务设施、社区文体活动设施、小型医疗设施、一般道路交通设施、一般市政环卫设施	不超过总建筑规模的 30%
M2 二类工业用地	厂房、库房附属设施	配套办公、配套单身宿舍、小型商业服务设施、一般道路交通设施、一般市政环卫设施	不超过总建筑规模的 20%
M3 三类工业用地	厂房、库房附属设施	配套办公、配套单身宿舍、小型商业服务设施、一般道路交通设施、一般市政环卫设施	不超过总建筑规模的 10%

4. 用足存量空间，促进产业用地集约高效利用

为落实首都城市战略定位、国土部《关于推进土地节约集约利用的指导意见》，北京市应积极盘活低效工业用地，严格贯彻《北京市新增产业的禁止和限制目录（2015 年版）》，促进产业腾笼换鸟，加强产业调整与用地政策的匹配，完善园区各类配套设施，提升高端产业园区的综合服务能力。

（1）盘活低效工业用地。目前，北京市域内仍有较大面积的工业用地有待改造更新，按照《北京中心城（01－18 片区）工业用地整体利用规划研究》，北京市中心城区还有不少于 18 个整体工业片区和部分零星工业大院及厂房；根据北京市规划国土委相关材料，目前北京市有 200 多平方公里的低效工业用地，其中接近 65% 的低效工业用地在发展新区。随着城市战略定位的深入落实，北京市要有序地推进工业用地的减量升级，与此同时，城乡规划用地标准中原来确定的工业用地所能开展的生产建设活动，已无法满足新时期、新企业对建筑空间的利用要求，这导致土地用途管制在某种程度上变成了制约工业用地高效利用的障碍线。增加用地混合度、提高土地兼容性、对老旧工业建筑改造再利用等手段，是能够相对有效地实现工业用地复合利用的途径。

一是进行对低效工业用地的摸底调查。根据城市建设用地评价和开发区评价成果，加强对城中村、棚户区、工业大院、废旧厂房及开发区内等区域的工业建设用地利用强度、效率、效益等情况进行摸底调查。并分区制定低效用地判定标准，明确低效用地的范围，结合土地利用变更调查、第二次土地变更调查及地籍调查数据等，将低效用地信息标注上图，实现对低效用地的信息化、动态化管理，为盘活低效工业用地奠定基础。

二是允许用地性质的兼容与转换。允许通过补交地价款的方式，实现工业用地性质转换，这种方式改变了传统的土地高价收储、高价出让的模式，实现土地供应由"高进高出"向"低进低出"的转变，有利于缓解土地收储带来的资金压力，又能充分激发原土地权利人的积极性，减少"拆迁难"给城市更新进度带来的影响。

三是实行项目时间履约保证金制度。在工业用地出让合同中约定项目开工、竣工、投产时间，根据项目的实际情况，由园区管理机构或区政府相关部门约定项目时间履约保证金（保函）制度，或采取其他市场

化措施，确保工业用地节约集约利用。项目时间履约保证金按照合同约定以土地出让价款的一定比例，向区政府相关部门或园区管理机构缴纳。项目时间履约保证金按照开工、竣工、投产等阶段，采取分阶段履约退还或违约罚没的差别化方式管理；对违约情节严重的，按照合同约定，可解除出让合同，收回建设用地使用权。

四是实施工业土地利用绩效评估制度。建立工业用地项目土地利用绩效评估制度。工业用地项目土地利用绩效评估分别在达产阶段（达产评估）、达产后每3~5年（过程评估）、出让年限到期前1年（到期评估）等阶段进行，由区政府相关部门或园区管理机构依据有关法律、法规、规定和土地出让合同要求组织实施。工业用地合同到期前如要续期，需要通过土地利用绩效评估，综合考评达标才能获得续期。在达产评估、过程评估阶段，经区政府相关部门或园区管理机构评估认定不符合要求，按合同约定应当收回建设用地使用权。

（2）加强产业调整与用地政策匹配。一是加强产业规划与土地规划衔接。强化产业发展规划与土地利用总体规划的协调衔接，统筹各行各类用地，重点保障与区域资源环境和发展条件相适应的主导产业用地，合理布局战略性新兴产业和基础产业用地，引导产业集聚、用地集约。

二是提升现有产业园区、功能区对新业态的承载能力。加快推动城六区现有工业企业的"退城入园"，逐步将继续保留的高端制造业企业转移到产业开发区中。以中关村国家自主创新示范区"一区十六园"和国家级、市级产业开发区、20个文化创意产业功能区为主体，压缩一般性和劳动密集型产业空间，整合低效产业用地，发展高精尖新兴业态，统筹打造产业创新发展新格局。以现有开发区为基础，推进现有部分开发区的扩区规划调整；同步实现开发区各片区的整合连片，促进现有开发区与邻近乡镇产业基地的统筹协调发展。促进乡镇产业用地之间整合协同，着力打造适度集聚、产业高端的特色产业基地。在不适宜产业发展的区域，重点搬迁不符合城区服务功能、资源环境压力较大区域的产业，实现产业向优势产业功能区的转移。

三是推动产业在京津冀区域协同布局。充分发挥北京科技创新资源优势、战略性新兴产业策源地和高端服务业聚集的比较优势，与天津、河北之间完善产业合作协调机制，加强产业对接合作，搭建高效对接平台，健全共建共享机制，引导用人多、消耗大等北京不具备比较优势的制造和一般服务企业转移到津冀地区布局，与津冀地区合作共建一批产业转移示范园区。鼓励天津、河北重点企业与北京科研机构、重点企业共建共享产业技术研究院、联合实验室，实施一批跨区域重大创新项目和应用示范工程，促进本市重点发展的产业链在更大范围内布局发展，在京津冀大区域构建完整的产业链体系，实现产业集聚化发展。全力建设北京（曹妃甸）现代产业发展试验区，完善产业发展规划，落实产业项目，加快启动区域建设。

四是完善产业用地约束机制。严格贯彻执行《北京市新增产业的禁止和限制目录（2015年版）》。严禁为一般性制造业和高端制造业中比较优势不突出的生产加工制造提供用地，严禁为区域性批发市场、物流基地提供用地；限制对部分公共服务、行政事业性服务机构提供用地。特别要加强对城六区的产业用地限制，重点加大对制造业、教育、卫生、社会团体、餐饮等领域的供地限制。更加注重从土地供应加大对绿色生态理念的植入，引导新增功能和产业的发展更加绿色低碳、更加有助于改善生态环境。同时，要强化各类产业项目的土地投入产出效益要求，在产业用地的各个环节，强化对各类细分产业用地的淘汰、引进和鼓励等不同类型的产业用地产出效益指标要求，促进产业用地集约利用。

（3）完善产业园区公共配套设施。产业园区作为城市经济发展的重要承载体，聚集了诸多企业，也带来了众多产业人口及生活配套需求。然而由于城市各类配套设施规划一般只考虑城市地区，围绕居住用地进行配套，而产业园区由于多为产业用地，生产、生活需求和配套设施的综合考虑相对不足。因此，需要完善园区公共配套，促进产城融合，提升园区综合服务功能。

一是加快配套设施建设。加快推进现有产业园区和集聚区进一步完善园区外围及园区内市政配套服务、交通微循环、生活服务设施等城市功能的规划建设，实现产业发展与城市发展互动促进，建立职住合一的功能区域，促进人口组团化分布。

二是提升区域建设管理水平。以产业园区升级发展为核心，进一步提升周边区域的建设和管理水平。与城市功能相耦合，适度拓展增量发展空间，为增量产业的集聚化、规模化发展提供空间保障，形成完备的城市服务和就业承载功能区。

三是配套设施规划具备预见性和适度弹性。充分考虑产业区未来的转型升级特征所带来的劳动力变化，考虑产业区优先应对大项目落地带来的突增需求，应进行弹性考虑、提前预留考虑和可转型性的考虑，避免配套设施的闲置浪费、供需不匹配或供不应求。

四　促进首都精明增长的政策措施

（一）加快推动城市规划立法

深入贯彻落实《中华人民共和国城乡规划法》，出台有关区域、城市规划的法律规章，提升规划制定和执行的严肃性。一是借鉴法国市镇的国土协调纲要，制定出台北京市的地方性城乡规划条例。二是借鉴日本的《首都圈建设法》和《首都圈整备法》，法国巴黎大区的《国土规划整治指令》，德国的《空间秩序法》，适时制定出台京津冀地区的区域性城乡规划条例。三是借鉴德国的《建筑秩序法》和《风貌条例》，增加对建筑形态、公共空间、道路交通、地下空间、生态环境等方面的具体指标，同时明确其法定效力，实现规划的精细化制定。

（二）出台城市更新办法

全面推进城市更新，借鉴深圳、广州、上海市经验，出台城市更新实施办法。一是明确区政府是推行城市更新工作的主体，区政府应当指定相应部门作为专门的组织实施机构，具体负责组织、协调、督促和管理城市更新工作。二是划定城市更新范围，分别为旧城镇、旧厂房、旧村庄编制更新改造方案。三是设立城市更新基金，支持对于需要改造，但无法实现资金平衡的历史文化街区和优秀历史文化建筑保护性整治更新改造项目。资金来源主要包括市、区土地出让收入和财政一般公共预算，国家有关改造贷款政策性信贷资金，融资地块的出让金收入，参与改造的市场主体投入的更新改造资金，更新改造范围内土地、房屋权属人自筹的更新改造经费等。四是出台配套的规划政策、土地政策、管理政策，以及对历史遗留问题的处理办法等。五是加强各区、区域统筹，将无法实现资金平衡的项目，纳入区域全盘考虑，或是与交通等项目进行捆绑开发。六是建立城市更新项目政府绩效管理平台，强化资金管理和绩效考核，实现可管、可控、可评议。拓宽城市更新领域与投融资相关的信息公开渠道和提高信息公开水平，切实为第三方监督、利益方参与提供信息接口，保障更新规划决策科学有依据，在执行过程中充分得到监管。

（三）加强土地混合利用

一是制定有关土地混合出让使用的指导性文件，可以借鉴深圳市出台的《深圳市土地混合使用指南》。二是分类制定用地混合指标。各个控制单元依据规划确定的主导属性以及人口、公共设施等方面容量进行开发控制量的核算，不同主导属性的控制单元用地混合控制指标采用不同取值，以强调土地混合利用的针对性。三是设置功能指标取值区间。对地块内部各项功能的指标控制，依托整体的容积率、建筑密度、建筑高度、绿地率等指标，确定不同类型功能混合的建设量比例取值范围，使得项目开发满足土地混合利用的指标要求，从而形成层级控制的结构方式。四是综合开发利用地下空间，全面实行经营性地下建设用地使用权有偿使用制度。推行 TOD 开发模式，制定地上地下空间开发利用管理规范，推进轨道交通场站、交通枢纽、公共停车场等大型基础设施、公共设施的综合开发利用，探索工业、商业、办公等综合用地复合开发的土地政策。

（四）中心城疏解腾退土地优化利用

一是明确规定，在中心城城市更新中，要实现生态用地、公共空间只增不减。对中心城疏解腾退土地的再利用，应加强公共绿地、开放空间控制，增加公共服务设施。明确规定公共绿地、广场用地等开放空间用地占城市建设用地的最低比例，规定更新单元附属绿地事宜沿着城市支路或公共通道布局，并向公众开放。规定公共服务设施用地占城市建设用地的最低比例。二是城市更新项目，为地区提供公益性设施或者公共开放空间的，在原有地块建筑总量的基础上，可获得奖励，适当增加经营性建筑面积。三是对零星工业用地以外的"边角地""夹心地""插花地"等存量土地，不具备独立开发条件的，采取扩大用地的方式，由零星工业用地的原土地权利人结合开发。并同时规定，零星工业用地自行开发的，应向政府无偿提供用于公益性设施、公共绿地等建设的最低比例用地，如无法提供公益性建设用地的，应无偿提供一定比例的经营性物业产权给区政府相关部门，定向用于公益性用途，以及区域内土地房屋征收、建设用地减量化等工作的经营性物业补偿。

专栏四：上海市、广州市在城市更新中对公共开放空间的要求

为有效控制中心城人口密度、打造宜居城市、优化城市布局及产业调整，上海市和广州市在城市更新进程中均提出增加公共用地，优先保障城市基础设施、公共服务设施。①上海市提出生态用地、公共空间只增不减。早在 2003 年上海市就提出中心城"双增双减"政策，即增加公共绿地、增加公共活动空间，减少容积率、减少建筑总量。该政策实施以来，取得一定成效。例如：在外滩改造中城市活动空间新增 40%，绿化面积达到 2.33 万平方米。2015 年出台的《上海市城市更新实施办法》，对各类城市更新项目规定了公共绿地、开放空间和公共服务设施的明确用地比例，并设置了具体的奖励办法。②广州提出在中心城区增加基础设施和公共空间。2012 年，广州市的《关于加快推进"三旧"改造工作的补充意见》提出，改造更新单元要提供不少于总面积 15% 的用地，用于建设城市基础设施、公共服务设施或者城市公共利益项目等。2015 年，《广州市城市更新办法》，将用于公共服务设施以及市政公用设施的面积比重由 2012 年的 15% 提升至 30%。

专栏五：上海市对零星、边角用地整合利用

2014 年，上海市出台的《关于本市盘活存量工业用地的实施办法（试行）》规定，对零星工业用地外的"边角地""夹心地""插花地"等存量土地，不具备独立开发条件的，可采取扩大用地的方式，由零星工业用地的原土地权利人结合开发。并同时规定，零星工业用地自行开发的，应向政府无偿提供比例不少于 10% 的建设用地用于公益性设施、公共绿地等建设，具体空间由各区政府按照规划，结合实际情况确定。如无法提供公益性建设用地的，应将不少于 15% 的经营性物业产权无偿提供给区政府相关部门，定向用于公益性用途，以及区域内土地房屋征收、建设用地减量化等工作的经营性物业补偿。

（五） 通过补缴地价款实现土地转性

一是允许在符合规划、功能定位和相关法律制度的前提下，通过在较低的工业基准地价基础上分类设置标准补缴地价的方式，实现用地性质的兼容与转换，鼓励公共性设施混合集约利用。二是工业用地升级改造为市政府鼓励发展产业的，原有合法建筑面积不再补缴地价；对增加建筑面积，设定按照新用途基准地价标准缴纳地价的比例。三是工业用地升级改造为住宅、办公、商业等经营性用途的，以原有合法建筑面积部分按新用途基准地价标准，扣减原用途的基准地价标准计算地价；增加建筑面积，按照新用途的市场评估地价标准计算应缴地价。

专栏六：深圳市、广州市、上海市土地转性政策

针对建成区存量工业用地的二次开发利用，深圳市、广州市、上海市均在各自的城市更新办法中提出，针对不同类型工业用地、更新用地性质及所处区位，分类细化设置补缴地价规则，通过存量补地价的方式，实现以工业用地转商服用地为代表的用地性质的兼容与转换。①工业区升级改造为市政府鼓励发展产业的，深圳市提出，原有合法建筑面积不再补缴地价，增加的建筑面积按照新用途基准地价标准的 50% 缴纳地价。例如，2013 年深圳市宝安区福永街道凤凰社区的原农村集体工业用地被深圳市方格精密器件有限公司以 1.16 亿元的价格成功竞得，闲置十多年的老工业区成功升级为新一代信息技术通信终端设备制造业园区。②工业区或旧厂房改造为办公、商业等经营性用途的，广州市和深圳市都提出，原有合法建筑面积部分按新用途基准地价标准，扣减原用途基准地价标准计算地价；增加的建筑面积按照新用途的市场评估地价标准计算应缴地价。上海市结合新的土地用途和所处区位，规定了更为详细的补偿标准。③转为居住用地（保障性住房除外）的，根据容积率规定不同补偿标准。广州市规定，容积率在 2.0 以内的按照土地公开出让成交价款的 40% 计算补偿款，超出 2.0 部分不再计算补偿款。④涉及基础设施及配套建设的，广州市规定新建建筑面积属于城市基础设施、公共服务设施及电梯、连廊、楼梯等辅助性公用设施的，免收

地价；属于新型产业用房或产业配套设施的，按照新用途基准地价标准的 50% 计收地价。⑤对物业自持比例提出明确要求。上海市规定，整体转型工业区域转为研发总部类用地和商务办公用地的，开发单位须分别持有 70% 和 50% 以上的物业产权；转为教育、医疗、科研、养老用地的不得分割转让。零星工业用地转为商务办公用地的，开发单位须持有 60% 以上的物业产权。

（六）实施土地弹性出让制度

一是实行工业用地弹性年期出让制度。根据企业特点，设计差别化的年限出让政策。原则上，新增工业用地产业项目出让年限不超过 20 年；国家和北京市重大产业项目、符合首都功能的高精尖产业项目，按照北京市相关规定和程序进行认定后，以认定的出让年限出让，最高不超过 50 年。二是营利性教育、科研、医疗卫生、社会福利、体育设施等基础设施和社会事业项目用地，可以根据项目实际情况，实行弹性出让年限，出让年限不高于法定最高出让年限。

专栏七：上海市实行工业用地弹性年限出让制度

2013 年 12 月，国土资源部提出要积极推行工业用地出让弹性年限制。2014 年 3 月，上海市发布《关于加强本市工业用地出让管理的若干规定（试行）》，提出对工业用地的利用状况实施全过程动态评估和监管，并明确了要实行工业用地弹性年限出让制度。具体做法为：一是分类规定出让年限。原则上新增工业用地产业项目类出让年限不超过 20 年，出让价格按照基准地价对应的最高年限进行修正；国家和上海市重大产业项目、战略性新兴产业项目，经过认定后出让年限不超过 50 年。例如，2015 年 2 月，位于宝山工业园区北区块的一块土地被一家制造业企业购得，土地使用年限为 20 年，成为上海首个实现土地弹性出让的地块，且其土地出让金并未因使用年限缩短而下调。二是设定续期标准。在用地使用权到期前，经综合考评达标的，可以采用协议出让方式取得续期建设用地使用权，续期时的土地出让价款，参考原出让价格结合续期时土地所在区域的工业用地基准地价综合评估确定。

（七）继续严格制定实施产业禁限目录

一是在深入贯彻落实《北京市新增产业的禁止和限制目录（2015 年版）》基础上，研究制定新一版禁限目录，并适时研究制定京津冀区域的禁限目录。二是进一步突出禁限的重点区域。将 2015 年版禁限目录中划定的以城六区为重点区域的范围扩大到全市平原地区，全面执行更为严格的禁限目录。三是进一步完善配套制定的实施细则，总结两年来禁限目录的执行经验教训，充分吸收各部委和执行部门的意见，将实施细则全文公布，增强政策制定实施的透明度。四是结合禁限目录要求，设定各类产业用地最低容积率、特殊行业用地最低容积率，鼓励产业区块集中设置绿地，设定产业项目用地的绿化率。研究制定低效产业用地认定标准和定期更新机制。

（八）重新编制绿地系统规划

一是按照《国家生态园林城市标准（2010 年版）》要求，北京市应编制新版城市绿地系统规划，并将其纳入正在修编的城市总体规划，同时制定完整的城市生态发展战略、措施和行动计划。二是要结合新编《北京市绿地系统规划》，在 2001 年首都绿化办针对第一道绿化隔离地区编制的《北京市绿化隔离地区绿地系统总体规划》基础上，编制包含第一道和第二道绿化隔离地区的新版《北京市绿化隔离地区绿地系统规划》。

（九）促进城市管理智能化

一是建设智能交通管理系统。升级完善智能交通监控系统、智能公交管理系统，建设城市交通流诱导系统、智能停车系统、电子警察系统和突发事件响应系统。二是建设基于物联网技术的城市地下管廊智能管理系统。建设地下管线多参数三维显示系统、地下管线辅助规划设计 CAD 系统、地下管线事故应急指挥系统等。三是加强政府信息化管理。把包含政府信息公开、网上办事率、信息安全等电子政务指标的电子政务绩效评估纳入政府绩效评估体系，每年根据政府工作重点滚动更新电子政务考核内容，确保政务信息化持续健康发展。四是构建智能基础设施的安全防护体系。具体包括物理安全、感知执行层安全、数据传输层安全、应用控制层和供应链安全等若干环节。

（十）建立首都精明增长评价体系

一是借鉴国外研究成果，以居住密度，居住、就业和服务的混合度，城市中心职能强度，街道通达性等指标为考量，建立首都精明增长评价体系，并将其相关主要指标纳入全市经济社会发展综合评价体系。二是全面推进节约集约用地评价。持续开展单位国内生产总值建设用地消耗下降目标的年度评价。进一步完善开发区建设用地节约集约利用评价，适时更新评价制度。部署开展城市节约集约用地初始评价，在初始评价基础上开展区域和中心城区更新评价。加快建立工程建设项目节地评价制度，明确节地评价的范围、原则和实施程序，通过制度规范促进节约集约用地。三是针对不同区域地段、不同行业性质分配合理的容积率和建筑密度指标，对土地利用强度较好的企业给予经济和土地配额补偿等鼓励措施。四是根据已经出台的相关土地资源利用评估指标，采取禁入、警告、经济处罚等方式，对各区、各企业的建设用地利用强度进行约束。

参考文献

崔小涛：《中国城市土地利用存在的主要问题和解决措施》《中国资源综合利用》2017 年第 6 期。

谢正峰：《城市土地利用社会效益初论》，《嘉应学院学报》2015 年第 5 期。

诸大建、刘冬华：《管理城市成长：精明增长理论及对中国的启示》，《同济大学学报（社会科学版）》2006 年第 4 期。

唐相龙：《"精明增长"研究综述》，《城市问题》2009 年第 8 期。

鲍海君、冯科、吴次芳：《从精明增长的视角看浙江省城镇空间扩展的理性选择》，《中国人口·资源与环境》2009 年第 1 期。

金晓云、冯科：《城市理性增长研究综述》，《城市问题》2008 年第 2 期。

蒋芳、刘盛和、袁弘：《城市增长管理的政策工具及其效果评价》，《城市规划学刊》2007 第 1 期。

第三章 对国家政治中心建设的几点思考

尤国珍[*]

北京是中国的首都、全国政治中心，本章从国家政治中心的概念入手，对其特征和功能进行论证，并通过考察国外国家政治中心建设的历史经验和教训，以期对北京的全国政治中心建设有所启示。

一 国家政治中心的内涵和特征

（一）国家政治中心的内涵

社会政治文明从古代社会、近代社会演进至现代社会，历经无数风云变化，如大浪淘沙般萃取精华，将政治文明的发展推向前进。而国家政治中心的建设举措也随着时代环境和具体国情的变化而变化，并将人们对国家政治中心建设的认识推向深化。

1. 核心内涵：国家政治中心是国家最高决策中心、国家最高权力机关的聚集地

国家政治中心通常是国家最高决策中心所在地，或者指国家最高权力机关的聚集地。它是政党、政府、军队、经济、文化等重大事务的控制枢纽。同时也是各项外交活动和国际交流活动的发生地、开展地。国家政治中心是国家的"头脑"，是社会有序运行的"中枢系统"。

国家政治中心的通常形态是城市，一般是国家首都。由于首都对权力的掌控、安全的保障、资源的集中、地理位置的选择等有特殊的要求，

---

* 尤国珍，北京市社会科学院科学社会主义研究所副研究员、博士，研究方向为中国特色社会主义理论。

故大多数国家仅将某一个城市设立为国家的首都，以保障国家功能的集中发挥。因此首都除了承担政治中心的职能，还往往是国家的文化中心、经济中心等。但也有个别国家不仅有一个首都，有两个、三个甚至四个首都，其首都核心功能分散在若干个重要城市内。例如，荷兰是一个双都并行的国家，其法定首都设立在阿姆斯特丹，它是荷兰的经济、文化中心，但是荷兰的中央政府、国家重要行政机构、外事机构甚至国王的居住办公场所均设置在海牙，这是由荷兰的特殊历史背景决定的。但是在国际社会中，绝大多数的主权国家都通常仅设立一个首都，其行使的首要职能便是国家政治中心的职能。事实上，无论一国有几个首都，首都的确立都是受到宪法的认可和保护的，是国家行政中心和国家机关的驻地，是一国的政治象征。

2. 国际内涵：国家政治中心致力于发挥全球重大影响力并掌握国际话语权

首都作为国家政治中心，关系着整个国家的统治效率，同时也是世界了解一个国家的重要窗口。随着全球化的不断深入，首都作为国家政治中心，必须在对外开放的同时，扩大其在国际舞台上的影响力。一个国家的综合实力强大与否，可根据其在重大国际事务中的话语权和影响力大小来作判断。目前全球正处在构建国际社会新秩序、构建人类命运共同体的紧要关头，增强一国在国际事务中的话语权，既是本国综合实力提升的表现，也是受到国际认同的体现。

北京不仅是全国政治中心，同时也是文化中心、国际交往中心和科技创新中心，是展示国家形象的重要窗口。北京在建设全国政治中心的过程中，要讲好中国故事，传播中国声音，形成中国话语体系，扩大中国在国际舞台上的影响力。北京全国政治中心的建设需要发挥中国特色，第一，将中华民族伟大复兴的中国梦与讲好中国故事有效结合起来。讲好中国故事，要求抓住中国特色，深化对外宣传，表明中华民族孜孜以求的品质和中国人民勤劳勇敢、自信从容的精神面貌；讲好中国故事，要求讲清楚中国梦是开放、包容、合作、共赢的梦，这是与各国的梦想紧密联系的，是与世界人民息息相通的。第二，将国际传播能力与传播中国声音结合起来。打造一支融合了新兴媒体和传统媒体的综合性传播主力军，创办国际知名的中国栏目，壮大媒体的国际传播能力，向世界展示中国价值观，客观、全面地为国外受众展示真实的中国面貌、政治立场、政治态度。第三，将新表达、新概念和话语体系建设联系起来。是否能将世界话语体系与中国表达有效衔接，是否能够用新的话语体系准确表达国内外新形势、新变化，关系着中国能否营造中外沟通交流的良好舆论环境。

3. 精神内涵：国家政治中心建设需要精神支撑并为全国城市建设树立典范

国家政治中心的建设关系着国家前进的政治方向，它绝不是纯粹的政治性活动，而是一个复杂的综合系统工程。国家首都的精气神通常反映出整个国家、民族的精神品格，其蕴含的城市精神和核心价值应该反映出时代意义和整个国家的文化特质。

北京作为全国政治中心，应该自觉强化"政治意识、大局意识、核心意识、看齐意识"，提高政治站位，始终在思想上、政治上、行动上同以习近平总书记为核心的党中央保持高度一致，坚决维护党中央权威和集中统一领导，确保党中央政令在北京畅通。"四个意识"的增强是维护首都社会稳定、有效解决城市发展问题、转变城市发展方式的重要精神武器和观念指导。

北京作为全国政治中心，还意味着要强化对意识形态领域的引导和控制，聚集维护社会稳定的正能量。首都应该牢牢把握主流意识形态的主导权，将社会主义核心价值观融入城市的方方面面，为首都建设营造和谐的舆论环境。总之，北京的全国政治中心建设需要强大的精神动力支撑，凝聚首都甚至全国共识，集中力量解决关键问题，为全国城市建设起着引领和示范作用。

（二）国家政治中心的特征

1. 国家政治中心具有政治主导性

国家政治中心往往是国家最高行政机关的所在地，也是各民主党派、社会组织、群众团体的所在地及其活动的主要场所。因此，国家政治中心主导整个国家的政治、经济、文化、社会等重大决策的制定和发布，并向全国扩散传播，制约和影响整个国家的经济社会发展。同时，国家政治中心的意识形态性通常表现最为强烈，一般情况下，国家政治中心的群众的政治热情和政治关注度要远高于其他地区，若能够让主流意识形态深入人心，动员群众、凝聚共识，那将为国家政治中心建设提供良好的群众基础和舆论氛围。但同时，国家政治中心也是国际交流的中心和信息汇聚的中心，如何控制西方思潮和价值观的冲击，维护首都政治意识形态安全是国家政治中心建设需要关注的关键问题。

国家政治中心主导并掌控着国家的整体运行和发展方向，它主要体现在控制主体、控制对象和控制手段三个方面。控制主体通常表现为都城、国家元首等，例如统治阶级通过制定符合本阶级利益的政策、法规来对各领域、各地区进行统治和管理；政治中心的控制对象通常表现为疆域或者人口等，这需要保证政治中心对国家权力的掌握和控制，只有如此才能捍卫国家领土、保障人民权益，这是保持政治中心稳定有序的关键之一，控制手段通常包括设施、制度、国家机构等，这些手段的实施反映了政治中心对不同领域、不同地区的控制力度。

2. 国家政治中心具有资源集聚性

由于国家政治中心具有特殊的政策、社会环境等优势，极易吸引各种要素和资源，如经济、文化、科技、教育、人才等优势资源流向首都，产生集聚效应。而国家政治中心的集聚化程度越高，网络化程度就越高，区域的人流、物流、信息流、资金流的流动就越频繁，这种集聚化程度在一定程度上体现了一国的发展水平。"大而全"便是这种集聚效应下首都的整体面貌，首都往往是规模最大、人口最多、功能最全的城市。各种优势资源和条件的匹配，通常使首都被赋予"多中心"的职能，除了担任国家政治中心职能，它们还是经济、文化、国际交流的中心，尤其在一些老牌国家表现十分明显。这种模式的优势也较明显，它在一定限度内，可以提高发展效率，进行资源整合和配置。

但是随着城市规模的无限制扩大和城市功能的不断延伸，"大城市病"成为制约首都建设发展的巨大绊脚石，其所带来的人口膨胀、基础设施压力大、物价高涨、治安困境等问题都是"大而全"模式的副作用。因此，在首都建设过程中，要充分考虑核心功能产生的集聚效应，尽量疏解非首都功能，减少或分散首都的城市治理负担。

3. 国家政治中心具有求稳性

由于国家政治中心通常是国家最高权力中心的所在地，因此其稳定程度关系着整个社会的安定与否。一方面，稳定和谐的社会环境为国家各项工作的顺利展开创造了条件。另一方面，政治中心或首都的稳定也象征着整个国家的社会状态。国家政治中心的首要任务就是维护稳定，首都历来都是各种意识形态和政治力量冲突、争夺的主要阵地。以北京为例，它曾有五朝古都的美称，但也因此一直是各种势力虎视眈眈之地，从近代北洋军阀争相抢夺北京政权，到中华人民共和国成立后北京系列政治运动影响全国，再到改革开放以后，北京作为政治中心曾一度成为境外反对势力频繁插手之地。俗话说"首都稳定，则全国稳定"，因此各国的首都建设都将稳定性放在第一位。

那么稳定与创新之间存在什么关系呢？学界有观点认为，政治中心对稳定性的追求也意味着对创新性的排斥。例如学者陈勇和杨滔在《创新中心与政治经济中心分离原因探析》一文中，从思想、资本、成本与政策等方面论证了观点，即现代国家逐渐出现创新中心与政治中心分离的现象，认为技术创新中心的发展目标与政治、经济中心的发展目标不完全兼容。从思想来看，政治中心提倡对主流意识形态的宣扬，而创新思维意味着变化和挑战，这对意识形态的稳定和安全形成一定影响；从资本来看，政治中心优势条件众多，即便不发掘创新资源，也能够利用各项优势进行投资；从成本来看，政治中心的物资、土地等成本较高，创新产业失败后的成本也较高等。从某些角度来看，这种论述有其道理；但是国家政治中心建设不是闭门造车，而是在坚持贯彻落实改革开放基础上、在对中国国情进行准确把握的前提下，所进行的首都建设。只有提升中国的主流意识形态的科学性和生命力，提高公民对信息资源的鉴别能力，才能从源头解开所谓稳定与创新的冲突。除此之外，"创新是引领发展的第一动力"，而只有发展才能解决社会中面临的众多矛盾，因此，创新与社会稳定不应该被视为一对矛盾。

二 国外国家政治中心建设的经验

国外政治文明的优秀成果对于中国的政治系统的运行具有积极的借鉴意义。国外的城市化进程先于中国，因此在首都城市建设、城市规划等方面积累了大量的经验。分析伦敦和东京等国外国家政治中心建设的典型案例，对北京全国政治中心建设具有启发意义。

（一）伦敦国家政治中心建设的经验启示

伦敦作为英国的首都，同时也是英国的国家政治中心，它从 1801 年始，就因其在政治、经济、文化等多领域的卓越成就，成为当时世界上最大的都市。伦敦与大多数国家的首都一样，除了承担国家政治中心的职责外，还发挥着经济、文化和交通中心等职能，它是世界上公认的最早实行国际化的城市，其悠久的城市发展史，使其在世界文化中也占有重要一席。英国是单一制的国家结构形式，其处理央地关系、各职能中心相互关系等方面，值得中国研究借鉴。

1. 伦敦在国家政治中心建设方面的有益经验

（1）处理好位于国家政治中心的中央政府与位于地方政治中心的地方政府的关系。中央政府与地方政府之间的良好关系有助于营造和谐的政治生态，维护政治中心的发展与稳定。英国实行的是分权型的单一制的国家结构形式，中央政府与地方政府有较为明确的职责划分，一方面，保证了中央政府对地方政府的控制和掌握；另一方面，也实现了地方政府的灵活性和自治传统。

首先，英国具有较为悠久的地方自治传统，地方政府职责明确，且责任意识较强。英国虽然采用单一制的国家结构形式，但是地方政府在很大范围内享有独立。这种自治精神得益于英国传统市民文化的张扬和普通法在制度上的保障。早在撒克逊时期，各郡都有独自的议会，且具有较高的独立性。在那个时期，人民享有较为充分的自由，而王权也受到限制。随着市民社会的成长、发展，地方自治制度也随之不断提高完善。地方政府不仅有权处理地方事务，而且还掌控着地方的财政税收、社会公共服务等权力，它的权力受到法律赋予，一切权力均来源于中央政府所主导的议会。不过，为了提升地方政府的工作针对性，保证政府管理灵活性与稳定性的有效结合，英国设立私议案，当涉及地方当局的权力和利益时，可以通过私议案得到议会讨论。英国地方政府由选民选举产生，因此，为了得到民众的支持认可，英国地方政府必须要重视社会保障、公共服务等关乎民众切身利益的地方事务，这反过来也强化了地方政府责任机制的建立完善。

其次，英国重视维护中央政府权威，并努力实现控制方式、监督方式的规范化、制度化。英国中央政府采取一系列措施保证中央政府在各级地方政府中的优势地位和权威，努力维护国家的稳定和统一。第一，英国的国家结构形式决定了地方政府受到中央政府的严格控制。地方政府的一切权力来源于中央政府所主导的议会，它决定授予或改变、取消地方政府的权力。第二，英国的政治实践深受洛克分权制衡思想的影响，英国中央政府对地方政府的控制，主要通过三种手段，即立法、司法、行政控制，使中央政府与地方政府形成交互协作的关系。具体而言，所谓立法控制即通过议会约束地方政府的权力、责任、规模等；所谓司法控制，即地方政府是法定的政府机构，拥有宪法赋予的权力和责任，但是它又必须服从高度的司法控制；所谓行政控制，即中央对地方政府的行政控制是由中央政府各部门承担的，它们通过人事任命、政策审查等手段实现对地方政府的控制。第三，政府还会在地方设置各种机构来帮助政令畅通，同时也有利于将地方政府的利益诉求传达至中央政府。

再次，英国重视法律对央地关系的调节。为了处理好中央政府与地方政府的关系，实现地方政府与中央政府关系的法制化，英国主要采取以下几种方式。第一，按照宪法相关条例，对央地关系进行明文规范。第二，首都的特殊城市定位，要求其必须将法治建设放在重要位置。西方发达国家除了在宪法中明确首都的地位和权利外，还会制定专门的法律法规来约束中央政府与地方政府的关系。例如，英国曾先后颁布《伦敦政府法》《地方政府法》等法案，作为地方自治和政府统治的重要法律基础。

最后，努力实现政府职能转变，旨在提高政府行政效率。英国政府职能经历了从自由主义到国家干预的转变，尤其是在撒切尔政府执政时期，政府努力实现政府职能转变的改革，努力规范政府与市场、政府与公众之间的协调关系，旨在实现中央政府与地方政府关系的动态平衡。

（2）处理好政治中心与经济中心的关系，继续巩固伦敦世界金融中心的地位。伦敦作为政治中心，依据政策优势等便利，易于吸引投资、发展经济。而经济的发展又为政治中心的地位巩固提供经济实力支撑。第二次世界大战结束以后，英国的国力受到削弱，经济发展相对缓慢。随着布雷顿森林体系的建立和其他新兴城市的崛起，英国的国际竞争力进一步被削弱，伦敦的经济实力和国际地位也逐步下降。经济实力直接关系着国家的政治根基，而伦敦作为国家政治中心必须为全国做出表率。

20世纪80年代始,伦敦为复兴曾经的辉煌,开始通过实行改革来恢复经济。为了进一步争夺和巩固伦敦在世界金融中心的霸主地位,伦敦也逐步调整其经济结构,将发展中心向金融、创新等服务领域转移。首先,作为首都,伦敦率先积极引进外来资金、人才和机构。面向世界,实现全方位的开放是伦敦金融复兴的关键,伦敦曾经历大规模的移民浪潮,这不仅大大提升了伦敦的国际形象,推动伦敦的世界城市建设进程。同时,还引进了综合性的人才、专业化的机构、丰富的资源等。其次,伦敦重点发展金融服务业,加强金融产品创新,这是伦敦巩固世界金融中心地位的重要举措。金融服务业是伦敦重要的支柱性产业,政府支持其金融服务业在全球开展业务,同时鼓励金融创新,以求进一步巩固伦敦在世界金融中心的霸主地位。具体来说,伦敦在逐渐减少对金融业的管制,加快金融创新的脚步;政府鼓励各大型金融机构实施"走出去"战略等。

(3)处理好国家政治中心建设与国家文化创新中心建设之间的关系,引领创意产业和低碳经济发展,提高城市文化软实力。文化创新中心是经济社会发展到一定阶段的产物,大力发展文化创新产业不仅可以满足公众对文化的需求,还能够提升国家形象,展示国家软实力。文化创新产业并没有严格的产业边界,任何产业在面临新旧更替、产业升级时,一定程度上都需要依托文化创新产业。由于文化创新产业具有资源消耗少、环境污染小、经济效率高等优势,伦敦将文化创新产业作为一条走向世界城市的重要路径。

伦敦目前被美誉为国际设计之都、重要的全球广告产业中心和电影制作中心,伦敦可以借助自身的城市优势,充分利用人才、政策、信息等资源,扶持和推动伦敦的文化创新中心发展,向世界展示伦敦的独特魅力。英国首相布莱尔作为首位提出在英国发展文化创意产业的国家领导人,他曾指出要将文化创意产业作为英国经济振兴的关键,把文化创意产业作为摆脱英国经济社会发展困境的重要途径。在此背景下,英国成为全球第一个从政策上主动推进文化创意产业发展的国家,伦敦作为首都,凭借其优势条件,将"创意伦敦"作为城市发展的重要理念,而文化创意产业也帮助伦敦一次次完成产业升级。

英国的文化创意产业有着一套完整的产业架构,它的发展与政府扶持存在于一种融洽和谐的关系中。伦敦政府并不过多干预文化创意产业的具体发展进程，更多的是提供一种宽容、和谐、优质、健康的环境。伦敦政府对文化创意产业的支持主要表现在以下几个方面。

首先，政府对从人才培养、政策支持、资金帮扶等方面为文化创意产业提供帮助，从研发、投产到销售、应用，提供全面系统的规范化支持。例如，通过采取税收减免、融资协助、知识产权保护等措施，为文化创意产业保驾护航。其次，在伦敦营造创新氛围，从教育、生活等方面培养公民的文化创新意识，引导公民接受创意生活方式，并能源源不断、积极参与到文化创意产业的事业中。最后，政府与各民间文化产业广泛合作，深入了解其发展中遇到的问题，为其发展提供补救措施。例如政府会考察有潜力的民间文化企业，对其进行金融资助和政策支持，以解决其在发展初期规模小、融资困难的难题。

2. 伦敦在国家政治中心建设方面的问题与教训

英国是世界上最早完成工业化的国家，其首都伦敦也经历了从"工业之都向金融之都、创意之都的华丽蜕变"。伦敦作为首都，既要发挥其政治中心、文化中心等重要的首都核心职能，又要承担起一般的城市职能。回顾其首都发展的进程，伦敦在首都建设方面取得了巨大的成就，积累了许多宝贵经验，但是也反映出众多问题。

（1）在处理中央政府与地方政府的关系时，英国中央政府权力的扩大，在一定程度上挫伤了地方政府的积极性。英国是一个具有地方自治传统的国家，但其国家结构形式采取的是单一制，地方政府受中央政府的绝对支配，其权力由议会直接授予。随着国家现代化的推进，英国政府一直试图放权于地方政府，但效果不佳。从20世纪70年代末开始，撒切尔上台后开启了当代英国地方自治体制的变革，总体来说，英国地方自治体制的发展过程体现出明显的民主化趋势，地方政府成员为当地居民选举产生，当选政府成员对选民负责。但是中央政府也采取诸多措施，强化中央集权。首先，表现为中央政府对地方财政的干预。撒切尔时期，中央为了解决高社会福利带来的一系列问题，开始限制地方财政支出，同时还干涉地方财政税收。这种措施引起民众反对，最终导致撒切尔下台。其次，政府积极倡导民众参与地方治理，但是政府仍然站在主导位置。20世纪后期，由于中央政府干预明显，群众的政治参与热情减退，政府又采取大量措施把公民参与落到实处。但在诸多措施和各种关系中，政府仍居主导地位。

英国传统的自治体制是由下向上发展的，但在发展过程中，地方自治体制开始受到中央政府的控制和监督。虽然如今英国地方政府的治理模式发生了巨大变化，但中央政府与地方政府的权力依旧处于不平衡状态，中央政府加强对地方政府的管控，而地方政府权能的萎缩，降低了地方政府的行政管理效率，地方政府的自治传统正在面临挑战。除此之外，民族分离势力也会随之逐渐抬头，这对于整个社会的政治稳定是极其不利的。如果地方与中央的关系处于怀疑和紧张的状态，那无疑会对伦敦这个国家政治中心的稳定发展产生极大的负面影响。

（2）伦敦在城市化进程中出现的城区拥堵、社会资源紧张、人口密集、环境污染等问题是伦敦政治中心建设面对的现实境遇。英国是世界上最先完成工业化的国家，城市化是英国城市发展的必经之路，但在城市化推进过程中，出现的城市规划的无序性、城市功能的过载性等问题，对伦敦政治中心的良好形象和稳定状态产生负面影响。

过去，在伦敦城市发展过程中，面临着首都承载能力的有限性与城市规划的无序性的激烈冲突。伦敦曾经的城市发展模式是按照单核的模式构建的，作为英国的首都、老牌的工业城市、世界著名的创意产业中心，伦敦吸引着来自全球各地的巨量人才和劳动力，推动着人口城市化的实现。人口城市化的推进意味着人口素质的提升、也为城市发展聚集力量。然而，首都强大的汇聚力使人口大量涌入，势必会给城市建设和管理带来压力。第二次世界大战结束后，伦敦城市管理就一度面临着城市扩张和人口膨胀的问题。而由此所引起的一系列冲突，并不符合政治中心对稳定社会秩序的要求。人口问题势必会伴随着一系列其他问题出现，诸如城区拥堵、交通恶化带来一系列城市污染问题；就业压力、住房紧张等矛盾更容易激化社会冲突，威胁政治中心的稳定；城市无序扩张，带来城市"摊大饼"问题等。伦敦作为政治中心，首要考虑的问题是维稳，这要求首都建设要有条有理、科学持续，无序和混乱是无视城市发展客观承受能力的后果。

但是伦敦为了改变城市面貌，努力实现可持续发展，在城市发展模式、管理手段等各方面，采取了一系列措施，全力改善、提升城市面貌和综合实力。首先，伦敦城市发展模式从单核向多核转变。为了缓解中心区的人口剧增、资源紧张等矛盾，伦敦政府开始投资建设多个卫星城、合理布局工业产区，分化工业区对城市的大面积污染；平衡城市功能，实现城市的统一战略规划。其次，成立大伦敦政府，保障区域交流合作。英国成立大伦敦政府，目的是加强大伦敦地区各地方政府之间的联系，努力促成城市群的统一规划。伦敦的经验显示，科学合理的政府分级管理能够实现行政效率的最大化，这种制度模式将有利于经济、市场、社会管理、公共服务等各系统发挥互动协调作用，为伦敦的国家政治中心建设提供较系统全面的制度保障。

（3）伦敦工业化、城市化进程中产生的一系列问题对其国家形象和社会认同产生负面影响。影响国家形象的因素众多，包括政党理念、政府行为；各机构、团体、公众对国家形象的反映和塑造；国家的文化、历史、生态等方面都是影响国家形象的重要组成部分。反之，国家形象也影响国内外社会认同、国家内政外交的舆论环境，对国家政治中心建设也将产生直接影响。

在社会发展过程中，处理好经济发展与可持续发展之间的关系是伦敦在国家政治中心建设过程中总结的宝贵经验。过去，伦敦是一个污染极其严重的城市，严重的空气污染使伦敦被戏称为"雾都"。工业化的快速普及带来的一系列环境问题严重影响了英国的国际声誉和国内秩序。与此同时，城市化进程带来的一系列"大都市病"也阻碍着伦敦的经济社会发展，对伦敦政治中心建设形成国内外压力。当然，随着一系列环境政策的出台和制度体系的完善，伦敦的城市环境已经大为改观。伦敦制定了大量的规划法案，包括空气质量、能源利用、生物多样化等，政府提供了极大的政策支持，并且在整个城市营造绿色健康的文化气息，解决了当时伦敦政治中心面临的发展困境。这也为北京政治中心建设敲响了警钟，社会发展需要和谐有序的环境，绝不能以生态环境破坏为代价。

（二）东京国家政治中心建设的经验启示

自明治维新以来，东京便是日本的首都所在地，同时也是日本政治、经济、文化及交通等领域的中心。这座城市拥有世界上最大的都市圈，它是亚洲地区重要的世界级城市之一。然而，东京的城市性质经历了从

小渔村向现代大都市的演变；在城市功能上，经历了由政治中心向国家
经济中心、世界经济中心的演变。东京作为亚洲国家日本的首都，具有
东方特色，分析东京的政治中心建设过程，对北京国家政治中心建设具
有借鉴意义。

1. 东京在国家政治中心建设方面的有益经验

（1）将公众参与纳入首都城市管理理念，成为东京国家政治中心建
设的独特之处。公众参与东京城市建设经历了一段较为曲折的历史发展
进程。它起步于 20 世纪 60 年代公众的抗议活动，由于在政府城市化进
程中出现的环境问题和政府决策的失败，公众对东京政府的策略和决策
多是抵抗和反对。东京政府为了改善同公众的关系，采取了许多措施，
将公众意见和公众管理纳入到城市管理的理念中，如今，公众面对政府
决策时更倾向于采取合作、协商、参与的理性态度。这一方面，解除了
公众与中央政府的敌对关系，便于政府的政策有效实施，也维持了社会
的稳定秩序。另一方面，也提升了公众的自主管理的能力，切实提高了
政府的管理效率，实现政府与社会的平和有序。

（2）确保经济持续健康发展是东京国家政治中心的地位确立和巩固
的基础。雄厚的经济基础和对经济的强大控制能力是国家政治中心保持
发展动力的必要条件。从历史上来看，东京建都时，便因为江户面江临
海，背依日本最大的关东平原，腹地经济较为发达，故建城后，逐步成
为当时"武藏国"的政治和贸易中心。明治维新之后，日本引进西方先
进技术、进行政治改革，促使经济获得快速发展。开放之初，东京是日
本的政治、文化中心，但是当政府加大对国家经济的控制力时，资本、
人口等资源开始流向东京，这使得东京由单纯的政治性城市逐渐转向同
时具有政治、经济中心功能的城市，而这种政治、经济双中心的聚集为
日后东京大都市圈的出现奠定了基础。

从东京产业发展特点来看，东京与其他国家的首都不同之处是，在
第三产业云集密布的同时，它依旧是国内工业最发达的城市之一。东京
的技术密集型产业较突出，如通信产业、精密机械等。东京的第三产业
也十分发达，金融服务业、商业等在日本的 GDP 比重基本稳定不变，占
据重要位置。东京产业发展的源泉是创新，尤其是中小企业表现明显，
面对激烈的竞争和社会严格的要求，它们通过不断地创新来提高自身的

市场适应能力。这种特点对于把东京建设成为一个具有竞争力的城市来说至关重要。

（3）都市圈区域分工明确提高了首都的综合实力和竞争力。随着城市人口的密集增长和产业经济的快速发展，东京城市基础设施的服务能力越来越难以满足公众需要。同其他国家的首都建设举措一样，为了疏解过于集中的城市功能，东京开始寻找调整城市结构的合理方案，东京的城市发展逐步进入大都市圈的演变轨道。东京的城市建设规划也开始向区域规划和都市圈功能分化的方向演进。

东京都市圈经历了从雏形到成熟、从单中心到多中心的变化发展过程。都市圈在城市发展初期，以东京为核心迅速扩展，人口和空间均实现扩张。随着都市圈发展趋向成熟，政府开始关注协调都市圈内各区域、各城市的关系，构建核心城市、次级核心城市等多中心的空间结构。区域一体化对东京的快速崛起功不可没，东京拥有世界上最强大的都市圈，并且这些城市或区域之间存在着明确的分工和协作，形成了合作、共赢的互动模式，激发了强大的综合竞争力。例如，在东京都市圈中，横滨市是日本最重要的对外贸易港、国家行政机关聚集地，川崎市是重工业基地。这种对首都核心区的功能分化，对北京分散中心城区压力具有重要借鉴意义。

（4）国家的战略要求推动国家政治中心建设。日本是一个十分重视国家整体意识、国家情感培养的国家，整体意识和国家意志是东京发展的强大动力。东京是国家形象的代表，是日本集中大量资源打造的参与国际竞争的代表。东京作为国家政治中心，其自身强劲的政治辐射力，将大量的财力人力物力聚集在周边，促使东京从单一的政治中心城市发展成为重要的世界城市，在这一演变过程中，国家的战略要求发挥重要作用。

首先，东京政府的战略需求对市场具有引导作用。例如，日本制造业享誉全球，这也得益于日本战略策略的支撑和指引，日本希望通过实现制造业的崛起昌盛，从而在全球经济竞争中占据优势地位，同时制造业的发达也将为日本政府解决大量的待就业人口的就业问题。因此，虽然日本制造业的萌芽和初步成长是发端于私营领域，但正是为了迎合国家战略需要，日本制造业在国家政策的引导下，逐步走向国际化。

其次，国家各产业部门在东京政府的政策控制下，发挥各自作用。例如，东京政府虽然关注企业的高利润、高收益，但更加重视经济发展中的可持续性问题和人口就业等现实社会问题。日本是一个整体意识极强的国家，东京与整个国家紧密联系在一起，通过政治制度上的无数联系将整个国家网络覆盖在社会的各领域各方面，因此，有人称"东京实际上是国家冠军，是日本国参与全球竞争的代表"。

2. 东京在国家政治中心建设方面的问题与教训

东京在国家政治中心建设的过程中既有成功的一面，也有不足的一面。例如，高速的城市发展带来的环境问题和城市功能的拥挤等问题。探究这些问题出现的原因和解决的方案，对同样面对这些问题的北京，具有现实的借鉴意义。

（1）生态环境的污染与治理。可持续发展不仅意味着生态、经济等各领域单方面的平衡性、持续性，同时还是一个互动的系统工程，它关涉社会生活的各方面。渗透性的持续发展理念和模式将改变现代都市的社会生活、生产状态，也将引起政治生态的变化，只有实现社会发展与生态保护等各方面共同进步，才能实现政治系统的稳定持续。进入21世纪以来，和平与发展仍然是时代的主题，因此国家政治系统的稳定性与持续性就愈显关键。社会的不和谐、不可持续因子如果不能得到有效化解，那么不仅将波及当前社会的政治稳定性，更会对政治体系的长久稳定与发展产生动摇。

第二次世界大战结束以后，大规模的工业生产，人口的密集涌入，在给东京带来丰厚的经济利益和稳固的国际地位的同时，也带来噪音污染、工业废水污染、空气污染等公害问题。"先污染，后治理"的方针政策使生态环境面临着更加严峻的挑战。例如，20世纪60年代的光化学烟雾现象、70年代的酸雨和土地污染事件都反映出东京的城市环境在急剧恶化。尽管后来东京政府先后出台了一系列治理污染的政策，然而在片面追求经济利益的发展策略下，消极被动的环境治理依然无法赶上环境污染的脚步，缺乏监督管理也严重影响了政策实施的效果。直到20世纪70年代石油危机之后，人们才开始真正关注生活质量，反思经济发展对生态环境造成的破坏，政府开始积极、主动地倡导可持续发展的理念，对工业污染的治理也进入了一个新阶段。东京政府通过与国内外的企业、社会团体进行合作，致力于兼顾经济与生态、环境友好型、节约型、循环型社会的建设，使东京成为世界上最清洁的城市之一。

（2）首都功能的拥挤与疏解。东京作为日本发展速度最快的城市也曾面临着"大城市病"的困扰。产业结构的升级和人口的加速集聚对单中心的城市结构提出了巨大挑战，过度的拥挤和人口蔓延使东京房价虚高、交通拥堵、环境污染等现象加剧，这些问题的出现无疑给城市治理带来很多挑战，也激化了社会矛盾，引起公众对执政党的执政能力的质疑，政府公信力下降。

随着这些问题的出现，政府和民众开始对城市发展的弊病进行反思，城市建设理念也逐渐发生变化。为了缓解东京"一极集中"的矛盾，早在 20 世纪 60 年代，东京政府在对首都建设的展望中就提及未来发展庞大的首都圈的必要性，并提出东京的发展前景既不能随意放大城市功能，也不能生硬地控制城市规模，应该通过设立"副中心"地区或城市来达到疏散首都功能、提升首都活力的作用。这种控制城市过度扩张、分散城市功能的策略对于缓解目前北京城功能拥挤的现状有启发意义。

三　北京全国政治中心建设的历史追溯

细数中国历史上的都城不少于几十座，其中最著名的当属六大古都，即长安、洛阳、汴梁、临安、南京及北京。其中对后世影响最深远、最具参考价值的当属长安和北京。北京作为五朝古都，势必有其独有的优势条件。从地理位置来看，北京的地理位置十分重要，古人称"左环沧海，右拥太行，北枕居庸，南襟河济"。它具有十分重要的战略地位，虽处于沿海，但扼守东北与关内的咽喉地带。从历史文化传统来看，12 世纪中叶以后，自金开始，历经元、明、清几个朝代，北京都是一朝封建帝都，成为全国的政治、文化中心。

（一）元朝大都全国政治中心的建立与管理

全国政治中心建设关系着整个国家的统治效率，具有十分重要的政治影响。元世祖忽必烈在夺取皇位后，改国号为元，统治中心也从草原转移至中原地区，实现了国家一统。元世祖选择燕京城作为新的帝国统治中心，并改称为大都，也就是现今的北京。将大都作为全国政治中心势必有其重要的原因，同时，大都作为全国政治中心，在建设发展中，也会呈现不同特点。

　　首先，政治作用日趋显著是元朝将大都作为全国政治中心首选的主要原因。元大都的政治作用表现在以下几个方面。第一，国家政治中心掌控国家的各项事务，是国家各系统运行的中枢神经。元朝将大都设为国家政治中心，意味着其掌控着全国的政治局势。它结束了长期以来的分裂割据局面，维护了国家的统一和安定。第二，国家政治中心与国家军事中心统一与否，关系着统治者的权力是否集中，关系着统治者是否能有效控制国家军政大权。忽必烈将大都设为国家的政治中心，而大都处于华北平原和东北平原、内蒙古高原的咽喉地带，独特的地理优势，使其成为重要的军事战略要地，元朝将大都作为军事重心，同时部署部队卫戍周边，有力地维护了国家统一和政权稳定。第三，元朝政权是由少数民族统治者建立，无法切断它与北方草原的联系。同时，回顾历代中原王朝，都必须重视与北方少数民族的关系。而大都地处中原与北方少数民族地区的衔接地带，又有防御外敌的先天屏障，能够及时地处理少数民族事务。

　　其次，大都逐渐成为元朝的国家文化中心，是国家政治中心建设的精神助力。第一，大都成为国家政治中心后，便开始有大批的蒙古贵族和其他少数民族人士内迁在都城内，他们带来了各地少数民族特有的文化，并逐渐实现中原文化和少数民族文化的交流融合。第二，一大批文化界人士和宗教界人士也汇集到这里，对大都文化中心建设和教育文化建设具有重要意义。元朝很重视一些学术观点的政治影响力，例如元朝将程朱理学作为官方认可的、可为统治服务的政治学说。

　　最后，大都都城建设呈现规模化是国家政治中心建设的特色所在。元大都的城市建设，从街道、民居到府衙宫廷，都是统治者下令新建的都城。但它的建设不是普通的都城新建，还具有里程碑意义。大都的城市规划秉持着典型的皇权至上、天人合一的理念。中轴线贯穿在皇城中心，重要的职能部门按照地位高低，错落分布在中轴线左右。这些部门大致可以分为三个部分，其一是中央官僚机构，其中主要有中书省、枢密院、御史台及其下属机构。这三个部门是国家最重要的官僚机构，按照宇宙星宿的位置，分布在皇城周边。其二是皇家贵族机构。这些机构由于具有极为特殊的性质，所处的位置大都距离皇城较近，有的甚至设置在皇城之内。其三是大都地区的行政机构，这些机构主要负责处理日常的具体行政事务，其所处的位置，也比中央机构距皇城更远一些，其州县衙门，更是设置在京畿各自的辖区之内。

（二）明朝北京全国政治中心的建立与管理

首先，明朝北京保证了国家政治中心和国家军事中心的统一。明太祖朱元璋曾将元大都改为北平府，北平成为当时朝廷统治北方和御敌的重要军事哨所。直到永乐年间，由于认识到北平的地形之坚固、关隘之险要、人才之聚集、经济之富裕，于是朝廷决定迁都北京。永乐迁都北京对明王朝来说是实现政治中心与军事中心统一的重要举措。从历史角度来看，明朝急需建都北京，也为此后清王朝的振兴，乃至当下北京的昌盛、发展奠定了基础。从全民族的利益来看，是长久统一全国、遏制南北的必需之举。

其次，明朝时期人才培养和选拔制度已经初成定制，国子监和科举考试有助于为全国政治中心提供源源不断的可靠人才。明代的国子监是当时的最高学府，也是全国规格最高的教育机构，也是明代选官的方式之一。统治者通过规定学习内容，设置学制，来培养能够维护阶级统治的人才。但是由于明朝初期，朝廷急需大量有才有志官员入朝，因此恢复科举制度，每三年在北京进行一次会试和殿试，成绩优异者可入朝为官。这就保证了朝廷对高级人才的选取和录用。

最后，从明朝北京的都城设置来看，体现和维护了北京的国家政治中心地位。明代的朝廷部门的部署也改变了元朝分散设置的布局，大部分簇拥在中轴线左右。一些文武衙署以中轴线对称分布，表示对政治核心的绝对拥护。皇朝重要的三个机构刑部、都察院和大理寺，这些维护正义和公正的机关被放在了离皇城较远的地方，以远避司法判决的血腥，来维护政治中心的稳定和庄重形象。

（三）清代北京全国政治中心的建立与管理

首先，清朝时期，统治者在政治中心建设过程中，更重视对军政大权的集中掌控。清军占领北京后，朝廷议定设都北京。于是，顺治元年清朝定都北京。清朝时期，内阁公署、军机处等由皇帝直授的重要机构均设在紫禁城内。清朝政治制度的重大变化就是将历代由宦官掌管的重要职能机构改为由满族大臣掌管的国家机构，设立内务府。然而，雍正时期，军机处的成立使内阁逐渐失去了其至高的地位，降低为办理例行政务的寻常机构。而军机处总揽军政大权，且完全置于皇帝的掌控下。这一变化，反映了清王朝中央集权的进一步加强，帝王的旨意畅通无阻，皇权无所制约。

其次，清代北京城在都城建设和管理上并没有太大的举措和变化，都城的城市管理机构包括一般的中央和地方行政管理系统与专门为皇室服务的内府管理系统。管理机构的管辖范围大体以皇城为界，皇城与宫城的市政管理主要由内府系统来负责，皇城以外的市政管理主要由中央与地方行政管理系统负责。有序的管理体系，一方面反映了中国封建都城建设管理体系相对成熟；另一方面也反映出，中国封建制度将从成熟走向衰落、崩溃的道路。

参考文献

吴殿廷等：《中国特色世界城市建设研究》，东南大学出版社，2013。

刘欣葵等：《首都体制下的北京规划建设管理 封建帝都 600 年与新中国首都 60 年》，中国建筑工业出版社，2009。

朱祖希：《营国匠意——古都北京的规划建设及其文化渊源》，中华书局，2007。

王浦劬：《政治学基础》（第 3 版），北京大学出版社，2014。

张仁忠：《北京史》，北京大学出版社，2009。

王文水、王鸿春：《首都安全战略研究》，同心出版社，2013。

张先锋等：《政治中心与经济中心的经济辐射能力比较》，《中南财经政法大学学报》2014 年第 3 期。

林校生：《关于政治中心与中国政治史地初步思考》，《福州大学学报（哲学社会科学版）》2012 年第 26 期。

朱自煊：《试论北京——政治中心文化中心的变迁》，《城市问题》1991 年第 3 期。

杨龙：《我国政治中心与经济中心的非对称》，《复印报刊资料（政治学）》2003 年第 5 期。

曹悦、晓文：《新中国成立初期政治中心建设中北京角色作用探析》，《北京党史》2015 年第 1 期。

张可云、蔡之兵：《北京非首都功能的内涵、影响机理及其疏解思路》，《河北学刊》2015 年第 35 期。

张可云、董静媚、杨孟禹：《北京疏解战略的空间影响、国际镜鉴与对策建议》，《江淮论坛》2016 年第 4 期。

张国庆：《英国单一制下中央政府与地方政府的关系及对我国的启示》，《经济视角（上）》2012 年第 4 期。

王明德：《南京与北京 ——近代中国政治中心的互动空间》，中国社会科学出版社，2014。

彭兴业：《构建有中国特色的首都行政新体制》，《新视野》2001 年第 2 期。

王岗：《元大都成为全国政治中心的几点思考》，《北京社会科学》2010 年第 2 期。

杨欣：《论英国地方政府法下中央对地方管制路径的演进》，《国际论坛》2008 年第 10 期。

第四章　北京全国文化中心建设研究

王林生[*]

　　文化是党中央推进国家治理体系和治理能力现代化的重要组成部分。2017 年 8 月，北京市委在推进全国文化中心建设领导小组第一次会议上着力强调文化建设是首都建设的重要内容，指出要通过改革文化发展方式，保护历史文化，增强文化供给，推动文化产业与公共文化服务相结合，发挥北京文化创意产业在全国的引领作用。

一　北京文化中心建设的多层次内涵

　　文化城市是知识经济时代城市创新发展的新取向，作为一种新的城市发展理念，文化城市注重文化创意或艺术经济在城市发展中的助推性作用，代表了城市发展的未来。北京在城市发展中，也越来越多地将文化中心城市理念提升为北京城市发展的重要战略，围绕文化来推动产业发展和城市建设。从总体来说，建设全国文化中心城市作为北京城市发展的一种战略性选择，在不同城市文化体系和坐标中，具有不同的意义。

（一）在世界城市文化体系坐标上，建设文化中心城市是北京参与国际城市竞争的重要方式

　　为了抢占世界城市发展的制高点，许多城市把文化城市作为自己的发展目标。伦敦提出了建设"世界卓越的创意和文化中心"的发展战略（1998 年）、新加坡明确了"新亚洲创意中心"的发展理念（1998 年）、东京制定了建设"充满创意的文化都市"的发展目标（2000 年）、华盛

---

　　*　王林生，北京社会科学院文化研究所副研究员、博士。

顿出台了以"创意城市"为核心的发展草案（2001 年）、香港提出打造"开放多元的国际文化都会"（2002 年）等。可以说，在当代的城市发展的格局以及文化价值体系的构建中，以文化为核心的范式理念代表着现代城市的发展方向和竞争的着力点。

因此，在这个意义上，北京作为国际首都城市，大力发展文化产业、培育创意经济、推动面向文化都市的转型发展，是在世界城市文化体系下争夺文化话语权、参与国际分工的重要方式，能在积极融入全球化和不断推进自身现代化的进程中，最大限度地提高和优化北京对世界文化资源的整合与配置，增强北京作为国际首都城市的影响力和竞争力。

（二）在国内城市文化体系坐标上，建设文化中心城市是北京发挥首都示范作用的重要路径

从世界发展的一般趋势来看，工业化完成之后，以文化服务为主要内容的第三产业发展速度得到大幅度提升，三次产业在国内经济发展中的比重次序开始由"二三一"向"三二一"转变。第三产业在国内生产总值中所占的比重一般维持在 70% 左右，部分发达国家甚至接近 80%，如美国约为 79%，英国约为 78%。21 世纪以来，实现发展方式转型和产业结构调整是中国社会发展面临的最为迫切的问题，目前，中国第二产业占国民生产总值的比重虽然呈现出下降趋势，但仍然高达 45.3%（2012 年），高出第三产业 0.7 个百分点，三次产业结构所占比重与国外发达国家相比仍有较大差距。因此，降低第二产业在国内生产总值中的比重，大力发展第三产业，是优化经济结构、推动经济发展转型并最终缩小与国外发达国家差距的重要路径。

在这一进程中，文化城市的发展范式突破了以往城市较为注重客体资源的局限，将文化资源视为城市发展过程中最为宝贵的财富。在主导资源的改变下，城市的主导产业也发生相应的变化，以文化服务业为主导内容的第三产业得到大幅提升。在国内城市文化体系坐标中，北京作为国家首都城市，需要在国内城市文化体系的构建中发挥示范和表率作用，应以超前的视野和理念统领城市的发展，不断优化第二产业，大力发展第三产业，通过产业调整逐步实现以文化创意为动力的产业结构深度调整与升级和城市功能的有序疏解，切实发挥首都城市在全国高端引领、创新驱动的文化示范效应和带动效应。

（三）在城市自身发展的文化体系坐标上，建设文化中心城市是北京实现转型发展的内在要求

改革开放以来的近 40 年间，北京在经历了粗放的资源型产业、制造业的发展阶段之后，资源、环境、人口对城市发展的压力不断加大，城市需要新的动力来推动城市的转型发展。在这一时代呼求下，文化城市构成了改造工业城市的重要方式。在对工业城市的改造中，以文化城市为载体的文化经济和文化服务在创意和科技的共同推动下成为城市发展新的重心。建设文化城市不仅有利于北京提高自身文化创意产业的国际知名度，增进北京与世界其他文化中心城市的互动与交流，更能够充分利用或借鉴其他文化中心城市的发展经验，调整北京自身的产业结构，进而提升北京文化的吸引力和竞争力。作为一种新的发展方式，文化城市更新了城市的发展理念和发展模式，充分注重对城市文化资源的有效挖掘、开发与利用，在文化创意和科技创新的激发下，推动城市文化资源向城市文化资本转化，从而赋予北京城市文化以新的形态与价值，推动北京经济社会发展的转型升级，建设特色文化城市。

二 北京城市总体规划与城市文化定位

北京作为全国文化中心，其城市文化的保护、建设与发展，从总体上来说，与城市规划对城市文化的认识高度有关。改革开放以来，北京的城市总体规划几经变化，总体规划关于全国文化中心的定位与目标对北京的城市文化建设发挥关键性的指导作用。

（一）明确城市的文化性质，建设文化城市（1980—1990 年）

改革开放对北京文化建设的重要影响，就在于改变了人们对城市与文化关系的认识。1980 年 4 月，中央书记处在首都建设方针的"四项指示"中指出："首都建设要解决一个方针问题，就是建设一个什么样首都的问题。我们要想宽一点，要扩展开来考虑首都的建设方针问题。"这就要求北京在未来城市和城市文化的发展规划中，摆脱意识形态的束缚，跳出阶级斗争非此即彼的思维模式，从城市的本质出发思考城市文化发展的问题。1982 年，北京市制定了《北京城市建设总体规划方案（草案）》（以下简称《方案（草案）》），作为新时期指导北京城市文化建设由混乱走向有序的发展规划。这一规划在秉承"四项指示"等精神的同时，对北京城市发展的目标定位进行了重新认识。《方案（草案）》指出："北京是我们伟大社会主义祖国的首都，是全国的政治中心和文化中心。这就是北京的城市性质。北京的城市建设和各项事业的发展，都必须服从和充分体现这一性质的要求。"① 同时，《方案（草案）》明确了北京作为"国家级历史文化名城"的定位，提出北京的文化建设要反映中华民族的历史文化、革命传统和社会主义中国首都的独特风貌。1983年，国务院原则上同意了这个草案，并且指出在城市性质上，北京是中国的首都、全国政治中心和文化中心。历史文化名城和文化中心城市的定位，对首都文化建设和历史文化名城保护发挥了重要作用。

1. 历史文化名城保护得到加强

在这一时期，随着北京城市建设规划的落实，北京的历史文化保护逐渐步入正轨。1981年，北京市以市政府的名义召开文物保护工作会议，讨论文物保护的管理体制和措施，筹备省级文物保护机构。这次会议也是中华人民共和国成立以来，第一次以市政府名义召开的文物工作会议，并相继出台了《北京市文物保护管理办法》（1981）、《北京市古建筑消防管理规定》（1983）、《北京市文物保护单位保护范围及建设控制地带管理规定》（1987）、《北京市文物保护管理条例》（1987）、《北京市地上文物保护利用五年规划》（1989）等一系列法规规定。1982年，北京被正式认定为"国家历史文化名城"。1985年，北京市完成长达三年的文物大普查，共登记文物7309件，确立北京国子监街、南锣鼓巷等文物古迹为市级历史文化保护区。

同时，为了向世界展示北京的传统文化，推动中国历史传统文化的国际传播，中国在1985年12月正式加入《保护世界文化和自然遗产公约》，成为缔约国之后，开始向联合国教科文组织申报世界文化遗产。自1987年长城申遗成功之后，北京故宫、周口店北京人遗址、颐和园、天坛又分别在1987年和1998年成功申报为世界文化遗产。此外，圆明园修缮工程、北京猿人遗址等古迹遗址，均在此期间得到保护性修缮，对

---

① 《北京城市建设总体规划方案（简本）》，载中共北京市委宣传部、首都规划建设委员会办公室编：《建设好人民首都——首都规划建设文件汇编 第1辑》，北京出版社，1984，第60页。

古都文化风韵的保护和传承起到了积极作用。一系列文物保护单位和世界文化遗产的保存、保护，不仅展示了北京城市文化蕴含的中华文化的优秀特质，也以其深厚的文化底蕴和独特的城市风貌成为北京走向世界的文化名片。

2. 公共文化体系恢复建设

改革开放之前，北京的公共文化体系几乎处于停滞状态。随着文化中心城市建设的发展，公共文化体系建设得到恢复和发展。这一方面体现在公共文化的财政预算有所增加，预算额度从 1980 年的 1146 万元，增长至 1990 年的 4592 万元。另一方面，公共文化设施逐渐得以完善，文化馆、公共图书馆、博物馆、展览馆等设施的数量均有不同程度的增长。如博物馆从 1978 年的 15 座，发展到 1991 年的 50 座。

（二）深化城市文化认识，发展多元首都文化（1991—2000 年）

当文化的发展秩序恢复正规时，文化本身的多元性内涵便得以展现。为了适应城市文化发展的多元性，进一步加快改革开放步伐、促进经济发展的战略部署，适应新的形势，北京市对已出台的规划方案进行了修订。

1992 年，北京市公布了《北京城市总体规划（1991—2010 年）》（以下简称《规划》）。《规划》指出："北京是伟大社会主义中国的首都，是全国的政治中心和文化中心，是世界著名的古都和现代国际城市。"[1] 在这一新的定位中，将著名古都和现代国际城市规定为新的城市性质，明确了城市传统文化和国际文化是北京城市文化发展的重要组成部分。这不仅是对城市性质认识的一种拓展，也是对城市应具有文化功能的一种诠释。这一诠释，一方面修正了中华人民共和国成立以来对北京大规模城市拆迁的做法和认识，从实践层面扭转了城市文化遗产被动保护的状况；另一方面，开始将北京的文化建设置于现代国际城市的坐标中，以一种积极和开放的心态融入世界。可以说，围绕新的城市定位和发展目标，北京的文化发展方式得以转变，以往具有较强意识形态的城市文化建设在新的历史时期弱化了，相反，城市文化以一种追求正常化、规范化的态势，吸收和容纳异质的文化因素，注重保护城市文化，发展文化产业，并通过城

---

① 北京市城市规划设计院编《北京城市总体规划（1991—2010 年）》，1992，第 2 页。

市公共文化的消费，激发城市的文化生机与活力。

因此，这一时期的文化建设不再是单纯地追求文化服务于政治的时空秩序和阶级意识，而是主动寻求能够满足当下经济文化生活和城市发展的内容和形式，在日常生活中实现文化的价值。

1. 国际文化在城市发展中开始显现

建设现代国际城市，是这一时期的城市发展目标。文化具有包容性才更显魅力，北京作为国家首都城市致力于现代国际城市建设，需要接受或吸收异质的文化因素，在多元的文化语境中产生文化的交融与碰撞，在兼容并蓄中构筑丰富的文化内容。

基于特定的历史条件和时代要求，中华人民共和国成立后的一段时期，在全国范围内展开了对外国文化（尤其是美国文化）的抵制，以最大可能地消除外国文化对价值观、生活方式的影响。[①] 对城市中外国文化及其传播场所，如宗教、学校、广播、电影等，进行了接收、阻禁或改造。围绕现代国际城市的建设和文化的国际传播，20 世纪 80 年代和 90 年代，北京在文化建设层面对待外国文化的方式和态度发生了重大转变，认为仅仅采用封堵的方式来对待外国文化已经不能适应时代的发展。因此，在新的历史条件下，北京在文化建设中通过积极吸收和融入外国文化来提升城市的国际化水平。这其中通过申请或举办一系列的国际赛事或活动来增强城市文化的国际影响力和竞争力。这种方式能够在较短的时间和空间内，最大限度地集聚人们的关注，达到统筹资源、扩大效应、加快传播的目的，为越来越多的城市所重视。

在此期间，北京市相继举办了一系列国际展会、赛事活动，其中以 1990 年举办的北京亚运会影响最大。北京亚运会不仅是北京也是中国第一次举办综合性的国际体育大赛。北京亚运会的举办是改革开放以后，北京向世界展示城市建设和文化形象的重要契机，而且"由于亚运会的召开和国家奥林匹克体育中心的兴建，才开始显示出北京走向国际性大城市的时代已经到来"。[②] 证实了"对外开放，面向世界是建设社会主义

---

① 杨奎松：《新中国成立初期清除美国文化影响的经过》，《中共党史研究》2010 年第 10 期。

② 侯仁之：《试论北京城市规划建设中的三个里程碑》，《北京联合大学学报》2003 年第 1 期。

新文化的必要条件"，① 可以说，一些国际活动的举办和开展，不仅带动了北京城市的基础设施建设，如中国国际展览中心、北京国际饭店、奥林匹克体育中心和亚运村、北京新世界中心等设施的修建，也提升了北京的国际知名度和影响力。从北京入境旅游的境外游客（含港澳台）人数来看，1981—1985 年的五年中，人数仅为 294.5 万，1996—2000 年人数增长至 1203.3 万，是 20 世纪 80 年代初期的 4 倍，北京城市文化的国际化水平得到显著提升（见图 4 – 1）。

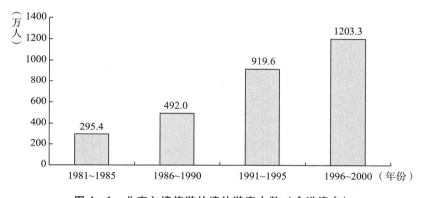

图 4 – 1　北京入境旅游的境外游客人数（含港澳台）

2. 传统文化保护的力度不断加强

文化遗存是城市文化的重要载体，对文化遗存的保护，既是留住历史文化记忆、延续城市文化的有效方式，也是维系城市情感和传递文化理念的重要途径。20 世纪 80 年代以来，根据对城市性质认识的不同，北京市一改中华人民共和国成立后"拆""毁"古城、古迹的做法，加强对古城、古迹的修缮和保护。在对北京旧城的认识上，1982 年和 1992 年的两个规划，都将北京界定为"著名的文化古都"和"历史文化名城"，指出对革命史迹、历史文物、古建筑和具有重要意义的古建筑遗址应予以妥善保护，在城市改造中，既要提高旧城的现代化水平，也要继承和发扬北京的历史文化传统，有所创新，反映出中华民族的历史文化、革命传统和社会主义中国首都的独特风貌。

在此基础上，一方面，北京相继制定了《北京市文物事业发展五年

---

① 周炳成：《从北京亚运会看社会主义新文化建设》，《学习与研究》1991 年第 2 期。

规划（1995—1999）》《北京市田野石刻文物保护管理办法》（1998）《北京市区中心地区控制性详细规划》《北京旧城历史文化保护区范围规划》《北京旧城历史文化保护区保护和控制范围规划》（1999）等，从制度和法规层面，对历史文化名城、历史遗迹、城市建筑保护的整体、局部、范围、形态、风貌等做出了较为详细的说明，建构了一个城市文化保护的组织管理框架，规范城市建设。

另一方面，通过设立重点文化保护单位，加强对历史文化遗存的保护。这一阶段历史文化遗存的保护与古都保护相结合，1990年2月和1995年10月，北京市分两个批次公布了市级文物保护单位名单，包括京师大学堂建筑遗存、白浮泉遗址、军调部1946年中共代表团驻地等76处文化单位。1993年北京市还第一次认定并公布了首批地下文物埋藏区，包括昌平雪山地下文物埋藏区等九处。在加强文化遗存自身保护的同时，到2000年，北京市的文物古迹列入"世界文化遗产名录"的有五处，列为全国重点文物保护单位的有42处，列为北京市文物保护单位的有222处，区县级文物保护单位的有735处。这些文化遗存在一定的区域内存在或汇集了具有较高的文化、历史、艺术或科学价值的文物，有助于人们了解和认识一个时代的社会制度、社会生产、社会生活等，也可以延续历史文脉，塑造城市和文化形象。

3. 文化产业得到初步发展

文化城市注重文化经济在城市及城市文化发展中的作用。文化产业是以提供文化产品和文化服务为主要内容的经济门类，作为新的经济增长点，文化产业在现代城市发展中所具有的调整经济结构和转变发展方式的作用日益显著，因此，20世纪下半叶以来，文化产业与发展的关系日益引起各国、地区和城市的普遍性关注。

为了积极促进文化发展，1996年底北京市制定实施了《关于加快文化发展的若干意见》（以下简称《意见》）。《意见》提出了推动北京文化发展的13项主要任务和六项保障措施，其中文化产业不仅被列入13项重点任务，而这也是北京市在战略规划层面第一次提出这一理念。《意见》明确将文化纳入北京经济和产业发展的范畴，强调文化产业在未来北京国民经济发展中的重要性，指出要充分利用北京丰富的文化资源和人才资源，大力发展文化产业，使北京成为全国重要的文化产业基地。

《意见》指出北京市今后一个阶段着重开拓和发展的行业，不仅包括一些传统文化产业，如发行业、影视业、演出业、展览业、广告业、文化娱乐业和文化旅游业，也包括现代信息业、电子出版业等具有前瞻性的现代文化产业。

《意见》作为第一份指导北京市文化发展的战略性纲领，为北京未来时期内的文化发展奠定了基础，也被称为北京市文化发展的"元政策"。之所以北京在20世纪末至21世纪初提出文化产业的理念，既是北京顺应世界文化的发展趋势，如韩国在1992年便出台《文化产业振兴基本法》，明确将文化产业确立为国家主要战略性产业，也是北京谋求自身产业结构调整和产业业态升级的开始。这一文件的出台，意味着北京的文化产业发展由自发向自觉进行转变。

在文化体制改革的推动下，北京的文化发展呈现新的气象，这一阶段文化产业发展的突出特征表现在一批文化产业集团开始出现，尽管部分文化产业集团是在转企改制的基础上组建完成的，但不可否认，一个与市场经济运行相契合的文化产业集团在文化经济的发展过程中发挥着核心作用。北京市文化发展基金会（1996年）、北京歌华文化发展集团（1997年）、北京紫禁城影业公司（1997年）、北京日报社报业集团（2000年）、北京广播影视集团（2001年）等文化组织或机构相继成立，文化市场化的意识和水平不断加强，文化企业在文化产品生产、流通和销售中的市场主体性地位不断增强，文化效益和活力得到大幅度提高。例如，北京市的出版图书、报纸、期刊，出品电影、广播、电视等产业得到较快发展。这说明经过体制改革和市场化的推动，文化企业的活力和创造力得到进一步激发，文化所具有的经济功能在北京面向创意文化城市发展过程中开始显现。

4. 城市文化消费潜力得到初步释放

随着市场经济开始在城市的社会生活中展现，推动城市文化变革的伟大主题被城市"生活叙事"所代替，在城市文化开始追求效益和娱乐的潮流中，通俗文化开始在城市效益原则的推动下大行其道，冲击和改变了城市文化生活和文化消费的风尚和趣味。一方面，娱乐文化开始冲击或重构北京城市文化的传统格局，以电影、流行音乐、舞蹈、电视、广告等为代表的文化类型，逐渐在城市文化生活中占有越来越大的比重。

如电影在 1994 年以分账式的方式引入国外大片后，进影院看电影成为一种时尚，北京的电影票房也从 1994 年的 0.51 亿迅速攀升至 1998 年的 1.28 亿人民币。在普通人的生活中追求娱乐与休闲开始成为一种重要的生活方式。

另一方面，文化娱乐消费渠道和场所的扩增，为人们的娱乐文化生活提供了便利。20 世纪 90 年代，北京相继建成的长安大戏院（1996 年）、中国木偶剧院（1996 年）、北京戏校排演场（1998 年）、中国评剧大剧院（1998 年）、北京七色光儿童剧院（1999 年）等文化场所，"使居民购买各种文娱用品支出和观看表演、参观美术与摄影展览以及各种健身、舞蹈、体育活动等在公共娱乐场所的消费支出增长显著"。[①] 根据北京市统计局的统计，在 20 世纪 90 年代初，北京市居民的文化娱乐消费不足百元，至 90 年代末已超过 200 元。

（三）重视文化的核心性作用，增强城市文化软实力（2001—2010 年）

进入 21 世纪后，市场经济体制得到确立，城市经济发展取得显著成就。随着改革实践的不断推进，社会经济结构发生了不同程度的变化，在发展理念上，提出"明确地由社会主义经济建设、政治建设、文化建设三位一体发展为社会主义经济建设、政治建设、文化建设、社会建设四位一体"。[②] 四位一体理念的提出，从内容和实践来看，文化在社会经济发展中的重要性得到了重点强调。党的十七大报告指出："当今时代，文化越来越成为民族凝聚力和创造力的重要源泉、越来越成为综合国力竞争的重要因素。"[③] 而且党的十七大报告首次提出要"提高国家文化软实力"，这表明党和国家已经从国家层面确立了增强文化软实力的重大战略，推动社会主义文化大发展大繁荣。需要说明的是，文化的地位和作用在城市发展中得到承认，但这里的文化并非是一种纯粹的文化，而是

---

① 张太原：《20 世纪 90 年代中国城市居民的文化消费——以北京为例》，《当代中国史研究》2007 年第 1 期。

② 胡锦涛：《在省部级主要领导干部提高构建社会主义和谐社会能力专题研讨班上的讲话》，《人民日报》2005 年 6 月 27 日，第 1 版。

③ 胡锦涛：《高举中国特色社会主义伟大旗帜，为夺取全面建设小康社会新胜利而奋斗》，《求是》2007 年第 21 期。

文化、科技、经济相融合、一体化的文化。

对北京的城市建设而言，在经历了 20 世纪 90 年代的高速增长之后，首都人口的快速增长和功能的不断集聚，北京的城市发展在人口、资源、环境等层面面临巨大的压力。北京是全国人口和经济活动超载最为严重的城市区域之一，从潜能和基础来看，人口的快速膨胀已接近或超过环境、资源的承载能力，因此调整产业结构和经济发展方式，是北京实现可持续、健康、快速发展的必由之路。在这一时代背景下，随着知识经济的兴起，尤其是以文化创意产业为代表的第三产业在全球的勃兴，文化与其他领域的融合趋势不断增强，文化的进步与繁荣成为衡量一个城市发展水平的重要内容。正是在时代的呼求与召唤下，城市文化经济的重要性在城市文化发展中的地位和作用被凸显出来。

在这种特定的历史语境下，北京市正式启动《北京城市总体规划（2004—2020 年）》（以下简称《规划》）的编制，于 2004 年正式完成，2005 年得到国务院的批复。《规划》指出，在城市性质上"北京是中华人民共和国的首都，是全国的政治中心、文化中心，是世界著名古都和现代国际城市"。① 可以说，对城市性质的描述延续了 1982 年和 1992 年的城市发展规划，体现了城市发展规划的连贯性和承接性。《规划》较之以往的突破之处在于，强调了社会主义市场经济体制下的城市文化发展特色，将知识经济推到社会经济发展的前台。《规划》指出："在社会主义市场经济体制下，以知识经济为核心，以高新技术为龙头，以科学技术为主导推动力的首都经济发展，以及北京在金融服务、科技创新等方面的突出优势，使北京客观上已经具备了保持经济持续领先发展的条件。"② 因此，在这种背景下，《规划》将国家首都、国际城市、历史名城和宜居城市作为城市的发展定位与目标。

虽然，四大定位没有直接提及文化，但是如果从实质和内涵来看，文化均是四大目标定位的支撑性要素。

---

① 《国务院原则通过〈北京城市总体规划（2004—2020 年）〉》，《北京规划建设》2005 年第 2 期。
② 《国务院原则通过〈北京城市总体规划（2004—2020 年）〉》，《北京规划建设》2005 年第 2 期。

首先，国家首都与文化建设。首都作为国家中央政府所在地，是国家的政治中心和各类文化活动的聚集地。北京在进一步发挥政治作用的同时，文化职能也进一步增强。作为首都城市，国家的主要文化、新闻、出版、影视等机构云集北京，大型文化和体育活动举办地也常设在北京，国家级高等院校及科研院所也聚集北京。在某种程度上，北京的文化职能随着国家首都的地位得到了逐步加强。

其次，国际城市与文化建设。国际城市是当今世界寻求城市高端发展之路的模式和战略，与一般的城市相比，国际城市是在现代化和全球化背景下，国际资本对全球发展进行全方位影响和控制的制高点。北京总体规划在确立了现代国际城市的发展目标之后，北京市围绕国际城市建设，着力提升北京城市的国际竞争力，采取了一系列相关措施。尤其是 2001 年北京申办第 29 届奥林匹克运动会的成功，推动了北京文化建设的国际化进程。

再次，历史名城与文化建设。历史名城是保存着特别丰富的文化且具有重大历史文化价值的城市。北京是具有 3000 多年建城史、860 多年建都史的城市，有着深厚的历史文化积淀和历史文化优势。作为伟大文明的圣地，北京在走向世界的城市竞争中，悠久而灿烂的历史文化是城市特有的名片。在新的历史条件下文化名城建设的内涵不仅包括对文化遗存的保护，还包括对历史文化资源的开发和利用，以此丰富北京的城市文化生活。尤其是北京在提出"人文奥运""人文北京"的理念之后，历史文化名城与文化遗产的保护要与现代城市生活结合起来。因此，北京市出台《文化遗产保护科学与学术研究规划（2009—2011 年）》，以文化保护的需求为导向，探索文化保护与建设世界著名古都和人文北京的互动关系。

最后，宜居城市与文化建设。宜居城市是一种全新的城市发展理念，作为后工业社会的城市发展形态，它的核心理念在于城市建设由以物为中心转向了以人为中心。中华人民共和国成立以来，北京在 60 多年城市的现代化和城市化过程中，已经解决了温饱问题，正在向追求有品位、有质量的生活阶段发展，在这一过程中文化宜居作为重要性的问题凸显了出来。

从文化设施拥有数量来看，北京在与其他国际城市的比较中不难发现，北京公共图书馆数量和每十万人图书馆占有量与纽约、伦敦、巴黎和东京的差距较大，美术馆、剧院无论在总数还是人均参观或年度平均表演次数均落后于纽约、伦敦、巴黎和东京四大城市。电影院的数量和银幕数量虽然相对占优，但每百万人的银幕占有块数仍落后于纽约、伦敦、巴黎三大城市。文化设施的相对不足，充分说明北京的文化娱乐生活相对贫乏，文化宜居水平与其他世界城市相比仍较低，这就在某种程度上制约了文化消费在城市消费中的比重（见表4-1）。

表4-1　北京与其他国际城市文化设施比较

指标		北京	纽约	伦敦	巴黎	东京
公共图书馆	数量（座）	25	220	383	830	377
	每十万人图书馆占有量	0.13	3	5	7	3
博物馆	数量（座）	162	131	173	137	47
	国家级博物馆数量（座）	11*	5	11	24	8
美术馆	数量（座）	50	721	857	1046	688
	人均参观次数（含博物馆）（次）	0.68**	1.9	3.2	2	0.8
剧院	数量（座）	68	3752	214	353	230
	年度平均表演次数（次）	11625	43004	32448	26676	24575
电影院	数量（座）	126	117	108	302	82
	银幕数量（块）	676	501	566	1003	334
	每百万人占有银幕块数	33	61	73	85	25
6宗教建筑数量（座）		114	50436	13974	9255	90433

注：*北京市拥有的国家一级博物馆数量；**根据《2012年北京市统计年鉴》公布的数字，用参观的总人次除以北京市当年的总人口数量，得人均参观次数。

从国际经验来看，人均GDP超过5000美元时文化消费将迎来一个快速发展期。目前，北京的人均GDP虽超过5000美元，但文化消费依然乏力，因此提升文化消费，补齐消费短板，成了北京文化建设的重点。北京市委在相关文件中明确指出："通过政府引导、市场调节，进一步丰富文化市场，培育文化消费。鼓励在商业演出和电影放映中安排一定数量的低价场次或门票。积极引导文化与教育、体育、旅游、休闲等结合的服务性消费。"① 更重要的是，通过加强文化建设、提升文化消费、活

---

① 《中共北京市委关于发挥文化中心作用加快建设中国特色社会主义先进文化之都的意见》，《前线》2012年第1期。

跃文化市场，切实提高北京的文化宜居水平，将文化消费打造成北京城市社会经济发展新的引擎和动力。

（四）加强创新驱动，发挥文化中心城市示范作用（2011—2015 年）

2011 年 10 月，党的十七届六中全会总结中国文化改革以来的丰富实践和宝贵经验，提出了推动社会主义文化大发展大繁荣。为贯彻落实党的十七届六中全会的精神，2011 年 11 月，北京市出台《中共北京市委关于发挥文化中心作用加快建设中国特色社会主义先进文化之都的意见》。该意见结合北京的发展实际，围绕发挥首都文化中心作用、建设中国特色社会主义先进文化之都的奋斗目标，以及首都文化改革发展需要重点解决的问题，提出到 2020 年，将首都建设成为在国内发挥示范带动作用、在国际上具有重大影响力的著名文化中心城市，提出要实施文化创新工程，激发体制机制活力，进一步创新文化管理体制、加强知识产权保护和运用、健全文化投融资服务体系、深化文化事业单位改革、健全文化市场体系、推动文化资源的整合利用。在这一时期，文化创意产业成为实施文化创新工程的重要抓手。为了进一步促进文化、科技融合，推动文化创意产业快速发展，提升北京的创新能力和形成创新驱动发展模式，2012 年 7 月，北京市明确提出："在 2020 年率先形成科技创新、文化创新'双轮驱动'的发展格局，初步建成有世界影响力的科技文化创新之城"①。这一定位和目标的提出，一方面是基于新形势下由首都城市性质功能、人口资源环境、经济水平等因素构成的市情和所处的发展阶段性特征，要求充分发挥北京的文化科技优势，探索创新发展的新路径；另一方面是北京的文化科技优势已经转化为生产力，使得以"双轮驱动"推进科技文化创新之城建设具备了可能性。

2005 年 12 月，北京市委九届十一次全会首次提出文化创意产业的理念，目前，文化创意产业已经成为首都文化建设的重要力量，在推进科技文化创新之城建设过程中的作用正在逐渐展现。"十一五"期间，北京的文化创意产业进入高速增长阶段，年均增长 15% 以上，比同期 GDP增速高 6 ~ 8 个百分点。进入"十二五"时期后，北京文化创意产业继续

---

① 刘淇在中国共产党北京市第十一次代表大会上的报告，CPC. People. com. cn/n/2012/0705/c64094 - 18451587. html。

保持快速增长的发展态势，已经成为仅次于金融业的第二大支柱型产业。2013 年在国内经济增长趋势放缓、经济下行压力加大的背景下，北京的文化创意产业在众多行业中展现出了强劲的发展态势。

为深入激发城市文化创新活力，贯彻落实大众创业、万众创新的发展战略，2015 年，北京市先后出台《关于加快首都科技服务业发展的实施意见》《关于大力推进大众创业万众创新的实施意见》，提出要在北京率先建成创新创业要素集聚、服务专业、布局优化的国家级新兴产业"双创"示范基地，形成一批服务体系完善、发展成效明显的众创空间。在系列政策支持下，北京互联网众创空间得到迅猛发展。中关村创业大街于 2015 年 4 月被认定为"北京市众创空间集聚区"，成为北京市首个以创业为主题的众创街区。截至 2017 年 9 月，北京约有众创空间将近 400 家，其中，包括 141 家市级空间，125 家国家级空间，20 家双创示范基地，展现出北京在发展互联网众创空间中的优势。这些众创空间，与互联网、信息、传媒等文化科技类相关的占多数，体现出在以互联网为支撑的文化科技行业已成为最具活力和发展最快的领域，成为全民创新创业的主阵地。

（五）强化文化定位，推进首都可持续发展（2016—）

随着产业的集聚，以及人口规模的不断扩大，北京作为首都城市面临着可持续发展的重大问题。为适应城市发展变化、推进"五位一体"总体布局、立足京津冀协同发展，2016 年，北京对原有的城市总体规划进行了修订，并于 2017 年 9 月正式颁布《北京城市总体规划（2016—2035 年）》（以下简称《总体规划》）。《总体规划》明确了北京是全国政治中心、文化中心、国际交往中心、科技创新中心的功能定位。全国文化中心作为北京的四大核心职能，是中央对北京的准确定位，也是对北京文化的顶层设计，这就要求北京在未来城市文化建设和京津冀一体化的建设中，充分释放北京作为文化中心城市的表率引领功能，发挥北京的辐射带动作用、提升驱动作用、桥梁纽带作用、荟萃集聚作用。

1. 文化创意培育平台

中央在对《总体规划》的批复中指出，深入实施创新驱动发展战略，更加注重依靠文化创意、科技等服务和新兴产业业态支撑引领经济发展。《总体规划》也强调，充分激发文化创意产业创新创造活力，通过聚焦文化生产前端，鼓励创意、创作与创造，建设创意北京，使北京成为传统文化元素和现代时尚符号汇聚融合的时尚创意之都。文化创意已成为城市可持续发展的"推进器",这需要全面激发个人的技能和天分在城市文化发展中的作用。因此,搭建文化创意培育平台,就是充分激发城市蕴藏的创意活力,促进各种层次文化创意产品生产。古都文化、红色文化、京味文化在新时代条件下均面临着继承、弘扬和发展的问题,而破解这一问题的路径就要将固有的传统文化资源和文化空间通过创意性的方式转换为可以利用的文化资本,成为推动城市可持续发展的重要力量。2016 年起,北京市文化创意创新创业大赛的举办,旨在激发全社会的创意创新潜力,帮助创业者实现资本和资源的对接。目前,创意创新创业大赛已成功举办两届,已成为北京重要挖掘具有创新性及成长性的文创人才和项目的平台。

2. 文化信息传播平台

文化信息传播是北京作为全国文化中心城市的应有内容,《北京城市总体规划(2016—2035 年)》指出充分利用数字传媒、移动互联等科技手段,构建覆盖面广、功能强大的国际传播网络,传播中国好声音。北京加快文化信息传播平台建设,可以充分利用北京各方面的优势性资源。政策规划层面依托中关村的"先行先试",有利于各种新媒体产业的快速发展。传播层面,聚集了一批优秀的互联网科技信息企业和科研院所,有助于通过产学研一体化的方式推动传播业态创新。在技术支撑层面,为增强网络的信息传输能力,2017 年起,北京在部分地区全面推广"北京通"应用,试点 5G 网络和新增免费无线网场所,实现智慧城市建设新突破,从技术层面解决了文化信息内容高品质传输的渠道问题。

3. 文化要素配置平台

全国文化中心城市是文化要素汇聚的城市,在文化中心城市的建设过程中,不仅需要投入文化资源、金融资源、传播资源、展销资源,而且需要投入智力因素。《总体规划》指出,北京要科学配置资源要素,统筹生产、生活、生态空间的内在联系,推进文化在产业和公共服务领域的均衡布局。所以,加快文化要素平台建设,就是通过搭建服务全国和国际的文化中介和文化市场服务机构,健全国际化的中高端资源和要素,积极培育国内外各类专业市场,努力建立多层次的文化产品和要素供应体系,推进各类文化要素集聚、交易与流通,进而带动文化产品生产、文化产品营销、文化产品消费、文化公共服务，创造经济效益和社会效益。目前，中国北京国际文化创意产业博览会、北京国际电影节、国际版权交易中心、北京文化消费季、北京市文化创意创新创业大赛等，通过展会、节庆、交易、消费的形式，积极培育各类文化要素市场，大力发展文化经济。

4. 文化交流展示平台

《总体规划》强调，加强国际交往重要设施和能力建设，深入开展国际文化交流合作，传播好中华文化，不断扩大文化竞争力、传播力和影响力。可以说，文化交流展示平台建设，源于北京本身特有的首都城市功能，即北京作为著名古都，有 860 多年建都史、3000 多年建城史，文化底蕴深厚绵长，体现了中华文化的精髓所在，同时又是各类新型文化业态聚集和发展的地区。加强文化交流展示平台，就是要使北京能够全面完整地展示中国形象，展示一个奋发有为的北京城市形象。由此，北京应成为国内外文化内容交流、文化活动交往与文化信息传播的重要节点。目前，北京地区是广告资源和会展资源最为密集的城市，拥有全球最大的中国文物艺术品交易中心。在推动文化产品"走出去"和文化产品展示交易的过程中，北京国际文化创意产业博览会是重要的平台之一。北京国际文化创意产业博览会已连续举办 12 届，取得了良好的社会效益和经济效益。

三　全国文化中心建设存在的问题

第一，新定位下城市发展与京津冀协同发展的障碍依然存在。全国文化中心是北京最新的城市定位，要在这一新的定位下，把有序疏解北京非首都功能、优化提升首都功能、解决北京"大城市病"问题与京津冀协同发展联系起来。尽管 2014 年签署《京津冀三地文化领域协同发展战略框架协议》，2016 年又先后出台《关于推进京冀两地文化协同发展的工作意见》《北京市文化局、河北省文化厅、张家口市人民政府文化合作框架协议》，推动了京津冀文化协同发展的顶层设计，但是在一些重点任务、重点措施的落实层面，仍存在一些固有体制机制的制约。这种制约主要体现在既有的行政体制惯性，使得对三个区域进行整合与规划的难度较大。北京在新的城市定位下，需要疏解非首都功能，需要与津冀两个地区进行项目对接，但是文化产业体系、公共文化服务体系、传统文化的保护与传承、文化旅游休闲等文化形式与内容都具有不同的内在规律和文化生态，平衡京津冀三地的不同目标和诉求，实现跨区域的协调发展成为京津冀协同发展背景下北京全国文化中心建设必须思考的问题。

第二，历史文化名城保护与现代城市建设矛盾突出。历史文化名城保护是北京全国文化中心建设的固有内涵。但是在名城保护中，历史文化名城保护与历史名城文化传承发展不平衡，重物质性保护而轻文化保护传承的倾向依然严重。尤其是在现代城市建设中，因单方面考虑经济利益，而忽视历史文物长远社会效益和文化价值、社会效益的现象仍时有发生。一些文物保护单位因不合理使用和占用，文物建筑难以得到有效修缮和利用，破坏地下文物的事件仍屡禁不止。根据北京市文物保护单位的数据，北京市98处全国重点文物保护单位被社会不合理使用的比例达15%，224处市级文物保护单位被不合理使用的比例达33%；567处区县级文物保护单位被不合理使用的比例达72%。这些问题的背后，既有经济利益驱使的原因，又有违法成本过低的因素，这就导致旧城保护与现代城市建设的冲突更加尖锐，历史文化名城保护依然任重而道远。

第三，公共文化服务的利用率较低，空间布局有待优化。完善公共文化服务设施网络和服务体系，是全国文化中心建设的重要保障。但是目前公共文化服务体系建设与全国文化中心地位尚有较大差距。根据最新发布的数据，2016年，在38个城市公共文化服务（文化体育类满意度）的总体排名中，北京仅排在第21位，落后于深圳、上海、广州、天津（深圳第6位，上海第7位，广州第11位，天津第14位），[①] 这说明北京在公共文化服务体系建设上还有诸多不足。从内容上来说，这种不足主要体现在两个方面，一方面是现有的公共资源利用率不高，如基层图书室和文化站室、文化馆以及部分文化惠民项目存在利用率和参与度偏低等状况；另一方面是公共文化资源分布失衡、城乡分化显著，重大公共服务设施大都集中在三环内，三环以外较为稀疏，重点地区文化设施建设亟待加强，如回龙观、天通苑等大型社区长期缺乏必要的公共文化设施。

---

① 钟军、刘志昌、吴正杲：《中国城市基本公共服务力评价（2016）》，社会科学文献出版社，2016，第173页。

　　第四，文化产业发展同质化现象严重，核心竞争力不足。在文化产业发展的过程中，由于受制于长期形成的体制机制，由政府主导、自上而下"行政"驱动城市业态创新的色彩较为突出。与之相反，与市场相适应的生产机制、融资机制、营销机制建设环节等仍然相对薄弱。政府的"政策红利"成为城市及相关产业业态发展的主要依赖，而且在发展过程中文化科技企业、文化科技园区的同质化、重复建设趋势开始凸显。[①] 仅在 30 个市级集聚区中，以软件、网络及计算机服务为主导行业的集聚区就有四个，以网络新媒体、原创音乐制作为主导产业的集聚区有四个，以影视节目、动漫游戏制作为主导产业的集聚区有三个，以新媒体影视内容与传播、新闻出版、广告会展、发行和传媒版权交易为主导产业的集聚区有三个。产业的同质化现象造成城市空间功能类似，在一定程度上说明，在城市和产业发展的初期，空间规划建设滞后，产业发展又较为盲目，同时又由于市场机制不完善，市场优化资源配置的功能没能充分发挥，区域空间呈现出不平衡的发展状态。由于市场的主导性作用未能充分发挥，企业对资源的统筹配置的能力较差，具有核心竞争力的航母型企业严重缺乏。目前，北京地区共有文化创意企业 5 万多家，但年收入 500 万元规模以上的企业仅占 13.6%，为 6800 多家，企业规模小、实力弱的发展态势明显，真正具有国际影响力和市场竞争力的企业偏少（见表 4 - 2）。

表 4 - 2　北京市部分市级文化创意产业集聚区产业类型

数量	产业集聚区名称（所属区县）	主导产业
4	中关村创意产业先导基地（海淀） 中关村软件园（海淀） 清华科技园（海淀） 中关村科技园区雍和园（东城）	软件、网络及计算机服务
4	北京音乐创意产业园（朝阳） 惠通时代广场（朝阳） 北京数字娱乐产业示范基地（石景山区） 中国乐谷 - 首都音乐文化创意产业集聚区（平谷）	网络新媒体、原创音乐制作

---

　　① 张然、黄海蕾：《北京设 19 个文创区避免同质化》，《京华时报》2013 年 1 月 28 日，第 A8 版。

数量	产业集聚区名称（所属区县）	主导产业
3	宋庄原创艺术与卡通产业集聚区（通州） 中国动漫游戏城（丰台） 中国（怀柔）影视基地（怀柔）	影视节目、动漫游戏制作
3	国家新媒体产业基地（大兴） 北京 CBD 国际传媒产业集聚区（朝阳） 北京出版发行物流中心（通州）	新媒体影视内容与传播、新闻出版、广告会展、发行和传媒版权交易
1	北京 DRC 工业设计创意产业基地（西城）	设计展示、产业孵化、信息汇集

资料来源：根据相关材料整理。

四 推进全国文化中心建设的对策建议

推进全国文化中心建设，迫切需要解决城市在发展中存在的诸多问题，为全国文化中心城市建设提供强劲的驱动力。根据前面梳理出的相关问题，提出以下相关建议。

第一，加强理论创新，积极探索与阐释新形势下的全国文化中心建设模式。随着改革进入深水期，改革的难度和困难也越来越大。文化创新要与理论创新结合起来，中国文化在发展中经历的每一次巨大变革，都是在理论创新的引领下发生的。当前，北京全国文化中心建设，迫切需要理论的创新和理论的突破，尤其要从加强全国文化中心建设和具有世界影响力的文化中心城市建设的战略目标出发，加强具有世界影响力的文化中心城市的顶层设计、战略框架和战略措施的规划与研究，加强新形势下对北京城市文化定位、文化内容、文化功能的解读与阐释，加强中心城市建设与区域协同创新发展互动关系的阐释。北京拥有全国最为丰富的理论创新人才资源，如何以更加开放的思想环境，鼓励理论创新与理论突破，将影响北京文化建设的高度和广度。

第二，转变保护思路，平衡保护与发展的关系。历史文化名城保护的目的在于继承和发展，因此，保护和利用并不是截然对立的。一方面，坚决反对为片面发展经济而对历史文化名城和文化古迹进行破坏的各种违法行为。要通过健全文物法治，加大文物执法力度，严肃查处各种文物违法案件，强化文物执法监督，加大违法案件惩治力度，通过积极宣传普法教育，应对和有效遏制文物违法案件的发生。另一方面，加强北京城市历史文化资源的挖掘利用，推动现代科学技术、新媒体技术和现代创意理念相结合，建立历史文化资源与文化保护数据库，形成科学高效的历史文化名城保护监测和管理体系，同时，要通过现代创意，吸收和利用历史文化的传统元素创新历史名城文化的内容与形式，加强城市历史空间的有机更新、再利用和功能调整，使之与融入现代生活，与人们的日常生活相结合，以实现历史文化名城文化价值的传承与发展。

第三，加强政策和财政支持，加强公共文化服务的均衡发展。加快重大功能性文化设施建设，推进与全国文化中心相适应的标志性文化设施建设。逐步加强政策支持和提升财政支持力度，尤其是要加快远郊区、城南地区的公共文化服务体系建设，对城乡接合部、新城、重点镇、大型社区等公共文化服务体系不完善、不健全的区域重点实施文化资源配置和设施建设，逐渐改变公共文化服务城市核心区与非核心区、城市北部与南部、城与乡差异的不平衡状况。针对公共文化服务设施使用率过低的问题，要创新公共文化产品的供给内容与方式，可尝试建立公共文化服务反馈机制、公共文化发布和按需定制配送机制、订单式服务机制，调整产品供给，为不同群体提供不同的文化产品，提高公共文化设施的利用率和满意度。

第四，完善市场体系，培育市场主体。完善文化市场经济体系是实现文化中心城市建设的重要基础，文化市场体系的建立，能为文化与其他产业的融合发展创造有利的市场条件，培育出独立的、合格的文化市场主体，能在产业的融合、行业跨界和并购中发展一批低能耗、环保的高端优质的具有国际影响力的"文化航母"型企业，加强区域文化资源的整合，以市场的手段推动区域特色文化的打造，提升产业和城市的核心竞争力。同时，发挥这些优质的"文化航母"型企业对资源的聚合能力，不但能够催生新的文化业态，如动漫游戏、网络演出、艺术品网络交易等，拓展文化商务融合的产业链和产品服务，而且有助于凭借其强大的创意转换能力和文化引导力，引领行业的产业化进程，推动产业优势化和品牌化发展。

参考文献

中共北京市委宣传部、首都规划建设委员会办公室编：《建设好人民首都——首都规划建设文件汇编》第 1 辑，北京出版社，1984。

中共北京市委宣传部、首都规划建设委员会办公室编：《建设好人民首都——首都规划建设文件汇编》第 1 辑，北京出版社，1984。

北京市城市规划设计院编印：《北京城市总体规划（1991—2010 年）》，1992。

杨奎松：《新中国成立初期清除美国文化影响的经过》，《中共党史研究》2010年第 10 期。

侯仁之：《试论北京城市规划建设中的三个里程碑》，《北京联合大学学报》2003 年第 1 期。

周炳成：《从北京亚运会看社会主义新文化建设》，《学习与研究》1991 年第 2 期。

张太原：《20 世纪 90 年代中国城市居民的文化消费——以北京为例》，《当代中国史研究》2007 年第 1 期。

胡锦涛：《在省部级主要领导干部提高构建社会主义和谐社会能力专题研讨班上的讲话》，《人民日报》2005 年 6 月 27 日，第 1 版。

胡锦涛：《高举中国特色社会主义伟大旗帜，为夺取全面建设小康社会新胜利而奋斗》，《求是》2007 年第 21 期。

《国务院原则通过〈北京城市总体规划（2004—2020 年）〉》，《北京规划建设》2005 年第 2 期。

《国务院原则通过〈北京城市总体规划（2004—2020 年）〉》，《北京规划建设》2005 年第 2 期。

《中共北京市委关于发挥文化中心作用加快建设中国特色社会主义先进文化之都的意见》，《前线》2012 年第 1 期。

钟军、刘志昌、吴正杲：《中国城市基本公共服务力评价（2016）》，社会科学文献出版社，2016。

张然、黄海蕾：《北京设 19 个文创区避免同质化》，《京华时报》2013 年 1 月 28日，第 A8 版。

第五章　北京国际交往中心建设研究

刘　波[*]

2017 年《北京市国民经济和社会发展第十三个五年规划纲要》提出北京"十三五"要强化国际交往功能，建设国际城市。2017 年 3 月 28 日，《北京城市总体规划（2016—2030 年）》草案发布，提出落实城市战略定位，优化提升首都核心功能，加快推进国际交往中心建设，构建世界级城市群。2017 年 6 月，北京市第十二次党代会提出，"加快四个中心建设"，健全重大国事活动服务保障长效机制，加强国际交往重要设施和能力建设。2017 年 5 月，"一带一路"国际合作高峰论坛在北京成功举办，这是 2017 年中国重要的主场外交活动，也充分展示了这几年北京国际交往中心建设所取得的成绩。当前，北京国际交往中心建设作为优化落实首都城市战略定位"一核一主一副、两轴多点一区"的重要内容，正面临新的形势要求（见图 5 – 1）。

一　城市对外交往的历史发展路径

城市作为人类社会进步的重要载体，是地区和国际密切交往的重要产物。现代化国际大都市作为全球化网络的"节点"，在全球治理中的作用日益凸显。城市对外交往是城市作为地方非国家行为主体参与国际事务的重要形式。"城市在全球政治经济网络中的地位上升，在理论上的一个重要表现就是城市外交的复兴。"[①] 2014 年 5 月，习近平总

---

* 刘波，北京市社会科学院外国问题研究所所长、研究员、博士。
① 赵可金、陈维：《城市外交：探寻全球都市的外交角色》，《外交评论》2013 年第 6 期。

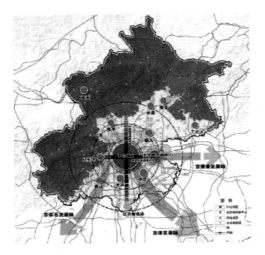

图 5-1　北京最新城市空间"一核一主一副、两轴多点一区"规划

书记在中国国际友好大会暨中国人民对外友好协会成立 60 周年纪念活动的讲话中指出，"要大力推进城市外交、民间外交、公共外交"①，习近平总书记的重要讲话精神为新时期中国开展城市对外交流和对外交往指明了方向。

（一）欧洲历史上的城市对外交往

虽然城市外交是在当代国际关系中才出现的词汇，但城市对外交往交流现象在历史上早就存在，最早可以追溯到古希腊时期。作为政治实体，古希腊城邦的城市对外交往活动制度化，不仅使希腊城市之间交往频繁，而且形式多样，城市之间形成了相互联系和影响的城市间体系。古希腊城邦之间的交往活动表现在频繁的外交谈判、代表团互访、召开会议、签订条约等方面，逐渐产生了机制化的对外交往组织、方法和手段②。到 14 世纪的时候，欧洲的城市对外交往已经非常兴盛发达，巴黎、威尼斯、佛罗伦萨、米兰等中心城市积极开展城市之间的政治经济谈判，协商成立各种城市交往联系组织，促进区域经济发展和交通便捷。16 世纪前后，欧洲的一些城邦就已经参与世界的经济与货物贸易往来。例如

---

① 习近平：《在中国国际友好大会暨中国人民对外友好协会成立 60 周年纪念活动上的讲话》，《人民日报》2014 年 5 月 16 日。

② 李小林：《城市外交理论与实践》，社会科学文献出版社，2016，第 38 页。

中世纪的汉萨贸易城市群、希腊城邦以及意大利城邦，这些城邦在当时地中海区域经济贸易中扮演着重要的角色。"15 至 16 世纪的意大利，诸多小城邦能够利用外交追求政治谋划和愿望；城邦交往的规则、标准和大使特权开始出现；谈判技术的引进；通讯和信息的传播；对万民法和国际规则的接受——以上均显示出意大利城邦之间的交往已经有了现代外交的运作功能。"[1]　不过，1648 年威斯特伐利亚体系的建立，欧洲主权国家的确立，外交大权重新回到中央政府手中，城市作为地方政府，其对外交往不再占据外交的中心位置，政治上对外交往的活力日渐式微，经济上的交往也受到一定的影响。

（二）两次世界大战之间城市对外交往的复兴

自从主权国家垄断外交之后，城市真正参与国际事务发源于第一次世界大战后的西欧国家。第一次世界大战后奥匈帝国、德意志帝国和沙皇俄国相继垮台，欧洲大陆的城市满目疮痍，"和平主义思潮"蔓延，法国大作家罗曼·罗兰等大批知识分子主张欧洲的未来在于"联合"，尤其是发展城市之间的经济往来，欧洲才能重现昔日的光辉。在此背景下，为发展区域城市经济，欧洲城市之间的经济政治文化交往开始日益密切。"为平复一战后创伤，增进感情，英国凯里市和法国普瓦市结为世界上第一对'友好城市'。"[2]　同样，在 1931 年，美国城市托莱多与其同名的西班牙城市结为友好城市，其原因主要是基于文化和历史感情的联系。友好城市的出现，是城市国际交往职能的重要体现，是城市延展功能、追求自身发展的重要内容。

（三）第二次世界大战后城市对外交往的蓬勃发展

第二次世界大战的结束，电子通信技术、交通、传媒等快速发展，各国市民与外部世界的互动更为密切，城市作为市民的集合体要求在国际上发声的愿景也更为强烈，城市对外交往活动开始蓬勃发展。20 世纪50 年代以来，以"友好城市"为主要形式的对外交往在世界各地迅速发展。在西欧，法国和德国为消除百年来的战争仇恨情绪，倡议以友好城

---

[1]　周桂银：《意大利城邦国家体系的特征及其影响》，《世界历史》1999 年第 1 期。

[2]　Marek Furmankiewicz, "Town – twinning as a Factor Generating International Flows of Goods and People – the Example of Poland," *Belgeo*, Vol. 1 – 2, 2005, p. 146.

市的方式增进了解和促进交流，推动建立两国城市之间的广泛友好合作关系。1956 年，美国总统艾森豪威尔推动美国城市在世界上发展"姐妹城市"的合作关系，"国际关系的发展应该结合地方层面上的个人参与，要将姐妹城市和国家关系联合起来，以提供解决世界冲突的更多机会"。[①]1967 年，美国的国际姐妹城市协会脱离国家城市联盟，成为一个独立的城市间组织。20 世纪 80 年代，友好城市的范围飞速扩展，"南北城市"合作日益密切，北方发达国家城市与南方广大发展中国家城市之间建立友好城市。1982 年，纽约市向英格兰和联邦德国派出了贸易代表团。1985 年欧洲理事会通过的《欧洲地方自治宪章》为欧洲各国地方自治、对外交往提供了法律依据。1985 年，成立世界大都市协会，旨在促进全球化下城市可持续发展问题。20 世纪 80 年代以来，国际友好城市逐渐由情感型向务实型方向转变，由名义的"情感纽带型"向"和平功能""经济功能"转型。例如，在英国，有 192 个城市发起和参加核裁军运动，覆盖了英国 60% 以上的人口。在全世界范围内，有 4222 个城市宣布为无核区[②]。

（四）冷战后全球化下城市对外交往的新发展

冷战后，随着全球化和城市化的快速发展，跨国联系网络更趋紧密和复杂，城市对外交往在国际舞台上扮演更为重要的角色，发挥更加重要的作用。1992 年，地方主导的可持续会议在德国首都柏林召开，首次肯定了基于城市的可持续发展理念，呼吁市民、非政府组织和城市政府多方协调，为解决全球性问题和消除国际不平等而进行国际行动。进入 21 世纪以后，全球治理日益碎片化，城市对外交往越发展示出独立的外交形态。2001 年，"全球本土化论坛"成立，该论坛旨在强调各国大城市的市长们被赋予外交官的权力和使命。2004 年，城市对外交往推动机构 UCLG（世界城市和地方政府联合组织）宣告成立，该组织积极推动城市国际交往，是当前全球最大的城市和地方政府组织，在国际社会具有重要影响力[③]。到 2010 年 11 月，为增强城市对外交往竞争力，UCLG

---

① 李小林：《城市外交理论与实践》，社会科学文献出版社，2016，第 39 页。

② Chadwick F. Alger, *The UN System and Cities in Global Governance*, New York：Springer，2014，pp. 104 – 105.

③ 详情参见网站，http://www.uclg.org/en/organization/about。

新建立发展合作与城市对外交往委员会，旨在共同推动包括联合国千年发展目标在内的诸多国际城市对外交往合作政策议程。2005 年 10 月，18 个世界大城市代表在伦敦成立旨在应对气候变化的城市联盟 C40，C40 充分利用该网络对城市政策施加影响，迅速推进了低碳价值观在国际层面的认同。2012 年 4 月，由瑞士日内瓦政府和世界与发展研究所共同举办的日内瓦市市长论坛，探讨城市在全球治理中应该发挥的具体作用。2014 年，世界经济论坛全球议程委员会发布《城市的竞争力》报告，对城市对外交往给予高度关注，指出城市对外交往将成为全球城市竞争力的一项重要内容。①

　　自 1973 年开展友好城市活动以来，中国的城市对外交往从无到有，逐步走向成熟。目前，中国已与世界 133 个国家建立了 2258 对友好城市关系，成为世界上拥有正式友好城市数量最多的国家之一。同时，中国在 1992 年发起成立中国国际友好城市联合会，1999 年加入 UCLG。在地方政府中，北京市、上海市、天津市、广东省、温州市、西宁市、南京市等都成立地方公共外交协会。2013 年，习近平主席提出"一带一路"倡议构想，强调"欢迎沿线国家重要城市之间互结友好城市"，"一带一路"倡议的提出，使中国城市对外交往进入全方位发展的新时期，中国历年互结友好城市数目详见图 5－2。

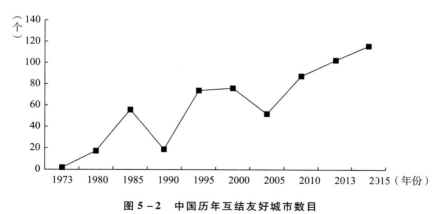

图 5－2　中国历年互结友好城市数目

---

① 赵可金：《嵌入式外交：对中国城市外交的一种理论解释》，《世界经济与政治》2014 年第 11 期。

二 嵌入式外交①：全球化下城市国际交往的内涵、形式与功能

（一）城市国际交往的内涵

由于城市国际交往是近年来才在中国兴起的一个学术概念，目前学术界有关城市国际交往的内涵仍没有达成统一清晰的界定。20 世纪 70 年代，美国学者查德威克·阿尔杰最早开始研究城市对国际体系演进的影响以及城市在国家对外政策中的作用。世界城市假说的提出者约翰·费里德曼早在 20 世纪就提出城市的对外交流功能，"全球生产网络和市场体系主要通过世界城市网络空间予以呈现"。1994 年，海帝·霍布斯提出"城市政府外交政策"概念。"城市对外交往"一词，最早出现于"全球本土化论坛"在 2003 年发布的一份关于"地方国际化"的报告中。国内一些学者近年来也加强对城市国际交往的研究。清华大学的赵可金教授认为城市国际交往是国家总体外交的重要组成部分，比如乌鲁木齐就扮演"嵌入式外交"的角色。浙江大学的余万里教授认为"城市国际交往不仅代表城市或地区利益，还要反映国家战略和总体外交诉求，譬如广西钦州，其'中马工业园区'却关联到中国的东盟地区战略"。从国内学者有关城市国际交往的内涵不难看出，城市国际交往是指城市政府在国家总体外交战略框架下，推动城市建设发展，维护和扩大城市利益，所从事的国际性交往活动。而国际交往中心就是指在国际交往中具有一定影响，能够在地区或全球发挥重要作用的城市。

（二）城市国际交往的形式

城市国际交往一般可分为双边和多边两种对外交往形式。双边城市对外交往主要是以友好城市形式缔结正式协议，开展经济、社会和文化等领域的交流合作。目前，世界各国对"友好城市"的命名不尽相同，

---

① "城市外交属于一种嵌入式外交"的概念主要是指，城市外交是城市化在现代外交体系中的功能嵌入过程，在城市化过程中，城市通过嵌入主权国家外交、国际组织和国际制度外交以及社会网络外交体系，逐步构建起一个嵌入式外交体系，以满足全球化和城市化对城市功能的要求。参见赵可金：《嵌入式外交：对中国城市外交的一种理论解释》，《世界经济与政治》2014 年第 11 期。

英国一般使用"同胞城市",美国和亚太地区一般使用"姐妹城市",德国、波兰等中欧国家使用"伙伴城市",俄罗斯则使用"兄弟城市"。20世纪70年代,中国在与日本建立首对友好城市关系时,根据周恩来总理的指示,将日本习惯称谓的"姐妹城市"改称"友好城市",以体现城市不分大小平等相待的精神。自此之后,中国在友好城市交往中统一使用"友好城市"的称谓。

而城市对外交往的多边形式则指城市参与包括区域性和全球性城市国际组织,开展城市对外交往交流活动。城市国际组织本质上是一种由地方城市政府组成的国际非政府跨国组织,其多边外交形式主要包括两种。一种是通过成员形式形成的跨国城市政府组织,例如世界大都市协会,其成员仅限人口超过100万的城市政府;另外一种是以某一主题为内容的多边外交行为,例如世界大城市气候领导联盟。该联盟是以推进世界大城市气候行动日程,切实实现温室气体减排和气候风险减低为目标的城市间国际组织。2015年9月,联盟指导委员会批准广州、南京等城市正式加入。

(三) 城市国际交往的功能

城市对外交往在服务于城市国际化的过程中发挥了重要的作用,起到了桥梁和纽带的功能。

首先,弥补了全球化背景下全球治理的空白区域。全球治理是一个复杂的系统性的工作,尽管主权国家仍然发挥主体作用,但城市可以弥补其不足,在其中发挥重要作用。城市参与全球治理的优势在于其有别于主权国家的特殊资源动员和号召能力。城市作为全球经济分工中的重要节点,可以通过自身的生产消费能力,灵活地实现区域治理。此外,城市的历史文化对于城市文化繁荣、市民素养提升等具有重要作用。因此,以城市为代表的次国家行为体对于全球治理议程的推进与执行具有实质性意义。例如,在冲突地区,城市可以向维和部队的民政组派遣市政专家,直接支持城市公共服务部门或参与重建项目。

其次,城市国际交往增强了不同城市之间的了解,成为城市与城市之间的交往桥梁和纽带。友好城市通过双边或多边互动形式,加强了城市之间的相似性,如城市之间的历史文化、经济社会、宗教信仰联系。例如,"冷战"期间,欧洲友好城市也成为联结西欧和东欧不同意识形态阵营以及联结北方发达国家和南方发展中国家不同经济发展阶段国家之间合作的桥梁。荷兰城市组织在克罗地亚和塞尔维亚的多民族地区，抓住机遇推进和平进程，将多民族合作付诸实践。

再次，城市对外交往增强了城市软实力。城市多边外交活动以集体的力量代表城市在国际社会发声发力，提升了城市与国家的对话能力。例如，欧洲的城市组织则代表欧洲城市的利益，促成集体行动以影响欧盟立法和政策实施。同时，城市在国际舞台上的活跃度直接影响城市在他国民众心目中的形象，也有利于他们对城市所属国家良好国际形象的形成。中国 2010 年上海世博会、2014 年北京 APEC 会议、2014 年南京青奥会、2016 年杭州 G20 峰会等正是利用国际会议、文化活动、体育赛事塑造多元化发展的国际大都市的良好形象，为中国的国际形象做加法。

最后，城市国际交往为城市国际化提供战略指导。一个城市走什么样的国际化道路，其确定过程就是城市对外国际交往的一部分。比如，第二次世界大战后，伦敦在世界政治经济中的地位被纽约取代，面对如此形势，英国和伦敦政府积极开展城市国际交往，广泛缔结姐妹城市，提升国际影响力，逐步确立了世界金融中心的地位。

三　北京国际交往中心发展历程、现状及存在问题

在中国，早在 20 世纪 70 年代，天津和日本神户建立了第一对国际友好城市。截至 2017 年 7 月 30 日，中国有 477 个城市与 135 个国家的 1532 个城市建立了 2451 对友好城市关系。① 北京作为中国超大城市，正在加快推进"国际交往中心建设"，其国际化程度和对外交往资源领先全国，城市对外交往活力指数名列前茅。

（一）北京国际交往中心发展历程

北京作为中国的首都，其城市对外交往主要经历了五个发展阶段。

第一阶段是 1949 年中华人民共和国成立初期至改革开放前。这一时期，北京市人民政府配合中央政府整体外交工作，设立外侨事务处。但由于当时全球国际形势美苏冷战的开始，两大阵营对立，再加之后期"文化大革命"对整个外交事业的冲击，北京市外交机构职能单一，城

---

① 详情参见网站，http://www.cifca.org.cn/Web/Index.aspx。

市对外交往活动比较稀少，主要承担一些亚非拉友好国家领导人在北京的参观访问国事接待任务。

第二阶段是改革开放后至 1990 年亚运会。改革开放的春风吹向中华大地，北京与中国其他城市一样，对外开放水平快速发展。这一时期，根据地区经济发展、地区外贸及涉外事务的发展需要，北京市积极开展对外交往活动。1979 年 3 月，东京都与北京市结为友好城市，成为北京市的第一个友好城市，正式拉开北京友好城市交往序幕。1980 年，中央对北京城市规划进行重新定位，北京成为政治、文化和国际交往中心，不再发展重工业，"国际交往中心"一词正式出现在北京规划文件中。1990 年 9 月北京亚运会的召开，大量新建的城市基础设施令人耳目一新，城市面貌日新月异，国际化服务水平获得较大程度提升。例如，北四环的亚运场馆等一批新建筑成为北京新景观、新名片，处处散发着国际化大都市的气息。

第三阶段是 20 世纪 90 年代至 2008 年奥运会。经过 20 多年改革开放发展，尤其是经过亚运会的洗礼，20 世纪 90 年代中期，北京城市发展开始战略性调整，提出"首都经济"，这意味着北京在对外交往中更加关注经济发展和城市建设。这一时期，北京市充分利用其独特的首都优势，对外交往活动不断拓展、涉外环境持续改善、国际城市建设迅速发展。1998 年至 2002 年，北京市举办了国际数学大会、中非合作论坛部长会议等大型的国际会议，北京市外交外事管理体系进一步完善，对外交往活动急剧增加。2008 年北京奥运会的召开，北京城市面貌经历了翻天覆地的变化，一大批国际服务设施获得扩容、完善和提升，服务大型国际活动的保障能力和水平明显提升，初步形成一支具有国际一流水准的服务保障队伍。申办、筹备和组织奥运会促进了北京城市国际化进程，提高了城市的知名度、竞争力和在世界国际大都市排名榜上的位次，产生了明显的奥运效应，奠定了建设具有中国特色的国际大都市的基础。

第四阶段是奥运会后至十八大前。这一时期，北京在成功举办奥运会的基础上，确立实施"人文北京、科技北京、绿色北京"战略，提出建设中国特色"世界城市"任务。以把北京打造成国际活动聚集之都、世界高端企业总部聚集之都、世界高端人才聚集之都、中国特色社会主义先进文化之都、和谐宜居之都为目标，北京国际交往实现了飞速发展，培育和形成了一批北京国际交往知名品牌，很好地发挥了首都资源集聚、辐射和带动功能。北京市成功举办了 2010 年国际友好城市市长会议，承办的国际体育赛事和国际会议逐年增多。

第五阶段是 2012 年党的十八大后至目前，尤其是习近平总书记两次视察北京，明确了北京"四个中心"城市战略定位，将打造"国际交往中心"作为北京城市的发展战略提升到核心位置。当前，加强国际交往中心建设，是落实首都城市战略定位的必然要求，是履行好"四个服务"的职责所在。北京市正在超前规划国际交往中心功能建设，以更好地服务党和国家的发展大局。此外，京津冀协同发展，以及"一带一路"倡议的提出和落实，越来越多的重大国际活动在北京举办，北京城市对外交往在服务国家总体外交和地方经济社会发展方面发挥越来越重要的作用。截至 2016 年底，北京市已与世界五大洲 41 个国家的 54 个城市建立了市级友城关系（见图 5 - 3），基本形成布局合理的城市对外交往网络体系。2017 年北京市第十二次党代会及中共北京市第十二届委员会第一次、第二次全体会议，又进一步明确提出"健全重大国事活动服务保障长效机制，提高服务国家总体外交能力"，这是当前北京国际交往中心建设的主要方向。

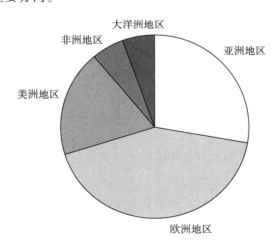

图 5 - 3　北京友好城市分布

（二）当前北京国际交往中心现状

随着中国国际影响力的不断提升，"一带一路"倡议深入推进，北京作为逐步走向世界舞台的大国首都，国际化城市框架持续推进，国际交往活动越来越频繁，正吸引着越来越多的国际资源集聚，国际交往的影响力和话语权进一步提升。

首先，服务国家总体外交能力显著提升。北京市着力提升服务保障国家外事工作能力和水平，有力保障在北京举行的重要外交、外事活动的顺利开展，圆满完成了亚信非政府论坛、中国发展高层论坛、中非合作论坛、亚太经合组织第二十二次领导人非正式会议以及"一带一路"国际合作高峰论坛等重大国际活动的相关服务保障工作，大大提升了首都的国际城市形象和国际影响力。

其次，全方位对外开放水平提升，国际交往活力进一步释放。积极参与"一带一路"建设，建立与亚投行、丝路基金等平台的对接机制，加强与沿线国家的关键通道建设，形成对外开放新格局。利用服务业扩大开放综合试点契机，搭建起与国际规则相衔接的服务业扩大开放的基本框架。成功举办京交会，服务贸易总额由 2011 年的 798 亿美元增加到 2015 年的 1200 多亿美元。环球主题公园项目引进落地。在 2015 年第四届全球城市指数以及《福布斯》2015 年推出的"全球十大最具影响力的城市"排名中，北京均排在第八位。北京市在"一带一路"国家战略中的综合实力指数详见图 5 - 4。

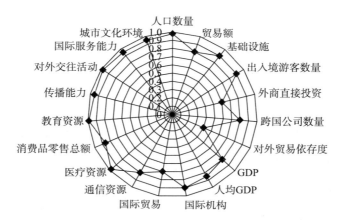

图 5 - 4　北京市在"一带一路"国家战略中的综合实力指数

再次，国际高端要素加速集聚。目前，在北京的外国机构达三万余家，其中包括 169 家外国驻华使馆、236 家境外媒体和 3000 余家外国企业代表机构、七家国际组织总部和 25 家国际组织的分支机构。亚洲基础设施投资银行、丝路基金总部、世界知识产权组织中国办事处等落户北京。北京市友好城市数量达 54 个，排名世界前列。常住外籍人口 13.2 万人，占全市常住人口的 0.62%。每年在北京举办的各类国际会议和国际活动约 6000 场次。据 ICCA（国际会议协会）统计，2016 年北京举办国际会议 97 个，位居世界各大城市第 19 位，位列国内首位。

最后，服务国际交往的软硬件条件全面提升。城市基础设施建设得到显著提升，相继完成新国展、怀柔雁栖湖会都等一批重大国际交往设施建设，具备承办一流国际活动的能力。国际化服务环境不断完善，积极推出 APEC 商务旅行卡、为符合条件的外籍人士办理永久居留证、简化来京签证手续、实施"72 小时过境免签"等多项举措。国际化公共服务能力不断提高，教育、医疗等国际化公共服务体系日趋完善。星级饭店的硬件水平达到或超过国外同档次的标准，外籍人员的生活便利化水平进一步提高。城市人文环境不断优化，市民的文明素养和国际礼仪水平逐步提高，涉外服务管理水平不断提升。北京国际交往核心区（CBD 地区）的风貌详见图 5-5。

图 5-5 北京国际交往核心区（CBD 地区）

（三）北京国际交往中心建设存在的问题

北京国际交往中心建设既面临难得的发展机遇，也面临一些突出问题。

第一，北京国际交往中心建设受国家总体外交约束，面临较为复杂的外部环境。中国《宪法》规定，国家外交事务的权力被赋予中央政府，地方政府在具体的对外交往实践中，其自主权、财政和资源控制权非常有限，往往"有心无力"。此外，中国外事办是地方政府主管外事工作的政府组成部门，同时又是地方党委及其外事工作领导小组的工作机构，这种机构定位使得外事办偏狭于具体的外事工作，而城市国际交往发展需要逾越外事的多部门协调。比如，伦敦等一些发达国家的城市外事部门属于市长办公室，由市长亲自领导负责。因此，如何进一步平衡好北京市对外交往与中央外交的互利共赢，是北京国际交往中心建设面临的问题。

第二，北京"四个中心"中的"国际交往中心"与"政治中心"内涵有重叠交叉，需要厘清二者差异，只有定位明确，才能更好协调发展。"国际交往中心"是承担重大外交外事活动的重要舞台，与政治中心直接关联。北京作为首都，国际交往中首要的是国家政治交往，从某种程度来说，"国际交往中心"也是"政治中心"的重要组成部分，二者内涵具有重叠性。既然内涵如此接近，在实际建设中应坚持差异化发展，突出"国际性"，体现出两个中心的各自特色。

第三，北京城市功能定位不断调整，影响国际化因素集聚。有别于纽约等主要国际城市国际交往发展的特点，北京国际交往中心建设的职能定位经历了较长时期的反复与重组。城市规划曾长时间受到计划经济体制的影响，市场、城市经济规划发展与政府职责边界不清。在国际交往的城市空间布局方面，美国纽约联合国大厦、布鲁塞尔欧盟总部等都成为重要的国际会议中心，国际旅游景点；相比较北京的使馆区规划只是简单的各国使馆进驻，与首都城市对外交往的经济等功能结合不充分，陷入单一的功能失效（见表5-1）。

表5-1　中华人民共和国成立以来北京历次城市功能定位变化情况

年份	北京功能定位	时代背景
1953	强大的工业技术基地和技术中心	首都五年计划出台、《改建与扩建北京市规划草案要点》出台

年份	北京功能定位	时代背景
1954	中央同意北京成为国家政治、经济、文化中心，不赞成成为中国工业基地	中央转批国家计委审议报告，通过北京新职能定位
1958	北京成为中国政治中心和文化中心，还要迅速成为现代化的工业基地和科学技术中心	《北京城市规划初步方案》形成
1973	"多快好省"地把北京建设成一个具有现代工业、现代农业、现代科学文化和现代城市设施的清洁的社会主义首都	《北京市建设总体规划方案》出台
1978	北京成为中国重工业城市之首	北京健全工业体系，工业占生产总值64.5%
1980	北京成为政治、文化和国际交往中心，明确不再发展重工业	中央对北京进行重新定位
1982	以第三产业为主导的可持续经济	北京市第五次党代表大会召开
1983	北京是全国政治中心、文化中心，不再提经济中心和现代化工业基地	《北京市总体规划方案》出台
1988	调整北京市经济发展方式，实现经济增长方式转变	北京新技术产业开发试验区成立
1997	北京以发展知识经济为方向，高新技术为核心	北京市第八次党代会提出"首都经济"发展战略
2004	确立"四个服务"：为党政军领导机关工作服务、为国家国际交往服务、为科技教育发展服务、为改善人民群众生活服务	《北京城市总体规划（2004~2020年）》出台
2008	2008年奥运会召开，形成"人文北京、科技北京、绿色北京"新理念	北京市委十届七次全会提出
2010	国际活动聚集之都、世界高端企业总部聚集之都、世界高端人才聚集之都、中国特色社会主义文化之都、和谐宜居之都	世界城市建设
2014	坚持和强化首都政治中心、文化中心、国际交往中心、科技创新中心的核心功能，努力把北京建设成为国际一流的和谐宜居之都	习近平总书记视察北京，对北京城市发展定位提出新要求
2017	落实城市战略定位，优化提升首都核心功能，加快推进国际交往中心建设，构建世界级城市群	《北京城市总体规划（2016~2030年）》草案发布

第四，以往城市规划不足、布局不周，北京国际交往的城市空间功能格局需要优化。与基础设施相比，国际交往功能明显滞后，原有规划

的一些非首都功能制约了北京国际交往中心的进一步发展。综观世界城市，其世界活动聚集力、国际影响力、控制力方面的功能建设才是自身"国际交往"建设的根本。例如，占北京城市土地面积 5% 的核心区，集中了全市 50% 以上的交通量和商业活动，占据了国际交往活动空间，"挤出效应"限制国际交往功能的发挥。[①]

第五，"大城市病"影响国际交往功能的实现，硬件服务环境有待进一步提高。近年来，北京城市迅速发展，国际化服务能力逐步提高。但在快速发展的同时，也出现了严重的空气污染、交通拥堵、人口膨胀等"大城市病"，一定程度上制约着北京各类国际交往功能的实现。特别是北京的雾霾污染近几年愈演愈烈，成为许多外国人离开北京、制约海外人才引进的重要原因，已严重影响首都乃至国家形象。2015 年，北京市 PM2.5 年均浓度为 80.6 微克/立方米，超过国家标准 1.3 倍，远远超过伦敦、东京、纽约等世界城市，伦敦年均为 20 微克/立方米，东京年均在 20 微克/立方米以下。

第六，国际组织总部落户不多，大型国际会议数量不足。目前在京设立总部的政府间国际组织有七个，政府间国际组织驻京代表机构 24 个。常驻北京的国际组织一方面总量少，另一方面国际组织总部数量少，缺少具有重要影响力的国际组织总部，国际性组织在北京吸引和聚集国际活动方面发挥的作用尚不突出。此外，虽然北京近年来举办了诸如 APEC 等国际重要会议，但北京和纽约、布鲁塞尔等国际城市相比，国际会议的数量偏少，固定的国际会议不多，整体影响力不足。

第七，缺乏运作城市对外交往的国际复合型人才。国际交流与合作日益呈多元化发展趋势，要求外事部门的工作人员，不仅精通外语，而且还要具备相关领域的专业知识。但目前，北京同时具备外语能力又有专业背景的外事人才较少，在配合总体外交活动时力不从心。

四 北京国际交往中心建设的特征、功能和战略目标

（一）北京国际交往中心建设的基本特征

按照北京市国际一流的和谐宜居之都战略目标，北京市建设国际交

---

① 张茅：《北京建设国际交往中心研究》，中国旅游出版社，2001，第 19 页。

往中心、参与国际合作具有以下特点。

首先，服务国家总体外交。从中华人民共和国成立以来，尤其是改革开放之后，北京市配合国家总体外交需求，承担大量高规格国际接待任务。在一些特殊场合，北京市还扮演了国家外交代理人的角色。2008年4月，法国巴黎市授予达赖喇嘛为巴黎"荣誉市民"称号。基于友好城市的互动关系，时任北京市市长郭金龙第一时间致函巴黎市市长，对巴黎政府这一行为表示强烈不满和坚决反对。在这种特殊时期，北京市作为地方政府，紧密配合中央政府的外交方针政策，扮演国家外交代理人这一角色，表明中国政府克制的态度，既给法国政府传递强烈的反对声音，又为事态进一步发展留有余地。而APEC会议、"一带一路"国际合作高峰论坛等更是北京作为地方城市服务国家总体外交的具体体现。

其次，服务北京经济社会发展。北京市政府发挥首都优势，通过积极开展城市对外交往活动，促进地方城市利益实现。北京城市对外交往积极为首都经济建设和社会发展服务，利用举办重要国际会议，塑造展示良好的城市形象；建立友好城市，创造经济发展和平稳定的国际环境；发挥来访出访的作用，推动北京企业"走出去"，利用国外资源，增强北京整体经济实力。

再次，展现北京城市特色。北京有着3000余年的建城史和860余年的建都史，拥有众多名胜古迹和大量人文景观。北京开展的对外交往活动，充分利用文化资源展示北京的地方特色，同时，北京自身的城市特点也使北京在国际舞台上具有很强的辨识度。可以说，打造北京品牌、亮出北京名片，是北京发展城市对外交往的重要举措。

最后，提升对外交往层次。2006年10月，北京正式成为世界城市和地方政府联合组织（UCLG）成员，这对提高北京国际旅游影响力和扩大对外开放有着重要的现实意义。通过UCLG的交流学习平台，北京能学习来自136个国家的1000余个城市的先进城市治理经验。借助于作为UCLG成员的身份优势，北京市取得更多与联合国、世界银行、亚洲开发银行等国际组织的密切交流联系的机会，参与这些国际组织开展的各项活动。2016年1月，UCLG中国大陆会员工作会议在北京召开，会议秉承"创新、协调、绿色、开放、共享"的发展理念，北京作为主办城市为中国民间外交事业做出贡献。北京市充分利用会员契机，组织开展城市形象和旅游宣传，促进北京市与国外城市在教育、文化、旅游和友城结好等领域的交流与合作。

（二）北京国际交往中心建设的基本功能

北京国际交往中心建设是"四个中心"之一，是承担重大外交外事活动的重要舞台，是向世界展示中国改革开放和现代化建设成就的首要窗口，主要具有以下几项功能。

1. 北京国际交往中心建设的政治功能——搭建起国际政治交流的重要平台

国际交往中心，顾名思义，就是国际的各种行为体相互交往的中心。进入 21 世纪以来，在国际关系领域，主权国家虽然仍发挥着不可替代的作用，但是，城市正在扮演着越来越重要的角色。以纽约、伦敦、东京等世界城市为例，这些城市普遍建立了遍布全球各地的关系网络，聚集了大量的政府间国际组织、跨国公司、全球性的媒体以及非政府组织等机构的总部，在涉及推动国际焦点问题解决、世界经济复苏、全球气候变暖等国际政治议题上有着一定的话语权。比如在巴以冲突问题上，当欧洲国家无法实现与巴勒斯坦哈马斯政权合作时，温哥华等部分加拿大城市却有机会参与到巴勒斯坦地区的市政项目中，从而帮助该地区发展，协助缔造和平[1]。可以说，随着技术、经济、社会的全球化，城市逐渐变成了关键性活动的主体，日益成为全球政治、经济和社会活动的重要参与方。城市对外交往也成为国家外交的重要补充，越来越多的城市不仅积极参与中央政府的外交决策过程，还纷纷在海外设立类似于驻外使领馆的办事处。

近年来，北京正在不断尝试更加积极地参与到国际政治进程中去。2014 年 11 月，北京燕山脚下的怀柔雁栖湖畔，作为 2014 年亚太经济合作组织领导人非正式会议会场所在地，迎来了当年中国主场外交的重头戏。来自 APEC 的 21 个成员经济体 1200 多家中外企业和机构的 1500 多名注册代表，出席了 APEC 工商领导人峰会。这场覆盖亚太地区 28 亿人口、占世界经济总量半壁江山成员经济体的盛会，是北京强化国际交往

---

① Kenneth Bush，"Building Capacity for Peace and Unity: The Role of Local Government in Peace—Building," *Ontario: Federation of Canadian Municipalities*，2004.

中心的一次重要探索，有力地增强了北京作为国际交往中心的地位。2017年5月，"一带一路"国际合作高峰论坛在北京举办，这是中国重要的主场外交活动，充分展示了近年来北京国际交往中心建设所取得的成绩。

目前，上海合作组织秘书处、亚洲基础设施投资银行、丝路基金等一些国际组织设立在北京。尽管这些国际组织有着很强的地域特征，但是不可否认北京正在成为国际行为体进行交往可供选择的重要平台。

2. 北京国际交往中心建设的经济功能——世界级总部经济的聚集地

对一个城市来说，经济发展水平是决定其社会发展水平的基础性条件。成为服务经济中心和世界级总部经济聚集地是北京国际交往中心建设经济功能的重要体现。从经济本质来讲，北京国际交往中心就是高价值、高效率、高辐射的世界级总部经济。目前，总部经济已经成为北京经济发展的一个重要形态，已走在全国前列。美国《财富》杂志公布的最新数据显示，在2017年世界500强企业榜单中，北京拥有的世界500强企业总部由2013年的48家增至59家，蝉联全球城市第一。日本东京和法国巴黎分别拥有43家和19家世界500强企业总部，位列北京之后（见图5-6）。

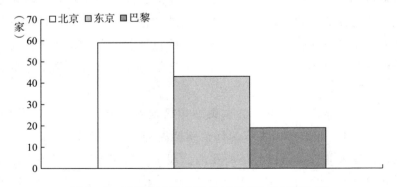

图5-6　2017年北京与世界城市500强总部比较

"十三五"期间，应紧扣"中国与世界经济联系的重要节点"这一国际商务交往中心的重要出发点，加强北京国际经济交往。结合京津冀协同发展进程和北京市构建高精尖经济结构态势，立足经济创新，引导跨国、跨地区总部融合提升。亚投行、丝路基金等设立，作为总部所在地的北京市经济发展也将迎来机遇。从北京国际交往中心建设角度来看，加快推动世界总部经济的快速发展，不仅有利于提升北京自身的国际影响力和经济实力，还将为中国经济发展带来创造力。

3. 北京国际交往中心建设的社会文化功能——国际组织的聚集地

一个城市拥有的国际组织的数量，可以直接反映这个城市的国际地位和影响力。以纽约为例，世界最大国际组织——联合国总部位于这里。除了围绕联合国建立的联合国开发计划署、联合国儿童基金会等主要机构外，当地非政府组织的发育特别成熟，更有一大批国际性非政府组织选择坐落在纽约。英国伦敦也是许多国际组织总部的所在地，其中包括国际海事组织、国际合作社联盟、国际笔会、国际妇女同盟等。东京、巴黎、新加坡市等国际性大城市同样聚集着大量的国际组织的总部或分支机构，每年举办的国际会议也很多。

随着中国国际地位和经济的快速发展，国际经济、社会和文化等各类组织纷纷在北京设立代表机构（见表 5-2、表 5-3）。

表 5-2 驻北京的政府间国际组织机构一览

序号	名称	简称
1	亚洲开发银行驻华代表处	ADB
2	联合国粮食及农业组织驻华代表处	FAO
3	红十字国际委员会东亚地区代表处	ICRC
4	金融公司驻华代表处	IFC
5	红十字会与红新月国际联合会东亚地区代表处	IFRC
6	国际劳工组织北京局	ILO
7	国际货币基金组织驻华代表处	IMF
8	国际竹藤组织	INBAR
9	阿拉伯国家联盟驻华代表处	LAS
10	太平洋岛国论坛驻华贸易代表处	PIF
11	上海合作组织秘书处	SCO
12	联合国亚太农业工程与机械中心	UNAPCAEM
13	联合国开发计划署驻华代表处	UNDP
14	联合国环境规划署驻华代表处	UNEP
15	联合国教科文组织驻华代表处	UNESCO

序号	名称	简称
16	联合国人口基金驻华代表处	UNFPA
17	联合国难民事务高级专员署驻华代表处	UNHCR
18	联合国儿童基金会驻华办事处	UNICEF
19	联合国工发组织中国投资促进处	UNIDO IPS
20	联合国工业发展组织驻华代表处	UNIDO
21	联合国世界粮食计划署中国办公室	UNWFP
22	世界银行驻华代表处	WBOB
23	世界卫生组织驻华代表处	WHO
24	欧洲联盟欧洲委员会驻华代表团	EU
25	国际海事卫星组织驻华代表处	INMARSAT
26	亚洲基础设施投资银行	AIIB

资料来源：中华人民共和国外交部网站，http://www.fmprc.gov.cn。

表 5-3 驻北京的非政府间国际组织机构一览

序号	名称	业务主管单位
1	世界针灸学会联合会	国家中医药管理局
2	世界医学气功学会	国家中医药管理局
3	国际武术联合会	国家体育总局
4	世界中国烹饪联合会	国资委
5	世界珠算心算联合会	财政部
6	世界中医药学会联合会	国家中医药管理局
7	国际易学联合会	中国社会科学院
8	国际数字地球协会	中国科学技术协会
9	亚洲排球联合会	国家体育总局
10	世界汉语教学学会	教育部
11	中俄机电商会	商务部
12	国际反贪局联合会	最高人民检察院
13	亚洲大学生体育联合会	教育部
14	国际儒学联合会	文化部
15	国际动物学会	中国科学技术协会
16	世界泥沙研究学会	水利部

资料来源：中华人民共和国外交部网站，http://www.fmprc.gov.cn。

但是显然，目前国际组织驻北京机构数量仍然偏少，与中国国际地位和经济快速增长不相适应，而且已经驻北京的这些国际组织基本上为代表处，只有少数几个为机构总部或地区总部机构，对吸引和聚集国际活动的功能还不强。尽管当前北京在国际组织总部和办事机构上，与世界城市差距明显，但随着中国经济实力的增强和北京国际地位的提高，国际组织落户北京的数量会不断增加。

（三）北京国际交往中心建设的战略目标

北京国际交往中心建设，是落实首都城市战略定位的必然要求，是履行好"四个服务"的职责所在，以更好地服务党和国家发展大局为战略目标。

1. 树立全面深化改革的形象，提高对外开放水平

北京市作为中国的首都和政治中心，同时是中国对外交流的最主要窗口，能够集中对外展示中国的国家政治制度、经济实力、文化水平。从政治上来说，在中国全面深化改革的道路中，北京建设国际交往中心，把首都的改革开放推向更高层次，可以树立新时期中国崭新的对外开放形象；从经济上说，通过打造国际总部经济，带动北京经济创新发展，继而带动全国经济结构的调整和优化。

要把建设国际交往中心放在推动全面深化改革的战略高度去考虑，把建设国际交往中心当作全面深化改革的重要组成部分和关键环节，不断提升北京的对外开放层次。中国对外开放率先在有着地理优势的沿海地区兴起，通过沿海地区发展带动并逐步向内陆地区延伸，大力发展外向型经济，促进产业升级和开拓国际市场。对外开放战略的成功充分向世人展现了中国改革开放的决心，大大地激活了中国的发展潜力。北京作为首都，有着统领全局的示范效应。在新时期，北京建设国际交往中心，一方面，可以与沿海、西部地区分工合作、优势互补、共同发展；另一方面，可以使北京的产业发展提高到新的层次，激发出更多深化改革的活力。

2. 运用全球资源推动北京乃至全国经济发展

国际交往中心的重要特征就是国际政治、经济和社会文化资源的高度聚焦，各种国际组织和机构汇聚于此，国际交往活动高度频繁。

国际活动聚集具有整合区域经济资源的功能。这主要体现在国际活动聚集对区域经济资源的优化配置上。比如 2008 年北京奥运会的举办，对京津冀和环渤海地区产生了深远的影响，使得京津冀的经济资源得到有效整

合和利用。2010 年上海世博会的举办，有力地推动长三角地区城市群共同打造长三角"世博圈"，促进长三角地区会展经济城市群的形成。

国际活动聚集具有对外经济辐射的功能。这种辐射作用也是国际活动作为公共活动其外部性的体现。国际活动聚集的对外辐射功能取决于国际活动的作用范围和规模。从作用范围来看，一般而言，距离国际活动举办城市越近的地区，外部性作用越大，如果正外部性明显，则该地区在经济上受益就越大；从规模来看，国际活动规模越大，辐射的距离就越远，受益的地区可能就更多。目前，京津冀协同发展已经上升为国家战略，有利于在更大范围内统筹谋划国际交往功能布局，将进一步推动京津冀地区的资源整合和产业分工，为天津、河北乃至整个中国带来经济推动力。

3. 加快北京建设国际一流的和谐宜居之都步伐

打造国际交往中心必将加快北京建设国际一流和谐宜居之都的步伐，促进北京经济发展和城市建设。这里主要表现在四个方面：第一，能够高层次配置现代经济战略资源。打造国际交往中心可以为现代城市经济发展聚集战略资源，这种资源对北京这样自然资源、环境承载压力较大的城市来说提供了一条新的发展道路。例如，博鳌亚洲论坛将博鳌确定为论坛的永久会址，极大地带动了琼海市，乃至海南省的经济社会发展。在历届年会举办期间，众多中国领导人、企业界领袖、知名学者汇聚博鳌，使海南省成为世界瞩目的焦点。通过论坛媒介，海南省吸引了一批国有优势企业及境外投资者，旅游业、房地产业等发展迅猛，从而带动了海南省基础设施的建设。第二，推动第三产业的发展，促进产业结构高级化。国际交往中心具有鲜明的外向型，这些城市通常是跨国公司集团总部、国际金融机构的聚集地，第三产业高度发达，是全国或区域的服务中心。此外，餐饮业、娱乐业、旅游业等第三产业将随着国际组织的落户而获得难得的发展机遇。北京打造国际交往中心，必将推动第三产业快速发展。第三，加快北京城市现代化步伐。国际交往活动的不断增加，对促进作为国际交往中心城市的基础设施、服务设施和交往设施的建设与发展产生极大推动作用。比如东京、洛杉矶等城市，利用举办奥运会投巨资进行城市改造，大力兴建扩建高速铁路、现代化机场、高速公路网，短时间内提高了城市基础设施水平。北京打造国际交往中心，必然需要提高基础设施水平，进而带动北京城市现代化步伐。第四，扩大就业，促进消费。国际交往中心的建设必然吸引大量国际高端人口聚集，他们消费档次高，市场辐射范围广，很好地促进消费市场升级。众多的国际组织能为城市市民提供就业机会与收入来源，提高居民对城市生活的满意度、幸福感与责任感。很多世界城市每年接待外国人高达数百万，甚至上千万人次，这会带来大量的就业岗位，大大刺激就业市场和消费市场。例如，联合国及其下属的各种机构已经成为纽约市经济发展的一个重要组成部分。根据纽约市经济发展部门 2005 年的统计，联合国平均每年对纽约市经济的直接贡献额达 25 亿美元。纽约市政府曾调查得出结论：纽约为联合国每投入 1 美元即获得 4 美元的收益。在纽约市2010 年初的 430 亿美元预算中，用于国际组织中非政府组织或非营利性组织的资金比例高达 33%，同时这些组织创造了整个城市 GDP 的11.5%。近年来在纽约国际组织中非政府组织的收入超过 480 亿美元，远远超过同期纽约制造业的收入。[①]

总之，北京打造国际交往中心，是新时期全面深化改革的必然要求，是北京建设国际一流和谐宜居之都的客观选择，将有力地推动北京产业升级和经济转型发展，进而带动周边地区乃至全国的创新发展。

五　纽约、伦敦、巴黎、东京等世界城市国际交往发展经验

纽约、伦敦、巴黎、东京等国际化大都市的形成，都经历了一个上百年的积淀过程，且各具特点。伦敦金融城、纽约曼哈顿、巴黎拉德芳斯、东京新宿区等国际交往特定区域的发展，对提升城市国际影响力发挥了重要作用。

第一，城市国际交往空间布局非固定化，呈现多样性。综观国际大城市国际交往空间布局，大多依据自身城市功能特色，逐步形成多样性的交往中心。既有像华盛顿一样的单中心功能承载模式，国际交往功能紧密围绕华盛顿政治中心功能。也有像巴黎这样点轴发展模式，中心区的"点"和周边地区的"轴"并重发展，发展轴线自中心城区向西延伸，形

---

① 刘波：《外国问题研究论丛：北京国际交往中心建设研究专题 1》，知识产权出版社，2015。

成卢浮宫小凯旋门—协和广场方尖碑—凯旋门伸展至拉德芳斯大拱门。还有像东京、伦敦多中心分布地区互动模式，东京逐步形成中心—副中心—郊区卫星城—邻县中心这一多中心构架，各级中心各具特色，互为补充；伦敦在 20 世纪 80 年代以来，逐步形成城市中心金融服务区、内城区、郊外新兴商务区的现代服务业集群多点发展新模式（见图 5 - 7）。

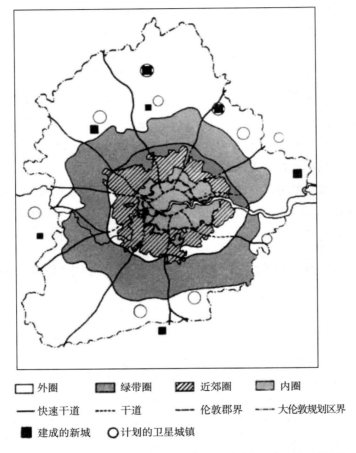

□ 外圈	▓ 绿带圈	▨ 近郊圈	▦ 内圈
—— 快速干道	····· 干道	--- 伦敦郡界	···· 大伦敦规划区界
■ 建成的新城	○ 计划的卫星城镇		

图 5 - 7　大伦敦规划第二，制度设计上的"委托—代理"灵活模式

美国联邦政府无法直接驱动地方政府完成国家对外交往战略布局，因此通过"国际姐妹城市协会"等非营利组织为居间中介，采取"委托—代理"协调模式。纽约是该协会的发起者和最重要成员，通过这一模式很好地解决了纽约市在初期推进对外交往中渠道与资金不足问题，较好地平衡了国家对外战略与纽约市实际需求之间的关系。

第二，优惠的财税政策吸引国际组织入驻。在纽约政府购买的社会建设公共服务清单中，很多是入驻纽约的国际组织和非政府组织所开展的公益服务项目。美国《公益事业捐助法》明确规定，社会公益组织接受社会捐助，捐赠的单位可享受相应优惠税收。霍普斯金大学统计数据显示，慈善捐助占纽约国际组织平均收入的 15%。[①]

第三，注重发挥社会组织、企业，甚至个人在城市对外交往中的作用，体现城市对外交往与市民诉求有效统一的战略定位。纽约市很多社区都建立友好城市委员会等机构，专门负责与市民密切互动，甚至一些机构是由市民志愿者负责运行的。日本东京国际交流性社会组织相当发达，总数已超过 1000 个。

第四，明晰中央和地方的外事权责，国家《宪法》以及地方城市法律为城市对外交往提供保障。法国《宪法》对地方政府对外交往的空间做出规定，赋予地方政府较大的外事权。巴黎有专门的地方性法律支持巴黎城市国际化发展。《东京都国际化政策推进大纲》提出城市对外友好交往与危机管理、环保政策、产业振兴等共同协商合作。纽约为在联合国工作的各国外交官提供国际法保护，使其享有司法豁免权，在法律上为国际组织开展工作提供诸多便利。

第五，设立联席机制，管理体系科学高效。东京设有专门机构负责管理和推进国际交流工作，如东京都生活文化局国际部，主要负责协调和指导都政府各部门的国际交流事业，与各国城市建立协作关系以及涉外劳务管理工作。

六 强化北京国际交往中心建设的对策建议

（一）提高政治站位，强化顶层设计，创新外事工作管理体制，提升服务中央总体外交的能力

要从政治上理解和把握北京国际交往中心的内涵，首要任务是服务和保障好国家的政治交往。高度重视外事工作的战略性、全局性、前瞻性，做好城市对外交流的顶层设计工作。在市委外事工作领导小组领导下，按照统一领导、归口管理、协调配合、分级负责的原则，并结合北

---

① 李培广、李中洲：《国际组织落户纽约对北京城市发展的启示》，《中国市场》第 33 期。

京国际交往中心建设目标，创新外事管理机制。作为地方政府，北京开展国际交往活动，应积极服务好中央总体外交，做好党宾、国宾团组在京活动接待保障工作，促进双方务实双赢合作。认真总结"一带一路"国际合作高峰论坛服务保障的实践经验，完善重大国际活动常态化服务保障机制。积极加强与中央相关部门的沟通联系，建立常态化的联席合作机制，推动中央有关部门在对外开放试点等方面的支持，扩大与相关友好城市之间在经贸、文化、科技、体育等领域的合作。

（二）紧紧围绕实施京津冀协同发展战略、疏解非首都功能、服务冬奥会等中心任务，做好国际交往城市空间功能布局规划

推动京津冀跨区域国际交往功能协作，主动引领京津冀协同发展。结合雄安新区建设，合理做好三地国际交往空间布局划分。加快规划设计，制定北京市国际交往中心建设专项规划，规划要体现超前性，留出发展空间。坚持用规划来引导管控，协调各方合力推动北京国际交往中心建设，实现统一规划、统一布局。以东坝第四使馆区建设为契机，科学规划城市国际交往空间格局。积极制定各区国际交往中心建设的区域性发展规划，有序疏解城六区部分国际交往功能，中心城区和周边新城要形成特色、错位发展、功能互补。科学规划城市国际交往空间格局，以通州、顺义、怀柔、大兴、延庆等区为重点，打造一批特色化国际交往功能区，北京使馆区分布详见图5-8。

图5-8 北京使馆区分布

（三）统筹全市服务设施能力建设，做好涉外服务设施的扩容、完善和提升，全面提高首都对外开放水平

重点围绕雁栖湖国际会都与国家会议中心，加强城市涉外硬件基础设施建设。抓好雁栖湖国际会都资源整合和改造提升工作，协调各方将环湖服务设施纳入国际会都的发展用途。明确雁栖小镇功能，高水平地打造雁栖国际交往功能的人文小镇。规划建设国家会议中心二期，打造新时期首都建设的精品力作。完善现有使馆区及相关区域服务设施，为外国驻华使（领）馆、国际组织驻华代表机构、外国驻京新闻媒体等国际机构与组织提供优质服务。建设布局合理、综合功能齐全、配套服务完善的涉外活动场馆基础设施；建设公共交通便捷、国际交往便利、客流物流疏散畅通的交通基础设施；建设供给能力完备、服务水平较高、管理现代化的公共服务设施。要以"新机场"建设为契机，加快完善新旧两大机场的基础设施建设，强化航空综合服务功能，打造更具国际竞争力的航空枢纽，更好地支撑北京国际交往中心建设。加快国际性综合交通通信枢纽建设，提升国际交往通达性。

（四）吸引国际组织、跨国公司集聚，打造大型国际节展会议品牌

以举办 2022 年冬奥会为契机，重点规划建设国际组织机构集聚区，吸引更多更重要的国际组织到北京落户。积极争取中央政策支持，吸引联合国及其专门机构在京设立办事处，同时有针对性地吸引国际经济组织入驻北京。有针对性地研究与制定吸引国际组织、跨国集团总部（地区总部和分支机构）的政策措施，包括税收减免、扩大出口权、放宽市场准入、放宽户籍管理和优先办理护照等措施。积极承办重大国际会议，筹办有国际影响力的科技、经济、文化等高端论坛，提升北京国际知名度。继续办好北京国际电影节、北京国际儿童艺术节、北京国际图书嘉年华等国际交往活动，以多种方式开展国际文化交流，吸引国际一流文化项目落户北京。加强与国际展览局、国际展览业联盟的协作，加大与"一带一路"沿线国家的合作，大力吸引国外会议展览组织和会展落户北京。采取多种方式展示"东方国际美食之都"风采，积极引进国外知名餐饮品牌和菜系，积极开展"舌尖上的中国"等中华美食文化推广，建设汇集全球美食、满足多元美食消费需求的国际美食都市区。

（五）巩固和发展国际友好城市关系，提高北京国际影响力

将北京国际交往中心建设与民间外交、城市公共外交并举，大力开展国际友好城市工作。积极扩大和深化与友好城市的交往范围及领域，制定友好城市发展战略规划；积极参与 UCLG 各项规则制定，完善友城之间高层互访和对话机制，推进友好城市间全方位、多层次、宽领域合作。完善友好城市工作机制和工作制度，建立北京友城信息数据库。在友城工作中，要注重友城经济的互补性，加强友城工作的主动性和协调性，北京市可配合国家"一带一路"倡议，并利用北京文化周、城市发展论坛、工商业洽谈会等交流形式展开城市对外交往活动，丰富国际交往内涵。此外，还应充分发挥民间交往在国际交往中的重要辅助作用，积极引导社会组织、企业、海外侨团、留学生、社会知名人士等多种社会力量参与民间国际交往，夯实对外友好的民意基础。

（六）着力提升城市国际交往软实力，大力建设一流的涉外软环境、打造与国际接轨的制度环境

完善地方政府涉外法律法规，建立有利于涉外环境建设的法律法规体系。制定涉外、涉侨事件应急机制和应急预案；研究制定一批符合国际惯例，适应首都在 21 世纪扩大对外交往需要的政策规定。营造高品质城市人文环境，加快完善国际语言标识系统，在城市道路、旅游集散地、景点和主要公共场所设置多语种标识，要不断强化服务意识，提高外事管理水平，方便外国人在北京生活。扎实推进"北京市民讲外语活动"，提高市民国际化素质和城市国际化程度，规范普及公共场所双语路牌标志，提高窗口行业外语服务水平。提升国际化城市公共服务水平，开展多语种就医服务，优化提升教育国际化服务模式和水平；在外籍人员相对集聚区域建成若干具有示范效应的国际化服务社区。设立"政府热线"，为来华国际人才提供帮助。酌情推行签证简化制度，完善数字化国际信息服务系统，采取开放的态度，建立国际信息交流大数据平台。

（七）加快建立一支复合型外事人才队伍，汇聚国际人才人力资本，促进国际人员往来

加大涉外专业人才的培养力度，建设一支专业化、创新型、复合型的人才队伍。充分发挥首都高校集聚的优势，与相关高校开展联合办学，采取课堂教学、讲座培训、赛事选拔与社会实践相结合的多元化人才培养模式，共同培养能够适应新形势下外事工作要求的专业人才。注重提高现有外事人员的综合素质，为他们创造学习培训、赴其他外事机构交流锻炼的机会。通过聘请专家、学者、教授、顾问；接收留学生、进修生、培训人员；国际劳务合作；国际性的移民、旅游、侨居活动等，吸引外籍人员定居北京。加快推动国际性智库建设，北京中央单位集中，高校和研究机构众多，智力资源丰富，建设新型国际智库要加强与部属高校、首都高校、科研单位和社会组织的合作，探索建立国际性智库、国家级智库、北京市属智库、高校智库和民间智库协同创新机制。

参考文献

张杰：《特大城市中心城区国际交往功能提升研究》，吉林出版集团，2016。

李小林、李新玉：《城市外交：理论与实践》，社会科学文献出版社，2016。

熊炜：《城市外交：中国实践与外国经验》，新华出版社，2014。

张茅：《北京建设国际交往中心研究》，中国旅游出版社，2001。

汤伟：《"一带一路"与城市外交》，《国际关系研究》2015 年第 4 期。

刘波：《外国问题研究论丛：北京国际交往中心建设研究专题 1》，知识产权出版社，2015。

刘波：《外国问题研究论丛：北京国际交往中心建设研究专题 2》，知识产权出版社，2016。

刘波：《外国问题研究论丛：北京国际交往中心建设研究专题 3》，知识产权出版社，2017。

John Friedmann, "The World City Hypothesis," *Development and change*, Vol17, No. 1, January, 1986.

Agatha Kratz, "One Belt, One Road: China's great leap outward, " *European Council on Foreign Relations*, 10th June, 2015.

Scott Kennedy, DavidA. Parker, Building China's "One Belt, One Road", *Strategic Insights and Bipartisan Policy Solution*, Apr 3, 2015.

Rogier van der Pluijm and Jan Melissen, "City Diplomacy: The Expanding Role of Cities in International Relations, *Netherlands Institute of International Relations Clingerdael*, 2007.

第六章　北京建设全国科技创新
中心路径研究

鹿春江　徐唯燊[*]

科技兴则民族兴，创新强则国运昌。科技创新是促进经济发展、增强综合国力、实现民族富强的战略支撑。2014 年 2 月，习近平总书记视察北京时的重要讲话，明确了北京全国政治中心、文化中心、国际交往中心、科技创新中心的城市战略定位。其中，全国科技创新中心是首次提出的。北京建设全国科技创新中心有雄厚的资源基础，但是也面临不少问题。本章以北京建设全国创新中心的基本路径为着力点，探讨研究北京如何更好更快地建设全国科技创新中心，为领导决策提供参考。

一　北京建设全国科技创新中心的基础和保障

"十二五"时期，北京全面贯彻党的十八大和十八届三中全会、十八届四中全会、十八届五中全会精神，深入贯彻习近平总书记系列重要讲话精神，加快实施创新驱动发展战略，着力激发大众创新万众创业，有效发挥创新创业促进经济增长的乘数效应，逐步构建起科技创新的发展体系。

（一）科技资源

科技资源是北京进行科技创新活动的基础，体现为首都科技研发的

---

　*　鹿春江，首都社会经济发展研究所综合处处长、副研究员，主要研究方向为首都经济社会发展重大问题，完成或参与完成课题研究 60 余项，其中获市级奖项八项，获市领导批示 15 项；徐唯燊，博士，首都社会经济发展研究所综合处主任科员、助理研究员，主要研究领域为城市发展战略，国际贸易与国际投资。

资金投入、人才储备和资源分配。一般来讲，科技资源可以分为人才和投入两个方面：前者是从人才的数量和质量上衡量北京对科技研发的投入，体现了首都智力资源的情况；后者是指在科技活动过程中产生的各种费用，体现了首都科技经费的投入强度。

1. 科技人才

北京高度重视科技研发人才的引进和培养工作。"十二五"时期，随着"千人计划""海聚工程"等逐步实施，首都已逐渐成为全球高端人才的"强磁场"，人才集聚效应开始显现，其中部分人才已然成为科技领军人物，为北京加强全国科技创新中心建设奠定了基础。

从总体上看，"十二五"时期北京在科技人才方面表现出以下特点。

第一，科技人才储备充足，高端人才聚集加速。2015 年，全市高等教育在校学生 189.5 万人，其中硕士以上学历的有 36.7 万人，占 19.4%。每万人中本科及以上学历人数由 2010 年的 2020 人增加到 2015 年的 2261 人，年均增长率为 2.3%；每万名从业人员中 R&D 人员数量由 2010 年的 187.8 人增加到 2015 年的 207.2 人，平均每年增加近 4 人（见表 6 - 1）。不难发现，首都科技人才储备相对充足，结构不断优化，并且随着各项人才计划的逐步实施，境外高端人才开始加速向北京聚集。截至 2015 年末，北京累计有 1337 人入选"千人计划"，大约占全国的 25%。

表 6 - 1　"十二五"时期北京科技人才的情况

单位：人，%

年份	每万人中本科及以上学历人数	每万名从业人员中 R&D 人员数量	规模以上工业企业 R&D 人员占从业人员的比重	高等学校 R&D 人员占教职工的比重
2011	1837	203.1	4.23	—
2012	1932	212.7	4.45	22.73
2013	2139	212.2	5	23.44
2014	2379	212.1	4.96	23.88
2015	2261	207.2	4.6	24.93

注：R&D 人员（研发人员）折合全时当量，"—"代表相应年份的数据不可得。

资料来源：《北京统计年鉴》。

第二，科技人才的配置更为合理。各类人才在各种平台的分布更为科学，形成了对科研成果转化的促进。目前，北京高等学校密集，以市场为导向的研究主体不断涌现。2015 年，北京高等学校 R&D 人员占教职工的比重已接近 25%，规模以上工业企业 R&D 人员占从业人员的比重也已接近 5%。

2. 科技投入

与科技人才的加速增长不同，"十二五"时期北京科技投入的增长相对缓慢，基本上呈小波动上升趋势（见表 6-2）。

表 6-2　"十二五"时期北京科技研发投入的情况

单位：%

年份	R&D 经费内部支出相当于地区生产总值的比例	规模以上工业企业 R&D 经费内部支出占主营业务收入的比重	基础研究支出占 R&D 经费内部支出的比重
2011	5.76	1.05	11.59
2012	5.95	1.17	11.83
2013	5.98	1.14	11.58
2014	5.95	1.18	12.57
2015	6.01	1.29	13.8

资料来源：《北京统计年鉴》。

从整体来看，"十二五"时期北京在科技研发投入方面表现出如下特点。

首先，科技经费投入保持高强度。"十二五"时期，北京 R&D 经费内部支出相当于地区生产总值的比例始终在 5.75% 以上，2015 年甚至超过 6%，持续居全国首位。

其次，企业研发投入持续增长，投入强度波动上升。"十二五"时期，北京规模以上工业企业 R&D 经费内部支出占主营业务收入的比重基本上呈上升趋势，2015 年达到 1.29%，相比 2010 年的 0.9% 增加了 0.39 个百分点，这意味着企业 R&D 经费的增长速度高于其主营业务收入的增速，体现了企业对科技研发投入的关注程度逐渐提高。

最后，R&D 经费结构日趋合理，基础研究支出比重上升。基础研究是科技创新的源泉，不断推动着技术的进步。基础研究支出占 R&D 经费内部支出的比重体现了北京在基础研究领域的投入强度。"十二五"时

期，北京基础研究支出占 R&D 经费内部支出的比重由 2010 年的 11.63%
增加到 2015 年的 13.8%，增长势头非常强劲。

（二）科技绩效

科技绩效是北京科技创新活动的结果和影响，衡量着首都科技创新
目标的完成度。一般来讲，科技绩效可以分为科技产出、结构提升和引
领带动三个方面。科技产出是科技活动的直接成果；结构提升反映了科
技创新对北京加快转变经济发展方式的促进作用；引领带动体现了北京
科技创新活动对国家战略的贡献。

1. 科技产出

科技产出主要包含科技论文、发明专利、技术合同等。"十二五"
时期，北京不断强化全国科技创新中心的核心作用，实施"科技北京"
行动计划和技术创新行动计划，科技产出不断涌现，成果总量显著提升
（见表 6 – 3）。

表 6 – 3　"十二五"时期北京科技产出情况

年份	每万人发表科技论文数量（篇）	每万人有效发明专利数量（件）	每亿元 R&D 经费内部支出技术合同成交额（亿元）
2011	—	—	2.02
2012	76.0	33.6	2.31
2013	75.1	40.4	2.41
2014	75.8	48.2	2.47
2015	77.3	61.3	2.49

注："—"代表相应年份的数据不可得。

资料来源：《北京统计年鉴》。

"十二五"时期，北京的专利申请量、专利授权量、技术合同成交
总额、实现合同总金额均有显著增长。北京累计获得国家科学技术奖
398 项，占总数的三成以上，获得市级科技奖励的成果数量超过千项。
中关村国家自主创新示范区企业累计创制国际标准 184 项，比"十一五"
时期高出一倍。

在成果总量显著提升的基础上，人均和单位支出的科技产出也有显
著提高。其中，每万人有效发明专利件数上升趋势非常明显，由 2012 年

的 33.6 件增加到 2015 年的 61.3 件，年均增长率达到 22.2%。

此外，北京不断加强前沿技术的研究，在信息技术、生物医药等方面获得了一系列突破，取得了量子通信和 CIPS 细胞等一批重要成果，北京科技创新的国际竞争力和全球影响力大幅度提高，越来越多的科技产出正在由"跟跑"变为"领跑"。

2. 结构提升

"十二五"时期，北京不断加快高技术产业的发展，取得了突出成绩。全市经济结构进一步优化，信息传输、软件和信息技术服务业，金融业以及科学研究和技术服务业等高技术产业增加值占 GDP 的比重始终保持在高水平，2015 年分别为 10.36%、17.06% 和 7.91%，对首都经济增长的贡献率高于 70%。现代制造业、现代服务业占第二产业、第三产业的比重呈上升趋势，二者分别由 2010 年的 31.94% 和 66.28% 上升到 2015 年的 37.01% 和 72.57%，分别上涨了 5.07 个百分点和 6.29 个百分点（见表 6 - 4）。

表 6 - 4 "十二五"时期北京结构提升的情况

单位:%

年份	大中型工业企业中有 R&D 活动的企业比重	现代制造业增加值占第二产业增加值的比重	现代服务业增加值占第三产业增加值的比重	高新技术产品出口占出口总值的比重
2011	44.49	33.58	66.81	30.71
2012	46.39	35.23	68.53	31.89
2013	49.16	38.62	70.05	32.26
2014	50.40	38.39	71.09	30.08
2015	51.26	37.01	72.57	25.67

资料来源:《北京统计年鉴》。

"十二五"时期，北京的新兴产业取得了一系列重要成果：新一代信息技术产业领先发展，高端装备制造业提升发展，生物医药产业跨越发展，新能源汽车产业加快发展，科技服务业健康发展，现代农业高端发展，成为引领经济转型升级的最活跃的一环。

3. 引领带动

"十二五"时期，北京作为全国科技创新中心的引领带动作用开始凸显。实现技术交易增加值占地区生产总值的比重由 2010 年的 9% 上升到 2015 年的 9.47%，始终保持稳定增长的态势，随着技术交易的逐渐活跃，北京科技创新的影响力进一步增强。2015 年，全市技术合同成交72272 项，成交总额接近 3500 亿元。其中，流向外省市技术合同额增长迅猛，由 2010 年的 654.8 亿元增加到 2015 年的 1878.7 亿元，年均增长率高达 23.47%。流向外省市技术合同额占技术合同成交总额的比重也由 2010 年的 41.46% 上升为 2015 年的 54.41%，增加了 12.95 个百分点（见表 6-5）。

表 6-5 "十二五"时期北京引领带动的情况

年份	流向外省市技术合同额占技术合同成交总额的比重（%）	实现技术交易增加值占地区生产总值的比重（%）	每亿元 R&D 经费内部支出发明专利授权量（件）
2011	33.64	9.2	17
2012	56.34	9.3	18.9
2013	56.67	9.4	17.5
2014	54.91	9.46	18.3
2015	54.41	9.47	25.5

资料来源：《北京统计年鉴》和北京技术市场管理办公室数据。

"十二五"时期，北京不断深化科技创新的区域协同，与 18 个省、自治区、直辖市建立了区域合作和对口支援机制。首都创业导师志愿服务团积极与有意向的省、自治区、直辖市进行对接，成为北京科技创新资源服务全国的典范。北京的决策研究资源同样非常丰富。截至 2015 年末，北京约有智库 800 余家，专职研究人员 1.5 万人。其中，以政策研究为主，直接或间接服务于决策的研究机构就有 200 余家，为加强中国特色新型智库建设进行了很多有益的探索。

（三）科技服务

科技服务是北京推进科技创新活动的主要举措，体现了政府在加强科技创新中心建设中的支持服务作用。一般来讲，科技服务可以分为技术市场、金融服务、创业孵化、环境氛围和支持政策五个方面。技术市场是联系科技创新与实体经济的纽带，是完成科技成果转移转化的主要方式；金融服务是指金融市场和金融机构为科技活动提供的融资和保险等业务，反映了科技活动和金融的结合；创业孵化是指北京为科技创新成果产业化所提供的支持；环境氛围反映了科技活动所处的外部环境；支持政策是指北京为推动科技活动而制定的一批政策法规。

1. 技术市场

"十二五"时期，北京技术市场规模增大、质量提升。截至 2015 年末，北京市技术交易额为 2767.8 亿元，是 2010 年的 2.6 倍；吸纳（本市和外省市）的技术合同成交额为 1147.5 亿元，是 2010 年的 2.3 倍。技术交易额和吸纳（本市和外省市）的技术合同成交额同时完成了翻番。

北京积极推动企业"走出去"，技术出口的国家（或地区）超过 70 个，涉及发达国家（或地区）30 个，出口领域主要是通信、海洋工程、资源综合利用技术等，出口方式主要是技术服务，来自国际市场的技术需求已经成为北京技术市场发展的新动力。

2. 金融服务

"十二五"时期，北京加快推进统一监管下的全国场外交易市场建设。截至 2015 年末，全国中小企业股份转让系统（新三板）共有挂牌企业 5129 家，总市值 2.5 万亿元；北京股权交易中心（北京四板市场）共服务企业 2147 家。"十二五"时期，北京创业投资金额与创业板上市公司数量都呈现迅速增长的态势，创投机构数量、创投案例和投资金额都位居全国第一。2015 年，北京共出现股权投资案例 2596 起，投资金额 1464.9 亿元，分别占全国的 31% 和 27.9%。

北京积极利用金融工具支持新技术、新产品的推广，有关部门共同开展了新技术、新产品的风险补偿工作，为相关企业购买产品质量保险和产品责任保险等四个险种加以补贴。北京还主动通过银行系电子商务平台对新技术、新产品进行推广，截至 2015 年末，已经有 32 家企业的 42 种产品达到了平台的准备标准。

3. 创业孵化

"十二五"时期，北京科技孵化体系逐渐完善。孵化企业数量呈现加速上升的态势，截至 2015 年末，北京共拥有 150 多家科技企业孵化器，其中国家级孵化器 50 家，在孵企业数量超过 1 万家，孵化机构、创投机构、培训机构和技术转移机构等有效衔接的科技孵化体系已经初步形成。

此外，北京市政府为降低小微企业和创业团队科研创新投入成本，激发小微企业和创业团队的科技创新活力，推出了首都科技创新券，到 2015 年已经有近 700 家小微企业和创业团队使用科技创新券近 4000 万元。

4. 环境氛围

"十二五"时期，北京积极建立各种提升公民科学素质的科普平台，为居民提供个性化服务，传播科技创新的知识，宣传科技创新的理念，使得居民的科学素质进一步提高。截至 2015 年末，全市 16 个区共建立社区科普体验厅 30 个，建设面积 6300 平方米，特色展示项目 190 多个；在 14 个区启动建设社区科普体验厅 19 个，预计建设面积 3000 平方米，互动展示项目超过 200 个。

"十二五"时期，北京科技创新国际交流合作范围进一步拓展。北京连续五年成功举办"中国跨国技术转移大会"等活动，累计促成项目 120 多个，签约金额达 560 亿元。国际技术转移协作网络（ITTN）成员单位已超过 200 家，与全球 40 余个经济体的 400 余家技术转移机构形成了长期合作关系。北京市国际科技合作基地已经达到 370 家。北京企业已经在海外布局研发机构 582 家，跨国公司累计在京建立研发机构 81 家。

5. 支持政策

"十二五"时期，北京不断加强全国创新中心建设，推出了一批支持首都科技创新的政策，尤其是 2014 年以后，"1 + N"科技创新政策体系（"1"是指北京市委、市政府印发的《关于进一步创新体制机制　加快全国科技创新中心建设的意见》；"N"是指税务、工商、国资、知识产权等方面的配套政策，如《北京市促进中小企业发展条例》《关于全面深化市属国资国企改革的意见》《北京市专利保护和促进条例》等）逐步建立。此外，北京还实施了《"科技北京"行动计划（2009 - 2012 年）》和《技术创新行动计划（2014 - 2017 年）》，组织实施"新一代移动通信技术突破及产业发展""数字化制造技术创新及产业培育""生物医药产业跨越发展""面向未来的能源结构技术创新与辐射带动"和

"先导与优势材料创新发展"等 12 个重大专项,其中部分专项已经硕果累累,高端产业功能区创造的 GDP 占全市 GDP 的 45.2%。

"十二五"时期,北京为更好地推进科技协同创新、成果转化和产业化,陆续推出了一批相关政策。特别是 2014 年以来,北京尝试以放松科技成果处置权为突破口,相继印发了《加快推进高等学校科技成果转化和科技协同创新若干意见(试行)》(简称"京校十条")和《加快推进科研机构科技成果转化和产业化的若干意见(试行)》(简称"京科九条"),起到了一定的效果,也是对《中华人民共和国促进科技成果转化法》的修订进行的有益的探索。

"十二五"时期,北京积极发挥政府采购的作用,提出了《关于在中关村国家自主创新示范区深入开展新技术新产品政府采购和推广应用工作的意见》,颁布实施了《北京市新技术新产品(服务)认定管理办法》,新增国有(控股)企业为实施主体,鼓励和支持非公有制企业进入交通管理、市政基础设施建设等领域,《北京市新技术新产品(服务)认定管理办法》实施以来政府采购额已经超过 500 亿元,共认定新技术新产品(服务)8000 多项。此外,北京还积极建立新技术新产品(服务)首发平台,2015 年发布新技术新产品(服务)26 项。

"十二五"时期,中关村国家自主创新示范区创新改革先行先试硕果累累。由 19 个国家部委相关司局和 31 个北京市相关部门共同组建的中关村创新平台开始发挥作用;示范区的规模和布局在《中关村国家自主创新示范区发展规划纲要(2011 – 2020 年)》的指导下优化调整,"一区十六园"的格局基本建立;示范区的人才特区建设不断加强,研究制定了 20 项外籍人才出入境新政策;示范区在全国率先推行"1 + 6"政策("1"是指中关村创新平台,"6"是指在股权激励、科研项目经费管理等六个方面推行的政策)和"新四条"政策(技术转让企业所得税试点和企业转增股本个人所得税试点等四方面政策),其中多项政策已经向全国推广。

二 北京加强全国科技创新中心建设的矛盾和问题

通过前面的分析可以发现,北京具备全国领先科技创新基础,同时拥有全国领先的科技创新能力。但是,在北京加强全国科技创新中心建设的过程中,依然面临诸多瓶颈和制约,仍然有很多矛盾和问题需要解决。

（一）企业经营成本居高不下

目前，北京高新技术企业的经营成本高是其加强全国科技创新中心建设的主要阻力之一。改革开放以来，北京的经济增长更多地依靠要素驱动，抬高了整体的经营成本。很多有潜力的中小企业受制于高昂的土地费用和人工成本，或选择"短平快"的发展方式，或转移到外省市发展；科技创新项目也往往是"开花多，结果少"。在北京孵化的科技创新项目，一经步入产业化阶段，就可能因为成本而选择在京外落地。不难发现，如果经营成本问题得不到有效解决，那么即使科技创新主体具有科技创新意愿，优质的科技创新项目也难以进一步发展。

2015 年的《福布斯》中国经营成本最高城市排名显示，北京的经营成本居全国首位，其中劳动成本指数、办公成本指数、税收成本指数全部位居全国第一（见表 6 - 6）。

表 6 - 6　中国经营成本最高城市排名

排名	城市	劳动成本指数	办公成本指数	能源成本指数	税收成本指数	企业险金负担指数
1	北京	1	1	29	1	40
2	天津	20	6	5	10	14
3	南京	7	15	46	11	20
4	贵阳	5	25	125	8	9
5	深圳	3	2	27	5	107
6	乌鲁木齐	10	17	131	4	20
7	上海	2	2	113	2	75
8	杭州	4	11	6	7	119
9	武汉	51	7	2	16	20
10	合肥	9	41	34	42	20
11	珠海	8	5	23	9	131
12	太原	22	15	119	17	11
13	厦门	6	22	87	3	98
14	大连	14	8	70	30	86
15	南宁	25	28	75	46	20

排名	城市	劳动成本指数	办公成本指数	能源成本指数	税收成本指数	企业险金负担指数
16	哈尔滨	31	14	37	47	47
17	海口	39	52	28	18	47
18	福州	11	9	87	60	47
19	长春	19	26	30	55	75
20	宁波	18	39	6	26	121
21	苏州	11	34	46	66	40
22	太仓	52	66	46	13	12
23	广州	21	4	23	51	123
24	济南	17	12	91	39	87
25	福清	24	82	82	22	47
26	重庆	27	24	77	65	34
27	沈阳	54	20	70	19	60
28	青岛	35	21	69	41	78
29	兰州	33	48	83	53	20
30	长沙	52	18	39	71	14

资料来源：《福布斯》。

事实上，居高不下的经营成本是对北京加强全国科技创新中心建设的一大制约。北京中心城区的房价已经与伦敦、纽约、东京等世界城市相当，并且这一成本在短期内会进一步上升。此外，北京的薪酬成本增长得很快，与东京、首尔的相差不大。在全球竞争的科技创新环境下，北京对国际水平的科技创新人才的吸引力已经由于空气污染等原因降低，加之房价和薪酬等成本接近发达经济体的水平，势必会影响北京加强全国科技创新中心的建设。

（二）部分高端人才相对不足

各类人才是北京加强全国科技创新中心建设的重要支撑。通过前面的分析不难看出，北京在全国科技创新人才数量上占据绝对优势，但在科技创新人才结构方面仍然具有进一步调整和优化的空间。目前，北京的科学家、企业家和风险投资人仍然相对不足。

首先，拥有国际学术影响力、能够引领研究潮流的科学家相对不足。

由于科研机构管理体制、科技创新环境氛围等方面的原因，北京在引进境外顶级科学家方面依旧不具竞争力。尽管北京的院士和"千人计划"专家数量已居全国首位，但其中能够引领研究潮流的科学家并不多。北京企业层面的研发机构多为国有企业或外资企业设立，并未建立起储备科学家的机制，在这一点上，北京明显逊色于深圳。

其次，具有全球视野、能够左右行业发展趋势的企业家相对不足。目前，北京的企业家群体存在一些结构性不足：大型企业的企业家多属于国有或外资企业，民资企业家力量不强；有意向从事实业的企业家严重流失，或转投房地产，或被外省市吸走；有能力"走出去"的企业家更是凤毛麟角。

最后，有实力调配资源、为创新活动助力的风险投资人相对不足。目前，北京既具有经济实力又具有丰富行业经验的天使投资人和风险投资人非常稀缺。北京过去对这类人才重视程度不高，缺少有针对性的人才政策，现在即使有了一些风险投资人，但其更多关注的是有上市可能的项目，并未发挥对原始创新活动的助力作用。

（三）科技创新主体缺乏动力

目前，北京的科技创新活动更多地集中在高等学校、科研院所和国有企业，政府的科技创新资源也更多地配置在体制内的单位。然而，大规模的资源投入并未形成理想中的外溢，产学研合作并没有取得根本性突破。出现这样的情况，是因为科技创新的主体普遍缺乏动力。对于高等学校和科研院所，其实行的是事业单位管理体制，各级领导更多地关注行政考核和课题经费，对市场需求和产学研合作并不热心；高校教师和研究人员的职称评定以论文为主，与企业合作的科研模式通常得不到鼓励，甚至还有一些条条框框的约束，这在很大程度上压低了二者的收入和积极性。对于国有企业，其管理者的任期不定且有国有资产保值增值的压力，对长期才能见效且具有高风险的科技创新活动明显缺乏积极性。

实际上，民营企业更应该成为科技创新的主体之一，但在北京其更容易被国有和外资企业排挤，并且在政府资源的配置方面也未能得到应有的待遇。

（四） 科创管理水平仍需提高

目前，政府主要是以成本计价法对科技创新活动进行管理，但科技创新活动有其自身的规律，从一定程度上讲，失败是一种常态。如果政府用管理生产经营活动的方法管理科技创新活动，就可能导致科技创新主体的萎缩，如小微企业在科技创新成本结构方面经常与目前的税务稽查规定不适应，使得不少有创新动力的企业被排除在科创企业的行列外。在课题经费结构中，与科创主体有关的经费比重过低，很难调动研究者的积极性。此外，政府对科研项目的管理重立项、轻管理。有关部门往往只重视立项和验收两个环节，项目管理的系统性和项目跟踪的连续性均有待提升。

三　北京加强全国科技创新中心建设可借鉴的经验

经过多年的快速发展，北京已逐渐成为一个国际化大都市，在其加强科技创新中心建设的过程中，其他同等规模的世界城市的经验可能更值得借鉴。因此，这里选择伦敦、纽约和东京三个公认的世界城市，简要分析其建设科技创新中心的经验。

（一） 伦敦的经验

伦敦拥有全球领先的商业和金融企业，这类企业基本处于知识经济的前沿。随着经济的周期性波动，严重依赖金融业的伦敦面临进一步发展的挑战，而通过科技创新驱动结构优化，为伦敦注入了新的动力。

1. 政府积极引导

伦敦在制定城市发展战略时，基本思路是尽可能发挥城市的比较优势，政策目标是把伦敦建成全球的科技创新引领者。2010 年，英国科技城项目开始实施，政府力求把东伦敦打造成世界一流的国际技术中心。为此，政府投入巨资（超过 4 亿英镑）支持科技城的建设，吸引大量高科技企业聚集在东伦敦。随着集聚效应的发生，该地区现在也被称为"迷你硅谷"。

2. 支持中小企业

伦敦政府高度重视发挥企业在创新型城市建设中的作用，特别是中小企业的作用。为此，伦敦政府构建了一个科技创新支撑平台，组织具有中小企业创新经验，特别是具有研发新产品和服务经验的专家，把创新产品和服务的理念提供给企业。此外，伦敦政府还积极开展各类青年项目，鼓励和支持青年在创新型城市建设中发挥作用，引导知识在个人和组织间传播，以更有效地服务于科技创新过程。

3. 大力吸引人才

2013 年，伦敦政府开始实施天狼星计划，主要目的是为创业团队提供资金和培训。这项计划规定创业团队需在 2 人以上，并且需要有一半的队员是非英国居民，以此吸引更多的外籍人才，并向优秀的科技创新人才提供免雇主担保签证。此外，伦敦政府通过向各类机构宣传城市的创新目标和愿景，提高了居民的创新意识，塑造了积极创新的文化。

（二）　纽约的经验

纽约凭借国际金融中心的地位，积极发展对人力资本要求很高的生产性服务业，并以此提升产业附加值。但是，过于依赖金融业限制了纽约科技创新能力的提高，使纽约在很长时间里在美国科技创新的城市排名中处于落后地位。2002 年，纽约政府宣布要把这个金融城市打造成"东部硅谷"，而在接下来 14 年中，纽约已逐渐发展成拥有全球影响力的科技创新中心。

1. 推动重点项目

为扭转科技创新领域的劣势，纽约政府推行了一批政策激发城市的科技创新活力。一是通过优惠政策减少科技创新的成本。"硅巷"建立之初，政府实施了减税计划（减征房地产税、免征房租税）和曼哈顿优惠能源计划（期限为 12 年，前 8 年电费减少 30%，后 4 年电费减少 20%），投入大量资源支持科技创新企业，并向相关的院校无偿提供土地和多达 1 亿美元的基建资金。二是通过公私合营充分发挥政府支出的杠杆作用。纽约政府同商业联盟与房屋业主结为合作伙伴，吸引全球的信息技术企业落户"硅巷"。

2. 实现差异化发展

在建立科技创新企业孵化基地的过程中，纽约扬长避短，发现了一条有别于硅谷的发展道路。第一，纽约按照城市的人员和产业构成，集中发展互联网、数字传媒等高技术产业，并通过信息技术支持本地创业生态和风险投资的发展。第二，纽约选择避开与周边地区的竞争，主动形成差异化的产业格局,积极构建产业互助系统,形成良性的科技系统。

3. 金融助力科技创新中心建设

利用金融业的绝对优势支持科技创新中心建设是纽约的一条重要经验。遭受国际金融危机强烈冲击的华尔街成为纽约建设科技创新中心的重要助力,大量年轻人从投资银行流入创业企业。部分风险投资人也迁移到曼哈顿地区,这使纽约成为风险投资最为集中的城市之一。在风险投资增长的激励下,大量孵化器也在纽约落地,积极为科技创新企业提供资金支持和咨询服务。

(三) 东京的经验

东京能够成为科技创新中心与日本的国家科技战略密切相关。1995年,日本颁布了《科学技术基本法》,明确了科技立国的战略,并开始实行五年一个周期的《科学技术基本计划》,持续深化科技体制改革。东京作为日本第一大城市,不仅是国家战略的积极实践者,代表着日本在国际创新体系中的实力,而且是科技体制改革的探路者,起着重要的示范作用。到目前为止,东京已发布了三期《东京都产业科学技术振兴指南》。

1. 坚持问题导向

《东京都产业科学技术振兴指南》在关注产业目标的基础上,更为重视城市功能的完善,力求产业转型升级和城市功能完善相辅相成。首先,为应对人口老龄化带来的挑战,东京政府在重点发展的技术上选择针对癌症、慢性病等,研究运用生物技术的检测诊断产品。其次,为降低碳排放量,东京政府鼓励研制新型生物燃料和污泥焚烧设备,推进城市庭园草坪化行动。最后,为应对自然灾害,大力发展针对房屋、道路等基础设施的修复和补强技术以及通信应急保障技术。

2. 完善创新体系

《东京都产业科学技术振兴指南》明确了政府的定位——科技创新的规划者、科学研究和成果转化的组织者、科学技术普及工作的主导者。第一,完善科研基础设施。东京政府积极整合高等学校和科研院所的资源,提升基础研究能力。主要措施有建立交叉学科研究中心(如健康长寿医疗中心等)、积极吸引境外人才(如亚洲人才育成等)、推进协同创新(如建立东京都大学政策提案发布会制度)。第二,强化核心技术攻关。绘制每一个课题的技术路线图，对能源、环境等关键领域，明确具体路径。提高科学技术奖励水平，评选表彰优秀技术。第三，强化科研成果转化。推动以产业应用为目的的产学金融协作，围绕重点领域开展都市机能活用型产业振兴项目，举办产业交流展和危机管理产业展等高层次交易会。设立东京都知识产权综合中心，支持中小企业创造、使用、管理和维护知识产权。

3. 合理运用产业政策

东京政府对高新技术企业实行多项税收优惠政策，如免征计算机物产税，购买电子设备减征 7% 的所得税，且可以在本年度进行 30% 的特别折旧；对信息产业增加 25% 的税务贷款，设置软件研发免税储备、意外损失储备制度，减征 7% 的资产税。东京政府不断加强对高新技术企业的金融支持，如建立振兴地区技术的特别贷款制度，高新技术企业可以获得长期低息贷款，贷款期限可达 25 年，利息优惠 10%；政府特别设立了小企业金融公库，向符合条件的小企业提供年息 2.7% 的特别贷款。

四　北京加强全国科技创新中心建设的对策和建议

（一）改革职称制度，变职称评聘为岗位聘任

职称制度是事业单位和国有企业评价人才的主要方法，很多民营部门的工作人员基本上没有渠道参与职称评审或即使能参与职称评审，评下来单位也不会以此为依据聘任。随着社会环境的变化，这种传统职称评聘方式的某些方面日益显得不合时宜，不仅难以适应全社会，特别是民营经济发展的需求，甚至成为科研进步和激发创新积极性的障碍。建议改革职称制度，变职称评聘为岗位聘任，即今后不再由政府或事业单位统一进行职称评审，而是由单位根据自身需要，对需要的人才自主聘任。聘任什么样的岗位则从事什么样的工作。是不是专家，主要看是不是从事相关专业、从事的年限和经验的丰富程度以及创新能力和水平。这既有利于解决民营部门人才的评价问题，也有利于解决职称终身制的问题，通过岗位的能上能下，调动人才的持续专业能力。

（二）提升科研人员收入水平，让科研人员安心科研

科研兴则国家强，科研衰则国家弱。科研人员的创新能力是检验一

个国家发展潜力的试金石。国家的发展必须为科研创新提供可持续发展的环境和氛围，充分调动科研人员的积极性。经过几十年的发展，我国的科研环境和氛围有了很大的提高，与建国初期已不可同日而语。但是，在科研环境和氛围大幅提高的同时，科研人员的收入水平却与社会物价水平之间逐渐拉开了差距。比如，当前，在首都房价高企的情况下，按照全额补助事业单位的工资体系，一名普通科研人员可预期的毕生工资收入，不吃不喝不足以买下北京五环以内的100平方米的房子，更别谈有一个安静的书房（这是很多知识分子梦寐以求的），这很难让科研人员安心科研。

提升科研人员收入水平可以有两条途径：要么比照金融、保险或大型国有企业中层干部标准提升中高级科研人员工资，让寄托了国家未来发展希望的科研人员不比大型国有企业中层干部收入低，此外科研人员不得再从课题经费中列支收入；要么允许科研人员在课题的科研经费中列支收入，但在每月和每年获得的收入总额上分别进行限制，使其各项课题年收入总额不超过大型国有企业中层干部年平均收入水平。第一种是欧洲和亚洲等国家的普遍做法，该做法能保证科研人员具有较高收入水平但不利于激发科研人员活力；第二种是美国的做法，既能激发科研人员活力，也能保证科研人员合理收入水平。要成为世界领先的科技创新圣地必须有世界领先的科技创新管理体制。美国之所以成为世界各国科研人员向往的国家，有其科研管理体制的合理性。建议采取美国的做法，提升科研人员的收入水平。

（三）建立科研信用制度，让科研人员专心科研

在信用制度发达的国家，科研信用也是信用制度的一个重要方面。如美国对科研经费和科研过程的管理就非常松，几乎没有人查，立项和结项也都非常简单，对科研的管理更多是靠项目负责人的自觉。但是，一旦查出有问题，比如抄袭、作弊、科研经费挪用等，则后果会很严重，这不仅会成为其一生的瑕疵，还会影响其声誉，被排除出学术圈。因此，建议在提高科研人员收入的前提下，可以尝试推进科研信用制度建设，强化科研人员对科研的自觉管理，同时简化行政部门对科研的过程管理，让科研人员有更多时间投入科研。可以采用不定期、覆盖一定比例的方式抽查，逐步培养科研人员的科研信用意识。

（四）　编制科技创新前沿热点排行榜，开展针对性研究

每年科技管理部门应引导相关政府部门、各行业、各协会、各学会编制各自的科技前沿热点排行榜，如2017全球十大科技前沿热点、2017物理学全球十大科技前沿热点等，明确全球、全国、北京市以及各学科、各领域的科技前沿问题，从而为相关部门及科研人员选择科研攻关点提供方向。同时，要加强自身实力的评估，根据首都实力，引导各科研单位根据自身特点和实力，结合科技前沿排行榜，做好各单位科研攻关的选题工作。

（五）　降低创新企业成本

高昂的人工成本和土地费用，势必会影响北京建设全国科技创新中心。尽管从整体上看，这些成本在短期内难以下降，但仍可以通过在特定地区（或行业）实行特殊的政策降低创新企业的经营成本。一是降低在孵企业成本。对满足一定标准的在孵企业，实行社会保险费补贴和提供低价位集体宿舍政策来降低企业开办成本，同时对引进人才可考虑提供一定的收入补贴。二是实行租金优惠政策。政府可以设置专项资金，向科技创新企业提供房租优惠。对境外高端人才创业、本地大学生创业，在规定的用房面积内可推行一定年限的免租金优惠政策。三是拓宽税收优惠政策。为支持企业增加研发投入，可以对连续两年研发投入增长率高于规定比例的企业实行所得税减免；提升研究设备折旧、研究人员工资等的税前抵扣比例；对研究机构以科技创新成果创立的企业取得的收益，可允许延迟缴纳相关税款；科技型中小企业通过转让科技创新成果取得的收入可减免所得税。

（六）　创新人才吸引政策，筑牢科技创新的人才基础

从国际经验来看，没有国际顶尖的科技创新人才和团队，很难实现加强全国科技创新中心建设的目标。基于目前的科技创新人才开发情况，北京可依托首都国际人才港等平台建设人才科技创新试验区，进一步调整和优化首都科技创新人才的结构，并加强首都人才培养的国际化进程。一是改进完善境外科技创新人才的引进工作。北京应不断开拓境外科技创新人才引进渠道，通过在境外重要科技人才集中区和科技创新活跃区设置办事处等人才引进机构，并构建国际人才信息系统，推动引智机构

直接在境外服务。二是实施与国际惯例接轨的绿卡政策。借鉴国际上通行的做法，进一步取消科技创新人才的绿卡申请限制，给予这类人才更多的国民待遇。北京可考虑对迫切需要引进的国际顶尖的科技创新人才给予更高的积分，以保证其在被引进时就能够得到绿卡，并允许长期在京从事科技创新工作的外籍人员退休后在京养老。三是建立优秀外国留学生毕业直接留京制度。北京应考虑放松优秀外国留学生在京就业的限制，如规定在京学习达到一定年限、学历达到一定程度并且学习成绩达到一定要求，可以免除两年工作经验限制直接留京工作。

（七）引进和培养天使投资人和风险投资人

北京应对天使投资人和风险投资人在科技创新中的作用予以重视，不断加强二者的引进和培养力度。一是鼓励和支持具有经济实力和行业经验的成功人士成为天使投资人，主动帮助科创人才开展创业。二是进一步完善相关法律法规，营造完善的创业生态系统和知识产权保护体系，吸引国内外天使投资人和风险投资人在京建立创投机构。三是鼓励高等院校的经管学院增设风投专业，招收一批有理工背景且具备管理经验的工程师加以深度培训，形成风险投资人才储备。

（八）通过大学带动科技创新

美国硅谷是以大学或科研机构为中心，通过科研与生产相结合，科研成果迅速转化为生产力或商品，形成高技术综合体的科技创新模式。北京是高校资源和科研院所资源众多的城市，可以借鉴硅谷模式，鼓励在大学，特别是有较强理工科背景的大学附近建设科技创新孵化中心、科技产品交易市场和科技产业园。通过科技产业园聚集科技公司和科技人才，科技产品交易市场聚集科技创新需求和成果转化市场，大学聚集不竭的科研创新思想的方式，形成科研与市场结合、市场与创新结合的良性互动局面。特别是目前北京在一些郊区建立了大学城，如果能在大学城附近建立科技创新孵化中心、科技产品交易市场和科技产业园，不仅有利于当地的经济社会快速发展，还有利于北京产业疏解和合理布局，建设多中心城市。

（九）提升科技创新服务水平

一是切实转变政府职能。政府相关部门应转换思路、转变角色，将对科研过程的管控转变到如何激发科研人员的科研积极性上来，包括通过科研信用制度等制度创新，既实现对科研过程的适度监管，又能让科研人员从繁杂的科研事务性工作中解脱出来，把更多精力投在科研创新上。二是鼓励各单位加强对科研工作的服务，包括一般的行政性事务工作、财务贴票报销等管理工作，能由专业人士承担就由专业人士承担或允许在科研经费中列支雇佣专门行政或财务人员的费用，从而让科研人员更多地从事科研工作。三是鼓励高校和科研院所建立科技成果转化办公室，通过建立专门力量推进科研成果的转化工作。四是搭建科研单位和企业的信息服务平台。打通科研单位和企业之间的信息沟通渠道，将有需求的企业和有成果的研究人员聚集在一起，实现信息互联互通，推动企业与科研单位合作。

参考文献

首都科技发展战略研究院：《首都科技创新发展报告》，科学出版社，2016。

王战、翁史烈、杨胜利、王振等：《转型升级的新战略与新对策——上海加快建设具有全球影响力的科技创新中心研究》，上海社会科学院出版社，2015。

闫仲秋、王力丁、申建军：《首都建设全国科技创新中心研究》，中国经济出版社，2016。

第七章　纽约、伦敦的最新城市规划
特点及对北京的启示

伍毅敏　王吉力　常　青　高　雅[*]

纽约、伦敦是公认的国际一流大城市，北京在许多方面可以参考借鉴其发展经验。本章将首先从都市圈、国际大都市、国际大都市核心地区三个圈层对纽约、伦敦、北京的基础数据进行比较，然后从规划体系、最新规划概述、重点关注理念、规划实施四个方面对纽约和伦敦的城市规划经验进行系统介绍，最后总结出对北京的启示。

一　纽约、伦敦与北京的基础数据比较

（一）空间尺度比较

按空间范围与功能联系，北京市可分为市域、中心城区、核心区三个空间尺度。市域面积约 16410 平方公里，空间半径在 80 ~ 100 公里，相当于都市圈的尺度；中心城区面积约 1378 平方公里，空间半径在 20 ~ 30 公里，相当于国际大都市的尺度；核心区面积约 92.5 平方公里，空间半径约五公里，相当于国际大都市核心地区的尺度。

1. 都市圈（北京市域）

北京市域包括十六个城区。纽约都市圈是指纽约—北新泽西（新泽

---

* 伍毅敏，北京市城市规划设计研究院工程师；王吉力，北京市城市规划设计研究院工程师；常青，北京市城市规划设计研究院高级工程师；高雅，北京市城市规划设计研究院高级工程师。

西州）—长岛（宾夕法尼亚州）大都市统计区，由 23 个县组成，面积共 21482 平方公里，是北京市域面积的 1.3 倍。伦敦都市圈的范围有多种说法，通常可以认为是大伦敦及其周边八郡，包括肯特郡、萨里郡、赫特福德郡、埃塞克斯郡、梅德韦、瑟罗克、卢顿、绍森德，面积共 12109 平方公里，是北京市域面积的 74%。

2. 国际大都市（中心城区）

北京中心城区即城六区，包括东城区、西城区、朝阳区、海淀区、丰台区和石景山。纽约所对应的空间尺度是纽约市，包括布朗克斯区、布鲁克林区、曼哈顿区、皇后区和斯塔滕岛五个区，面积共 784 平方公里，是北京中心城区面积的 57%。伦敦所对应的空间尺度是大伦敦市，包括伦敦金融城和 32 个自治市，面积共 1572 平方公里，是北京中心城区面积的 1.1 倍。

3. 国际大都市核心地区（核心区）

北京核心区即东城区、西城区。纽约所对应的空间尺度是曼哈顿，面积共 59 平方公里，是北京核心区面积的 64%。伦敦所对应的空间尺度是伦敦金融城与周边威斯敏斯特、伊斯灵顿和卡姆登三个区，面积共 61 平方公里，是北京核心区面积的 66%（见表 7-1、图 7-1）。

表 7-1　同尺度比较一览

空间尺度	北京		同尺度地区	
	名称	空间范围（平方公里）	名称	空间范围（平方公里）
都市圈（80~100 公里）	市域	16410	纽约都市圈	21482
			伦敦都市圈	12109
国际大都市（20~30 公里）	中心城区	1378	纽约市	784
			大伦敦	1572
国际大都市核心地区（5 公里）	核心区	92.5	纽约曼哈顿	59
			伦敦城与周边三区	61

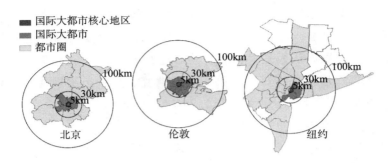

图 7 - 1　北京、伦敦、纽约分圈层比较

（二）典型数据比较

1. 城市人口分布

城市人口分布情况可以主要通过常住人口密度和就业人口密度来判断，这两项指标反映了城市的人口集聚程度。与纽约、伦敦对比，总体来看，北京呈现出较高密度的人口集聚，其中中心城区与核心区的常住人口密度较大，中心城区的就业人口密度也较高。在国际大都市及其核心地区尺度，纽约的人口集聚程度与北京相似。伦敦在该尺度的常住人口密度仅为纽约、北京的一半左右，但在都市圈尺度与北京接近，体现出伦敦的居住人口分布较为均匀。一个就业岗位集聚、运行高效的城市核心区是国际都市圈的普遍特征。

（1）都市圈尺度（80～100公里半径）的人口密度。在都市圈中，北京现状常住人口密度 0.13 万人/平方公里，是纽约都市圈现状常住人口密度的 1.4 倍，是大伦敦及其周边八郡的 1.1 倍。现状就业人口密度为 0.07 万人/平方公里，是纽约都市圈现状的 1.8 倍（见表 7 - 2）。

表 7 - 2　都市圈尺度城市人口密度对比分析

单位：万人/平方公里

项目	常住人口密度	就业人口密度
北京市域	0.13	0.07
纽约都市圈	0.09	0.04
伦敦都市圈	0.12	0.06

（2）国际大都市尺度（20～30公里半径）的人口密度。2015年北

京中心城区常住人口约 1283 万，人口规模上相当于超大城市。从总体来看，中心城区已属于高人口密度地区。中心城区常住人口密度 0.92 万人/平方公里，略低于纽约市的常住人口密度，是大伦敦现状常住人口密度的 1.7 倍。北京中心城区现状就业人口密度 0.65 万人/平方公里，也高于纽约市和大伦敦，分别是二者的 1.3 倍和 1.9 倍（见表 7 - 3）。

表 7 - 3　国际大都市尺度城市密度对比分析

单位：万人/平方公里

项目	常住人口密度	就业人口密度
北京中心城区	0.92	0.65
纽约市	1.04	0.49
大伦敦	0.55	0.34

（3）国际大都市核心地区（5 公里半径）的人口密度。在国际大都市核心地区中，北京核心区人口密度较高。核心区现状常住人口密度 2.38 万人/平方公里，总体已接近曼哈顿的常住人口密度，是大伦敦核心区常住人口密度的 2.1 倍。北京核心区就业人口密度 2.19 万人/平方公里，低于纽约和伦敦（见表 7 - 4）。

表 7 - 4　国际大都市核心地区城市密度对比分析

单位：万人/平方公里

项目	常住人口密度	就业人口密度
北京核心区	2.38	2.19
纽约曼哈顿	2.78	3.54
大伦敦核心区（伦敦城及周边三区）	1.15	3.02

2. 城市土地利用

（1）都市圈尺度的土地利用情况。由于各都市圈对于建设用地的统计标准和分类不同，甚至都市圈内部各城市也有差异，因而很难用各地的官方统计数据进行横向对比。美国学者温德尔·考克斯的研究在《人口统计》中对全球城市地区的建成区进行常年跟踪和统计，其数据可以作为参考（见表 7 - 5）。

表7-5　都市圈尺度建成区对比分析

比较范围	总面积（平方公里）	中心城区面积（平方公里）	Demographia建成区面积（平方公里）	Demographia建成区常住人口密度（万人/平方公里）	建成区面积/中心城区面积
北京都市圈	—	1378	4144	0.49	3.0
纽约都市圈	21482	784	11875	0.17	15.1
伦敦都市圈	12109	1572	1738	0.56	1.1

　　根据北京市官方统计，2015年全市建设用地面积为3570平方公里。Demographia的统计考虑了廊坊北三县、固安等实际与北京建成区已形成连片发展的周边地区，对于这个口径下的北京都市圈当前尚未有公认的范围界定。

　　可以看到，北京、纽约、伦敦都市圈的土地利用模式各有特点。北京以中心城区为核心，土地开发向近郊扩展，并开始突破市域边界，向东、南部平原地区进一步延伸，形成了三倍于中心城区的建成区域。纽约都市圈是典型的大规模、低密度开发模式，且区域中的大小城市组团彼此相向发展，在整个纽约州-新泽西州-康涅狄格州-宾夕法尼亚地区已形成了一个巨型的连绵城市建成区。而伦敦都市圈的建成区面积仅略大于大伦敦，与周边的卫星城、新城等有明显的空间分隔，都市圈的主要影响还是集中在大伦敦行政范围内。结合建成区人口密度来看，就土地开发的集约程度而言，北京介于伦敦和纽约之间。

　　（2）国际大都市尺度的土地利用情况。在美国城市中，分区（Zoning）是对土地利用性质及建设行为进行控制的基本手段，主要包括控制容积率、建筑高度、建筑退线等方式。纽约市的土地基本分区包括住宅（R）、制造业（M）和商业（C），剩下的用地为公园和休闲娱乐性质（P）。当前，纽约市的居住区占2/3左右，余下1/3中，产业用地占60%，公园及休闲娱乐用地占40%。在与纽约类似的口径下，北京中心城区的建设用地中，居住用地仅不到40%，远低于纽约，但是包括制造业和公共管理类用地在内的产业用地占比远高于纽约（见表7-6）。

表7-6 国际大城市尺度纽约与北京的各类用地占比分析

单位:%

用地性质	纽约市面积占比	北京中心城区面积占比
居住	67.7	37.8
制造业	14.1	26.7
公园及休闲娱乐	13.4	11.5
商业	4.8	24（商业6.1+公共管理和公共设施17.9）
总计	100	100

与纽约和北京不同,大伦敦的居住用地并不包含居住相关的配套设施及绿地,而是以纯居住建筑占地面积来计算,因而仅为32.5%,而绿色空间面积达到了接近40%。纽约和伦敦的共同特点是产业用地的开发主要采取高密度高容积率的方式,用地非常集约(见表7-7)。

表7-7 大伦敦各类用地占比

单位:%

用地性质	大伦敦面积占比
居住建筑用地	32.5
非居住建筑用地	4.7
交通用地	14.2
绿色空间	38.2
水域	2.8
其他	7.5

3. 就业居住关系

就业与居住是城市的两大核心功能,城市的就业与居住关系可以通过职住比来得到一定的反映。通常,职住人口比是指全口径就业人口与常住人口的比例关系,职住用地比是指产业用地与居住用地的比例关系。

从总体来看,目前北京职住人口的比例关系与纽约、伦敦都市圈的基本一致,反映了城市发展的基本规律。从职住用地的比例关系可以明显看到北京的产业用地比重过高。国际大都市普遍注重提升居住水平,城市核心区保持就业的高度聚集,在外围提供大量的居住空间。

（1）都市圈尺度（80～100公里半径）的职住比。北京职住人口比约1:2.0，纽约为1:2.1，与北京大致相当，东京、巴黎等其他都市圈也都近似1:2。这是由于城市主要通勤活动集中在30公里半径内，在都市圈范围内职住人口一般都能达到基本平衡（见表7-8）。

表7-8 都市圈尺度职住比对比分析

单位：万人

项目	职住人口		
比较范围	常住人口	就业人口	职住比
北京市	2170.5	1100	1:2.0
伦敦都市圈	1403	—	—
纽约都市圈	2009	951	1:2.1

（2）国际大都市尺度（20～30公里半径）的职住比。北京中心城区职住人口比约为1:1.4，就业人口比重高于大伦敦，远高于纽约市。从总体来看，北京中心城区就业人口比重偏高，造成跨中心城区的长距离通勤需求较多，加大了通勤交通压力。

北京中心城区城乡职住用地比约1:1.2，就业用地比重远高于纽约市和大伦敦。综合考虑职住人口比与职住用地比，北京中心城区的产业用地规模偏大，未来有较大的压缩空间（见表7-9）。

表7-9 国际大都市尺度职住比对比分析

项目	职住人口			职住用地		
比较范围	常住人口（万人）	就业人口（万人）	职住比	住宅用地（平方公里）	产业用地（平方公里）	职住比
北京中心城区	1283	900	1:1.4	250	216	1:1.2
纽约市	818	384	1:2.1	246	66	1:3.7
大伦敦	863	536	1:1.6	520	75	1:6.9

（3）国际大都市核心地区（5公里半径）的职住比。北京核心区职住人口比约1:1.1，就业人口占比不及纽约和伦敦。大伦敦核心区的就业功能聚集度很高，而纽约曼哈顿建设有一定规模的居住区。北京核心

区职住用地比约 1:2.8，相比国际大都市的核心区，居住用地比例较高。综合职住人口比和用地比来看，纽约和伦敦的核心地区均是以就业功能为主导，提供的居住空间较少。若要向这两个城市靠拢，北京的核心区常住人口和居住用地可做适当减少（见表 7 - 10）。

表 7 - 10　国际大都市核心地区职住用地比对比分析

项目	职住人口			职住用地		
比较范围	常住人口（万人）	就业人口（万人）	职住比	住宅用地（平方公里）	产业用地（平方公里）	职住比
北京核心区	220.3	202.6	1:1.1	32	11.6	1:2.8
纽约曼哈顿	164	209	1:0.8	10.9	11.4	1:1
大伦敦核心区	70	184	1:0.4	16.8	9.7	1:1.7

二　纽约、伦敦最新城市规划介绍

（一）纽约最新城市规划介绍

1. 规划体系

（1）纽约市规划体系及历版规划。美国的城市规划法规分为联邦、州、地方三个层次。由于各州政府对地方的影响比联邦政府相对要强，地方城市的规划法规基本上是建立在州立法框架内的。纽约市规划局负责制定城市空间和社会经济方面的整体规划框架，并为市长、区长、市议会等提供有关城市宏观发展的方案和信息。纽约市城市规划委员会则对规划的实施负有首要的责任。

具体来说，规划项目的审核需要执行以下步骤。①到规划局进行立项，经规划局审核，项目符合上位规划要求及环境质量分析报告合格，则将申请材料转到社区委员会。②社区通知居民，接着召开公开听证会，将听证会结果报给本区域的城市规划委员与区长。③由区长审核后，将申请意见送到城市规划委员会。④城市规划委员会受理后即召开全市居民参加的市政公开听证会。⑤听证会通过后，相关意见送交市议会，市议会有 50 天的时间进行评审。⑥如市议会通过，即送市长，市长在五天内签署公文。在此过程中，市议会的角色类似于中国的人大，是最终审核的关键权力机关。市长也有否决权，但市议会可以通过 2/3 的票选推翻其否决。

纽约城市发展的综合规划方案是由纽约市规划局组织编制、纽约市长办公室发布的，类似我国的城市总体规划，但更具战略性、综合性。1969年，纽约市规划局编制了纽约城市历史上第一部综合规划，重点强调城市中心区复兴、社区规划以及分区规划的实施。然而，因其偏重于定量分析的技术手段，被认为较难实施，从而未获得议会通过。直到2007年，新一轮的综合规划《纽约城市规划：更绿色、更美好的纽约》（以下简称《纽约城市规划》）终于出炉，规划期到2030年。2011年发布了改进更新后的修订版。在经历飓风"桑迪"的影响后，2013年发布了新的版本《纽约城市规划：更强大、更韧性的纽约》。2015年，最新一轮的规划《一个纽约：规划一个强大而公正的城市》（以下简称《一个纽约》）发布，规划期到2040年。

（2）纽约都市圈规划体系及历版区域规划。除了城市层面的规划外，纽约都市圈的规划编制工作也是一直在持续进行的。这一工作主要由纽约区域规划协会（Regional Plan Association，RPA）组织开展，该协会是非官方、非营利组织，由独立的董事会和纽约州、新泽西州、宾夕法尼亚州的市民、社区领导、商人和其他专家组成的。RPA在克服地方行政局限性、推动纽约都市圈的区域事务上发挥了许多积极作用，由于坚持研究的科学性并注重成员的权威地位，其规划和建议较多地得到地方政府的采纳。RPA的前三版纽约都市圈区域规划分别发表于1929年、1968年和1996年，第四版区域规划编制工作于2013年启动，当前仍在进行中。

20世纪20年代，美国开始广泛出现大城市人口向郊区的迁移，因而第一版区域规划的核心是"再中心化"，希望兼顾中心城市的高密度增长和与周边地区的网络状交通联系。1968年第二版区域规划的核心是"再集聚"，旨在将卫星城塑造为新的城市中心，并完善公共交通配套和强化未开发地区的生态保护。第三版区域规划出自于纽约经济增长缓慢、社会问题和环境问题恶化的时期，因而规划强调促进区域经济、环境和公平三项核心目标的协调发展，以此来增强纽约都市圈的全球竞争力。当前，在第四版区域规划的已开展研究中，提出了"经济机会、宜居性、可持续性、治理与财政"四个方面的议题，以"经济、包容性和宜居性"为新时期区域转型的整体目标。

2.《一个纽约：规划一个强大和公正的城市》

《一个纽约》新规划由纽约市新市长比尔·白思豪在 2014 年任职后编制，2015 年 4 月正式发布。该规划认为，新时期纽约市面临的主要挑战包括：生活成本和收入差距的上升；贫穷和无家可归者的比例居高不下；交通市政基础设施老化；保障性住房供给不足；公共空间和绿地无法充分满足所有市民需求；气候变化有可能成为致命威胁。针对这些问题，规划将"公平"作为核心议题，并提出四项发展愿景。在现状人口849 万的基础上，2040 年规划总人口为 900 万。"规划一个强大而公正的城市"，是该规划的核心目标，2014～2025 年纽约主要城市及地区投资项目计划见图 7－2。

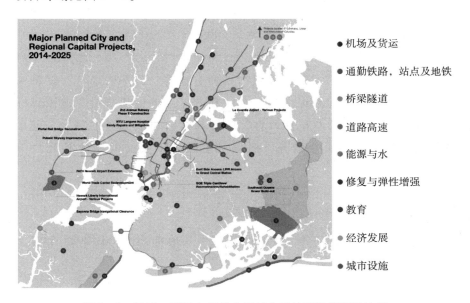

图 7－2　2014～2025 年纽约主要城市及地区投资项目计划

该规划提出四项分目标。

（1）增长和繁荣的城市。纽约将继续作为世界最有活力的经济体，在这里家庭、企业和街区均能实现繁荣发展。在该目标下，规划主要关注产业的扩张和培育、劳动力发展、住房、活力型社区、文化、交通、基础设施及宽带网络等议题。

部分相关指标

①提供高品质和多元化的就业。到 2040 年，就业岗位数量由 416.6 万增至 489.6 万；创新产业就业岗位比重由 15% 增至 20%；GDP 增长高于全国平均水平。

②劳动力技能提升。劳动参与率高于当前的 61%；每年接受产业技能培训的人口数量由 8900 人增至 2020 年的 30000 人。

③到 2024 年经济适用房新增 8 万套，保有量累计达到 12 万套。

④建设可靠、安全、可持续、易达的交通网络。通勤时间在 45 分钟以内的居民占全部居民比例由 83% 增至 90%；早晨 8－9 时进入曼哈顿核心区的轨道交通运载力增加 20%。

⑤到 2025 年，家庭网络服务接入比例由 78.1% 增至 100%；网速 1Gbps 以上的商业公司比例达到 100%。

（2）公正和公平的城市。纽约将拥有包容、公平的经济，提供高收入的工作并为所有人提供拥有尊严和有保障的生活机会。在该目标下，规划主要关注儿童早期教育、政府与社会提供服务的融合、健康积极的生活方式、医疗服务、刑事司法改革以及交通事故零死亡等议题。

部分相关指标

①在当前的 370 万处于或接近贫困线的市民中，到 2025 年有 80 万人脱离贫困。

②婴儿死亡率由 4.6‰ 降至 3.7‰，并大幅减少种族差异。

③到 2035 年，达到建议的身体运动量的成年人比例由 67% 增至 80%。

④继续作为美国大城市中最安全的城市，保持最低监禁比例，降低犯罪率。

⑤继续实施"零死亡愿景"计划，实现交通事故死亡和重伤人数为 0。

（3）可持续的城市。纽约将是世界上最可持续的大城市，并在应对气候变化方面成为全球领导者。在该目标下，规划主要关注温室气体减排、零废物、空气质量、棕地修复、水资源管理、公园与自然资源等议题。

部分相关指标

①2050 年温室气体排放量比 2005 年减少 80%。

②2030 年实现城市垃圾"零填埋"的目标，垃圾总量比 2005 年的 360 万吨减少 90%。

③空气质量在主要美国城市中的排名由第 4 名上升至第 1 名。

④2019 年的一季度完成 750 片棕地的修复。

⑤2030 年在居住地步行距离以内有公园的居民比例由 79.5% 增至 85%。

（4）韧性城市。纽约的街区、经济和公共服务将准备好经受各种挑战并且变得更强大，以应对气候变化的影响以及其他因素的威胁。在该目标下，规划主要关注社区、建筑、基础设施及海岸防御方面的韧性建设。

部分相关指标

①社区可达的紧急避难所人口容量达到 12 万人。

②到 2020 年 100% 的医院和长期护理场所完成加强设施韧性的改造。

（二）伦敦最新城市规划介绍

1. 规划体系

（1）规划定义。"伦敦规划"（the London Plan）是由大伦敦政府组织编制的空间发展战略规划。大伦敦分为一个伦敦市和 32 个自治市。这 33 个次一级行政区的地方政府关于发展的规划文件需与"伦敦规划"相协调，从法律上说，这些规划文件也属于"伦敦规划"的一部分。

"伦敦规划"展望伦敦未来 20 至 25 年的经济、环境、交通和社会发展，并从地理和区位的角度整合市长的其他战略，包括交通、经济发展、住房、文化，以及儿童、年轻人、健康、不公平、食品等社会议题，气候变化的适应和减缓、空气质量、噪声、废弃物等环境议题。规划同时确定伦敦发展和土地利用的框架，制定战略性的、全伦敦尺度的政策，布置与实施和协作相关的计划，确保大伦敦政府机构群的联合政策得以执行，是伦敦实现可持续发展、健康的经济环境、更包容的社会的关键组成部分。

（2）制定主体。伦敦市长、伦敦市法团和 32 个自治市议会在"伦敦规划"的制定中各司其职。在规划制定过程中，从中央政府到基层组织都可在不同程度上施加影响。

伦敦市长领导大伦敦政府，组织编制伦敦规划，包括编制战略规划和任命相关下属机构成员，同时有权否决不符合大伦敦整体发展的地方规划。伦敦议会执行监督功能，审查伦敦规划，监督市长工作，同时作为战略性管理机构承担行政管理和综合协调工作。具体业务由大都市区警察局、伦敦交通局、伦敦火灾和紧急事务处理局以及伦敦发展局等附属职能团体行使。

伦敦市法团和各自治市议会构成了伦敦市和 32 个自治市这层级的地方政府体系，负责地方规划的制定。在"伦敦规划"的编制过程中，地方政府与大伦敦政府的关系是：市长组织编制"伦敦规划"；伦敦市法团或自治市议会编制地方规划，并需与"伦敦规划"相一致；市长和伦敦市法团或自治市议会共同编制中心伦敦、北伦敦、西伦敦、南伦敦、东伦敦和泰晤士河口门户地区等次区域发展纲要。

英国中央政府通过对伦敦一些事务的直接掌管，也能影响伦敦规划，如环境部负责伦敦地区的土地利用战略规划、交通部控制伦敦的重要干道等。基层组织参与"伦敦规划"的法律依据是 2011 年英国《地方主义法案》授权社区制定邻里规划，一方面伦敦内的邻里规划需要与"伦敦规划"相协调，另一方面"伦敦规划"也成为这些邻里规划的编制基础。

2.《伦敦规划：伦敦空间发展战略》

2017 年 1 月，伦敦市长办公室颁布了新一版《伦敦规划：伦敦空间发展战略》，在 2011 版的基础上，整合了 2011 年后所有的修订内容，从长远的视角考虑伦敦的发展，规划期至 2036 年。规划提出的总目标是：从现在到 2036 年以及更远，伦敦应成为顶级全球城市——使全体民众和企业获得更多机会；实现最高标准的环境和生活品质；在解决 21 世纪都市挑战，尤其是气候变化挑战方面，成为世界城市的领军者（见图 7－3）。

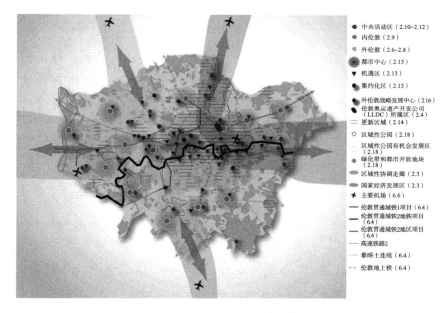

图 7－3　"伦敦规划"空间战略

规划提出六项分目标。

（1）有效应对经济和人口增长挑战的城市。确保所有伦敦人拥有可持续的、良好且不断进步的生活质量，充足的高质量房屋及社区；帮助伦敦人解决贫穷和不平等现象。

相关指标

①至少 96% 的新住宅在已经开发的土地上建设，超过 95% 的开发遵循住房密度选址和密度矩阵表。平均每年至少净增加 4.2 万套住房，其中净增加 1.7 万套可负担住房。

②最小化公共空间的损失，新开发不能侵占指定的受保护公共空间。

③减少伦敦最富裕地区和最贫穷地区居民的预期寿命差距。

（2）具有国际竞争力的成功城市。拥有强大且多元的经济，富于企业家精神，引领着创新和研发，充分利用历史文化资源，使伦敦及其市民都能从中获益。

（3）城市的社区多样、强大、有保障且具有高可达性。社区归属感强，不论种族、年龄、身份、本地居民还是访客人，为所有的提供表达诉求、实现潜能的渠道和机遇，并为他们生活工作提供优质的生活环境。

（4）让人愉悦的城市。珍视城市的建筑和街道，拥有最棒的现代建筑，充分利用历史建筑，同时将它们的价值延伸到开放空间、绿色空间、自然环境和水系中去，为伦敦人的健康、福利和发展发挥作用。

相关指标

①改善伦敦蓝网，2009～2015年间恢复15公里河流和溪流，2020年前再恢复10公里。

（5）世界领先的低碳节能城市。致力于全球和本地环境的改善，在应对气候变化、减少污染、发展低碳经济、节约能源、提高能源利用率等方面处于世界引领位置。

相关指标

①2016年前在住宅开发中实现零碳增加，2019年实现所有开发零碳增加。

②2015年前至少45%的垃圾实现回收或堆肥，2026年前实现可降解和可回收废物零填埋。

③2026年前可再生能源提供8550千兆瓦能量。

（6）所有人都能轻松、安全、方便地获取工作、寻求机会、使用各类设施的城市。具备方便有效的交通系统，积极鼓励更多的步行和自行车交通，更好地利用泰晤士河以支持各规划目标的实现。

相关指标

①2011～2031 年提高就业市场中处于工作年龄的伦敦居民的比重。实现外伦敦总就业人口增长，并确保有足够的土地用于就业。

②减小对私家车的依赖，促进更可持续的交通出行分担方式。人均公共交通使用增长快于人均私家车出行增长，小汽车交通零增长，自行车出行比例从 2009 年的 2% 增长至 2026 年的 5%。2011～2021 年，蓝网中的客运和货运量增长 50%。

（三）规划重点关注的几方面

纽约市和伦敦市的最新综合规划都是面向 2040 年左右，对城市发展提出具有战略性、长远性的宏观策略。其中，有一些规划理念是这两个城市及其他国际大都市都长期坚持的，包括可持续发展、应对气候挑战、塑造有活力的社区等。也有一些新理念是基于对未来一段时期问题和挑战的判断而提出的，例如纽约强调的公平包容、韧性城市，伦敦强调的均衡增长、创新经济等。总的来说，可持续发展和以人为本是国际大都市规划中的两大长期性主题。

1. 创新经济

《一个纽约》提出，要通过支持高速增长和高附加值的产业，保持纽约作为全球创新之都的地位。规划认为，当今世界的高增长产业毋庸置疑是知识经济，对研发和人才的投入是至关重要的，实现信息的聚集和分享是必然途径。先进制造业、设计、艺术传媒、电子商务、生命科学、信息科技将是纽约重点支持的创新经济行业，在空间上将通过建设功能混合的新型商务区，在市域内形成多个信息和资源汇聚的功能节点。

《伦敦规划：伦敦空间发展战略》提出要构建一个日益增长且不断变化的城市经济。规划认为，伦敦一直引领着企业发展和创新，未来 20 年，基于伦敦丰富的研究和创新资源、世界级的大学和研究所，将涌现出新的经济部门和企业。此时，环境领域有望长足进步，低碳经济预计发展迅猛，满足新的市场需求的将是创意部门和新形态的商业服务。因此，城市需要促进和支持创新，确保引领创新者拥有发展所需的空间、获得发展所需的支持。

2. 可持续发展

《一个纽约》称，纽约已成为全球城市可持续发展的领导者，面对可能消耗更多能源和产生更多废弃物的未来，以及城市的基本服务设施承受更大压力的挑战，必须为城市可持续发展找到更好的出路。纽约的温室气体有四项主要来源：建筑、能源、交通及固体垃圾，其中建筑物排放占到近3/4。所以，下一步纽约将致力于提高建筑及能源效率，在全国起到先行者作用。在空气质量、棕地修复、绿地建设等已取得卓越进展和成为优秀典范的领域，纽约也将进一步加大努力。

《伦敦规划：伦敦空间发展战略》从不同方面强化了可持续发展的保障，如在气候应对方面提出建造可持续的基础设施和可持续的排水设施，在经济发展方面提出建立更积极、更可持续、更具可达性的经济环境，以及更可持续的社区电、气供应，还提出政府部门可持续的增长管理的理念。

3. 公平包容

《一个纽约》提出，让所有居民，无论身份背景和生活环境，都能充分参与地区的经济、社会和公民生活，是纽约的重要愿景。研究显示，机会不平等将阻碍经济增长、破坏社会凝聚力以及提升医疗和司法等领域的成本。规划试图通过提高最低工资等举措，使80万居民脱离贫困。市民也将有均等机会获取城市的教育、医疗等各项服务。此外，规划将尽力使所有纽约居民过上健康长寿的生活，为此将针对新生儿死亡、慢性病、枪支暴力、交通事故等引起过早死亡的原因来对症施策。

《伦敦规划：伦敦空间发展战略》也提出了要确保平等的生活机会，解决健康不平等问题，保障足够的优质住房供应，希望以此促进伦敦市民的团结，而非将其分化。规划认为，这样有助于伦敦市民释放其潜力和激情，为城市经济发展做出更充分的贡献。

4. 安全韧性

世界范围内的各种自然灾害和社会风险频发使"韧性"成为新的城市发展研究热点。《一个纽约》回顾了飓风"桑迪"带来的教训，提出纽约的灾后复苏不仅是为了应对下一个"桑迪",而是要建设有能力抵挡一系列广泛风险的城市。规划聚焦韧性社区营造、建筑物更新、基础设施保护以及降低洪水风险等问题。

《伦敦规划:伦敦空间发展战略》同样针对洪水进行韧性设计,同时考虑到为适应气候变化,也提出保护伦敦的开敞空间和自然环境,提升城市韧性。

5. 社区活力

《一个纽约》认为城市居民的成功离不开所在居住社区中完善的基本服务、健康的环境、良好的生活品质以及与城市就业中心的便捷交通联系。规划将提供更可达的公共交通、品质良好的保障性住房、零售及其他服务作为社区战略投资的主要方向。具体措施包括支持功能混合型社区及加强融资工具的使用,为增长中的社区寻求更多基础设施和公共服务方面的投资,等等。

《伦敦规划:伦敦空间发展战略》提出可持续社区的概念,试图营造让居民愿意来此工作、居住的氛围,满足当前和未来居民不同的需求,以维持社区的活力。其特点还包括提供高品质的生活、安全、包容、规划良好等,同时制定了一系列实用工具,使社区有渠道表达各类诉求。

(四)　规划实施

1. 纽约规划实施

(1) 实施程序及具体措施。由于《一个纽约》尚处在实施的早期阶段,上一轮《纽约城市规划》的实施过程更具参考价值。《纽约城市规划》提出,要将立法草案提交给州议会、州参议院和市议会,并进行沟通协调,以确保其通过。我们将与州政府密切合作,立即开始执行州一级的行政管理工作,而大量的实施举措将由本市直接执行。从中我们可以了解到规划实施的法定程序,以及城市为主、区域为辅的规划实施参与主体。

为促进规划有序实施,纽约市的主要安排包括:①为每项具体的实施措施明确了主责机构、任务目标、关键步骤、进度安排和资金来源,实现各政府部门的责任到位;②专门组建了推动《纽约城市规划》实施的统筹协调部门,即"长期规划和可持续发展市长办公室",以此来促进各部门和机构间的合作;③每年发布年度报告,对实施情况进行跟踪和评估，此外专门发布一项针对气候变化的年度实施报告；④考虑到政府任期问题，细化了任期内需完成的短期目标，并承诺在换届前将其全部完成；⑤以地方立法的形式确定了每四年对规划进行一次修编，此外明确了将开展一系列与实施相关的研究调查和专项规划（见表7-11）。

表7-11 《纽约城市规划》实施细则示例

单位：百万美元

实施举措		主责机构	需要推进的非城市行动	节点绩效		纽约市资助金额		其他资助来源
				2009年	2015年	资本	运作	
交通运输	改善现有设施的客运服务：改善和扩展公交车服务	启用和扩建快速公交系统	大都会交通运输署/纽约市交通运输局	—	启动五条快速公交线路	十条快速公交线路进入运行状态			SMART专项资金
		在东河的桥上设立公交/高承载车辆专用车道	大都会交通运输署/纽约市交通运输局	大都会交通运输署	三座桥上的公交专用车道投入使用	—	46.2	1.2	SMART专项资金
		探寻其他改善公交服务的举措	大都会交通运输署/纽约市交通运输局	—	在22个站点完成运行改善工程	—			—

（2）实施评估。2008年开始，纽约每年发布规划实施进展报告。2011年，《纽约城市规划》进行修编，在修订版中对2007年提出的规划目标实施情况进行了系统性的评估。修订版称，在25个城市机构的共同努力下，规划提出的127项行动计划已推出了97%，已完成的包括：基础设施的智能化和创新改造、创造和维护住房6.4万套、对超过20个片区进行重新分区以使87%以上的新开发地区具有便利的公交可达性、使总计超过25万居民实现在十分钟步行距离以内可到达公园，等等。就社会反响而言，开通快速公交、实行更严格的能源标准及推广环保车辆等目标的实现为《纽约城市规划》赢得了较多的赞誉。但同时，2008年的金融危机等预期之外的因素也对规划实施产生了阻力，例如一项将校园操场改造为周末开放的城市公园的行动就因经济原因而未能按计划实施。

2011 年的修订版本在评估的基础上对实施计划进行了更新，将原有 127 项行动计划扩展到 132 项。2013 年的《更强大、更韧性的纽约》则提出了 188 项增强城市韧性的行动计划。在 2015 年新的《一个纽约》规划文本的最后，重点对 2011 版本的可持续发展行动计划和 2013 版本的韧性行动计划进行了实施评估。在新一版规划的末章对前一版规划的实施情况进行阶段性评估和总结，并提出新的行动计划，已成为一种惯例（见表 7 – 12）。

表 7 – 12　《一个纽约》对《纽约城市规划》的行动计划实施评估示例

章节	序号	行动计划	实施状态	实施状态描述	2014 年任务	任务进展
住房与社区 – 增加住宅容量	1	继续实施交通引导下的分区调整	进行中	纽约市应继续为交通便利社区的分区调整寻求机会。有关本行动的后续更新参见纽约市综合住房计划。	继续在交通可达地区鼓励更高密度的发展，调整森尼赛德/伍德赛德等六个地块的分区。	已完成
					继续在鼓励足量新增住宅的新分区中增加保障性住房。	部分完成

2. 伦敦规划实施

（1）实施程序。《伦敦规划实施规划》（以下简称《实施规划》）将伦敦规划落实成一系列可执行的任务，促进各方协调与合作，明确相关开发建设者的任务，为社区参与发展提供更透明的信息，帮助自治市执行规划，确保伦敦规划有效落实。《实施规划》也处于持续的更新中，随着历版伦敦规划的更新和工作的推进不断填补数据缺口、优化更新任务细节，特别是细化与基础设施规划相关的内容，以支持机遇区规划框架和地方规划的编制。

第一版《实施规划》于 2013 年推出，明确了实施小组的构成、实施任务的划分、完成年限及关键部门。

实施小组由大伦敦政府任命和管理，其人员由各类战略性基础设施方面的专家、地方政府官员、社区代表、关键利益相关方等构成。

实施机制则根据任务类型和关键部门划分了不同类型。如基于市长规划权的机制，《伦敦规划》的法定地位要求地方决策必须与其一致，同时《伦敦规划》列出的政策框架也直接影响决策；或是合作伙伴机制，市长与一系列组织共同推动实施，这些组织包括大伦敦政府的附属职能团体、地方政府、各类私人部门、欧盟政府和各类法定机构等。具体的实施任务则通过附表的形式列出，包括实施任务名称、任务类型、在《伦敦规划》中的出处，并指明实施的关键部门和任务年限等。

（2）体检评估。根据1999年的《大伦敦政府法案》，市长有责任监督规划的实施情况。每年，伦敦会发布一版《年度监测报告》，以评估上一年度的《伦敦规划》实施情况，自2005年起，至2016年已发布12版。

《年度监测报告》主要关注三个方面，包括《伦敦规划》的实施是否与规划设定方向一致，规划对城市的整体影响，以及评估完成规划目标与解决社会、经济、环境问题之间的关联。报告将规划确定的总目标细化为一系列具体目标，设定关键绩效指标（KPI）并加以评分。在2011版《伦敦规划》更新后，监测报告的关键绩效指标体系也随之更新（见表7-13）。

表7-13　《年度监测报告》中的伦敦规划实施监测 KPI

相关 KPI
最大化已开发土地再开发的比例
提升住宅开发密度
尽量降低开敞空间占用
增加新住宅供应量
可负担住宅供应量不断增加
降低健康不平等
可持续的经济活动
保障写字楼市场充足的开发量
保障用于就业的土地供应
外伦敦就业量
增加在就业市场处于劣势的人群的就业机会
改善社会基础设施及相关服务的供给
减小对私家车的依赖，促进更可持续的交通出行分担方式——公共交通使用率增长快于私家车使用率

续表

相关 KPI
减小对私家车的依赖，促进更可持续的交通出行分担方式——小客车交通量零增长
减小对私家车的依赖，促进更可持续的交通出行分担方式——自行车出行比例从 2009 年的 2% 增长到 2026 年的 5%
减小对私家车的依赖，促进更可持续的交通出行分担方式——2011 年至 2021 年蓝网的客运和货运量增加 50%
在公交可达性高的区域增加就业岗位供给
具有生物多样性栖息地的保护
增加垃圾回收或制肥比例，在 2031 年前消除垃圾填埋
新开发项目降低碳排放
增加可再生能源供能比例
增加城市绿化
改善伦敦蓝网
保护并改善伦敦的遗产和公共空间

《年度监测报告》的数据主要来源于大伦敦政府的伦敦发展数据库，这一数据库的数据由各自治市上报得来，数据质量较高。其他渠道还包括伦敦交通局、英格兰历史委员会、伦敦港务局等。

三　纽约、伦敦最新城市规划对北京的启示

（一）针对不同空间尺度开展比较研究

当前许多国际比较研究直接把不同城市的行政范围作为比较对象，忽视了空间尺度上的巨大差异。北京市总面积为 16410 平方公里，本身已达到都市圈的尺度，与 1572 平方公里的伦敦市、784 平方公里的纽约市不具有可比性。从本章第一部分的空间圈层划分可以看到，合理可行的做法是分"都市圈——国际大都市——国际大都市核心地区"三个圈层来开展同尺度比较。只有通过空间上的细分，才能得出北京中心城区与核心区居住人口密度过高、核心区就业仍有进一步集聚空间等精细化的研究结论。

在规划上，也需要针对不同圈层来分别施策。北京市当前提出的非首都功能和人口疏解正是以中心城区为主要对象、以核心区为重中之重，对不同圈层采取不同的标准和措施，而中心城区以外的地区将合理满足

其功能完善和人口增量的需求。对城市的精细化规划和治理，需要对城市空间的结构性特征和层次规律有清晰认识。北京下一步可参考纽约的大都市区统计区等概念，对不同圈层的统计数据进行整合。尤其是当前，北京东南部平原的跨界地区已与城市集中建设区形成连绵之势，有必要突破行政边界，对都市圈范围进行进一步界定，以便于科学研究的开展，同时为未来的一体化规划及实施打好基础，以实现控制区域建设用地无序蔓延、促进都市圈集约紧凑发展的目标。

（二）建立符合城市特色和发展导向的指标体系

纽约、伦敦规划都呈现出规划目标与指标体系清晰对应的逻辑结构。根据不同的规划目标，其指标体系具有"量身定做"的特点，对于规划实施有明确指导意义，同时具有一定的原创性。以纽约为例，其指标体系是与"繁荣城市、公平城市、可持续发展城市、弹性城市"四个发展目标紧密耦合的。具体来看，在对经济增长相关指标保持较高关注度的同时，纽约以多种指标强调对不同收入和种族人群的公平与包容，这一点与其"多元文化熔炉"的独特城市气质是相吻合的。北京市的指标体系设计也宜与规划目标和城市特色紧密联系起来。

规划指标的选择反映了政府重点关注的问题，应注重与时俱进。《一个纽约》规划与之前的版本比较，加强了弹性城市、防灾建设等方面的指标要求，在最近几年全球各地自然灾害频发的背景下，体现了提前介入、充分准备以应对风险的思考，也回应了人民近期广泛关心和担忧的主题。伦敦则根据其新时期的战略选择，强调了经济增长方面的指标。对于北京而言，京津冀协同发展、冬奥会、城市副中心建设等近期焦点问题都应在指标体系中有所体现。

此外，还应对与市民感受直接相关的指标加强重视。例如，纽约在医疗卫生发展指标方面未直接对床位数、医护人员总数等提出要求，而是将"认为自己获得了所需医疗服务的居民比例"作为主要指标，不拘泥于传统范式，而是体现了以人为本的价值观。尽管国内对于规划指标有强制性的标准和要求，但仍可以在合规的前提下将指标设计得更有温度、更具亲切感，以人民群众关注的问题为导向，提升规划的人文关怀。

（三）改善人居环境的新视角

城市和社区的可持续发展一直是纽约和伦敦规划的重要考虑因素，

在包容性发展、韧性城市等理念兴起后，改善城市人居环境的视角和手段随之扩充，包括营造公平公正的城市氛围、建设有归属感的社区、增强城市韧性等。

《一个纽约》指出机会不平等会对经济增长产生负面影响，并在医疗、司法等领域增加额外成本。《伦敦规划：伦敦空间发展战略》也认为，解决健康、住房、就业等领域的公平问题，有助于让市民对城市经济产生正面的影响。对于北京来说，人口过多、交通拥堵、房价高涨、大气污染等问题不仅降低城市运行效率，伴随着的基本公共服务均等化不足等问题也具有潜在的社会矛盾，需要提出解决这些问题的综合方略，形成有效的特大城市治理体系。

纽约和伦敦都注重社区建设，认为有归属感的社区能吸引居民来此工作、居住，使社区的活力长久维持；同时，居民珍视自己所有的建筑和街道，认可现代建筑、历史遗产、开放空间的价值，将更有助于市民的健康，发挥自身潜能，提升城市效益。党的十八大报告首次把"社区治理"写入纲领性文件。结合"做实街道、做强社区"的目标，北京也应不断创新社区治理机制，完善社区居民自治，动员居民参与社会治理，增强社区归属感、凝聚力。

随着世界范围内频发的自然灾害、社会风险，纽约和伦敦都提出了提升城市韧性的发展策略，从单一的洪水应对，到适应气候变化，再到韧性社区营造，手段逐渐丰富。受全球气候变化的影响，北京市极端最高气温以每十年 0.15℃ 的速率增加，最低气温以每十年 0.5℃ 的速率增加，在近 50 年最暖的十个年份中有六个出现在 2000 年之后，夏季暴雨也频发，也带来直接间接经济损失。北京也需要从应对雨洪等问题出发，建设更具韧性、更能抵御极端天气的城市。

（四）注重城市经济的可持续发展

城市经济的可持续发展和竞争力在两个城市的规划中都是关注重点。纽约提出"纽约将继续作为世界最有活力的经济体"，同时关注提供高品质和多元化的就业。伦敦也提出"伦敦应成为顶级全球城市——使全体民众和企业获得更多机会"。两个城市都希望通过相应政策，确保在未来维持全球竞争力，继续拥有强大且多元的经济，以及富于企业家精神的城市氛围，并通过引领最前沿的创新和研发、传承丰富的历史和文化资源来强化这种竞争力。从政策设置可以看出，一方面要注重一定区域内的分工协作和竞争力培育，另一方面要强调创新驱动和就业保障。

对于北京来说，深入推动京津冀协同发展，建设京津冀创新协同共同体，有助于增强区域整体竞争力；还应考虑疏解腾退空间再利用的问题，考虑到建立人口和建设规模双控机制，需要进一步提高城市劳动生产率和地均产出，应坚持创新驱动，以"三城一区"建设为抓手构建"高精尖"经济结构；同时，为了吸引国内外人才来京创新创业，还需考虑城市的文化内涵、生态环境等软性的创新环境营造。

（五）统筹保障规划实施和评估

规划实施的保障需要从制定实施计划、定期规划评估和调整等方面统筹考虑。一方面在技术上需要做好任务分解、实施效果评估，另一方面在机制上也要有相应机构的设置，以确保数据获取、协调、监督等工作的推动。纽约和伦敦都非常关注相应的保障措施。

首先，在规划公布后，应配套详尽的实施计划。《一个纽约》和《伦敦规划：伦敦空间发展战略》都是具备战略属性的规划，实施计划将规划所关注的领域和政策要点细分为一系列更为清晰的任务，明确各任务的目标、主责机构、关键步骤、进度安排、资金和制度保障等，并设置相应级别的机构负责监督和推动任务落实。

其次，每年评估规划目标的实现情况，并衡量其对城市的经济、社会、生态所产生的影响。在规划评估时，相关的数据通常需要各部门、各地方政府提供，因此确保负责评估的部门拥有相应授权十分重要。同时，随着社会经济背景的变化，规划指标的达成并不一定意味着积极的经济、社会、生态影响，每年的规划评估需要从现实背景出发进行综合评价，适时调整目标的设置。

最后，设置动态维护的机制。规划公布之后，如果上位政策、城市社会经济状态乃至对政治、经济和城市发展的理论认识发生变化，都会存在调整规划的需求。纽约和伦敦的规划都处在持续的修订中，局部的政策导向、优先策略会进行微调。当外部条件发生较大改变，新版规划便会综合前期所有修订，结合新的长期展望进行编制。

参考文献

孙晖、梁江：《美国的城市规划法规体系》，《国际城市规划》2000 年第 1 期。

饶及人：《让城市有秩序地成长》，《中国建设报》2003 年 7 月 2 日。

何丹、朱小平、王梦珂：《更葱绿、更美好的纽约》——新一轮纽约规划评述与启示，《国际城市规划》2011 年第 5 期。

武廷海、高元：《第四次纽约大都市地区规划及其启示》，《国际城市规划》2016 年第 6 期。

第八章　东京的城市管理

张　兵[*]

亚洲各国的城市发展有一个共同的特点，就是工业化及城市化、汽车普及等在相对比较短的时期内迅速推进，城市的各项基础设施和管理、公共服务供不应求，面临严重的"大城市病"。1945 年日本的城市化率是 27.8%，大概相当于美国 1890 年（28.2%）的水平。但到 1970 年，日本的城市化率就已达到 72.1%，一跃与同年美国的水平（73.5%）基本持平。2010 年，日本的城市化率更进一步上升到 90.7%。城市化水平的快速提高一方面推动了日本经济社会的迅速发展，另一方面又带来了城市地区人口过于稠密和农村地区人口过于稀疏的问题，特别是人口过于向东京集中的所谓"东京一极集中"的问题。为此，日本实行了各种政策来加以解决，取得了显著的成效。而且在此过程中东京一直实行人口出入自由，不存在人为限制人口流入的制度和政策[①]。东京的经验无疑对中国以及其他亚洲国家大城市病的解决具有参考意义。本章主要就东京的城市管理做一些介绍和分析。在介绍和分析的过程中，北京作为比较的对象，将被适当指出有关情况。

为了便于理解，首先将东京的概况简介如下。东京的全称是"东京都"。日本的一级行政区有 47 个，包括一都（东京都）、一道（北海道）、二府（大阪府、京都府）、43 县（埼玉县、千叶县、神奈川县等），合称"47 都道府县"，总面积为 37.8 万平方千米。东京都作为日

---

[*]　张兵，日本山梨县立大学国际政策学部教授，经济学博士，主要研究方向为区域及城市发展。

[①]　张兵：《中国的大城市问题与日本的经验》，《山梨国际研究》第 10 号，2015 年 3 月。

本的首都，集中了日本 1/10 的人口。不过东京都内部人口分布也很不均匀。东京都下辖行政区划分为三类，即"特别区"，简称"区"，共有 23 个区，统称"区部"；"市"，共有 26 个市，统称"市部"；"町村"，共有 5 个町、8 个村，统称"町村部"。区部 23 区是市区，即东京的中心区域，其中千代田区、中央区、港区 3 个区是日本中央政府机关以及大企业总部集中地区，习惯称为"都心"，即城市中心，相当于北京的首都功能核心区。区部人口密集，平均人口密度为 15079 人/平方千米，人口密度最大的丰岛区达 22874 人/平方千米。市部次之，平均人口密度为 5344 人/平方千米。町村部人口稀少，平均人口密度只有 107 人/平方千米（参见图 8 - 1 和表 8 - 1）。

另外，东京都与邻接的埼玉县、千叶县、神奈川县交通连为一体，城市功能方面的关联也很强，所以习惯上将这一都三县称为"东京圈"或者"东京都市圈""东京通勤圈"。联合国发布的《城市集聚区（2014）》显示，东京圈人口达 3780 万，为世界人口规模最大的城市群，比排名第三的上海（2300 万）多 1480 万、排名第七的北京（1950 万）多 1830 万。东京圈集聚了日本 29.8% 的人口，人口集聚程度非常高（上海和北京的这一比例分别是 1.6% 、1.4%）①。

图 8 - 1　东京都地图

资料来源：http://www.mapion.co.jp。

———————————

① 樊纲、郭万达等：《中国城市化和特大城市问题再思考》，中国经济出版社，2017，第 146 页。

表 8 – 1　东京都的人口、面积、人口密度（2017 年 6 月 1 日）

项目	人口（万人）	面积（平方千米）	人口密度（人/平方千米）
东京都	1372.6	2191.0	6265
区部（23 区）	945.1	626.8	15079
市部（26 市）	419.1	784.2	5344
町村部（5 町、8 村）	8.4	780.0	107

注：23 区人口密度前三位是：丰岛区 22874、中野区 21487、荒川区 21221。

北京市人口状况（2015 年末）：常住人口 2170.5 万，其中城镇人口 1877.7 万、户籍人口 1345.2 万，全市人口密度为 1323（人/平方千米），其中西城区人口密度为 25688（人/平方千米），东城区人口密度为 21620（人/平方千米），功能拓展区人口密度为 8327（人/平方千米）。

资料来源：东京都网站（http://www.metro.tokyo.jp）、《北京统计年鉴 2016》。

一　东京都的政府机构和行政管理体制

东京都的政府机构分为议政和行政两部分。议政机构为东京都议会（相当于北京市人民代表大会）。行政机构为东京都知事及其下属组织（相当于北京市长及北京市政府）。

（一）东京都议会

构成东京都议会的议员定员 127 人，任期 4 年，由东京都居民（以下简称"都民"）直接投票选举产生。东京都议会的首长有议长和副议长各 1 人，都从东京都议员中选举产生。议长负责统括议会的各项事务，议长因故缺席时其职务由副议长代理。

东京都议会具有以下职权。①议决权。包括条例的制定和修改、废除，预算的审议和决算的批准，地方税的赋课征收等。②选举权。选举议长、副议长、选举管理委员等。③行政事务的监督和调查权。对东京都行政机构的事务、议会决议的执行以及出纳等进行监督检查。还有权对行政机构的事务进行调查，要求有关人员出面及作证。④同意权。知事在选拔和任命副知事、监察委员、公安委员会委员等重要人员时需征得议会的同意。⑤不信任议决权。在议会和知事之间出现意见对立的时候，议会有权提出对知事的不信任决议。

东京都议会有定期召开的"定例会"和根据需要随时召开的"临时会"，都由知事负责召集。定例会一年 4 次，原则上在每年的 2 月、6 月、9 月、12 月，会期由议会决定。东京都的重大事项都必须先在议会审议和通过，然后移交行政机构执行（见表8-2）。议会另有常设的委员会"常任委员会"，共有9个，分别对所负责各行政机关的事务进行监督审查（见表8-3）。各委员会设委员长和副委员长，均从委员中互选产生。所有议员都必须担任某个委员会的委员，任期1年。另外，作为直接听取都民意见的手段，东京都议会设有请愿陈情制度，来自都民的请愿和陈情，由分管常任委员会进行审查后，在议会定例会上进行审议表决，议会表决后送交相应行政机关，相应行政机关判断是否需要进行处理，并将处理的经过和结果向知事汇报。

表8-2 2016年东京都议会定例会会期和通过议案

第1次定例会：2016年2月17日~3月25日
知事提出议案：148项（条例78、预算30、人事20、事件10、契约9、咨问1） 议员提出议案：9项（决议4、条例3、意见书2） 请愿、陈情：55项（请愿32、陈情23）
第2次定例会：2016年6月1日~6月15日
知事提出议案：35项（契约11、人事10、条例9、事件3、咨问1、专决1） 议员提出议案：7项（条例6、意见书1） 请愿、陈情：3项（请愿2、陈情1）
第3次定例会：2016年9月28日~10月13日
知事提出议案：45项（人事13、条例11、契约10、事件6、决算2、专决2、预算1） 议员提出议案：6（意见书3、条例1、决议1） 请愿、陈情：0项
第4次定例会：2016年12月1日~12月15日
知事提出议案：43项（条例17、契约14、事件7、决算2、咨问1、专决1、人事1） 议员提出议案：5项（条例3、意见书1、决议1） 请愿、陈情：2项（陈情2）

资料来源：东京都议会网站，http://www.gikai.metro.tokyo.jp。

表8-3 东京都议会的常任委员会

委员会名	定员	所负责监督审查的行政机关
总务	15	政策企划局、青少年及治安对策本部、总务局、人事委员会、选举管理委员会、监察委员
财政	14	财务局、主税局、会计管理局、收用委员会
文教	14	生活文化局、奥运会准备局、教育委员会
城市建设	14	都市整备局

续表

委员会名	定员	所负责监督审查的行政机关
卫生	14	福祉保健局、医院经营本部
经济、港湾	14	产业劳动局、中央批发市场、港湾局、劳动委员会
环境、建设	14	环境局、建设局
公营企业	14	交通局、水道局、下水道局
警察、消防	14	公安委员会、东京消防厅

资料来源：东京都，《都政 2016》，第 38 页。

（二）东京都的行政机构

1. 东京都知事

东京都最高行政长官是东京都知事。东京都知事由都民直接投票选举产生，任期 4 年（经选举可以连任），负责统括东京都的行政事务。现任知事是 2016 年 8 月 2 日就任的小池百合子（1952 年出生，曾担任过中央政府的环境大臣和防卫大臣）。

知事之下有副知事，负责对知事进行辅助，对职员进行监督以及知事不在的时候代理知事的职务。副知事一般有 3 人，任期 4 年。副知事由知事任免。

2. 东京都政府部门

东京都的政府部门主要有"局"（与"局"平行的还有"本部""委员会"等）、"部"、"课"三级，各级部门的职员由知事依据《地方公务员法》进行任免，共有 3.8 万多人[①]（局、部级部门的构成参见表 8-4）。包括政策企划局、青少年及治安对策本部、总务局、财务局、主税局、生活文化局、奥运会准备局、都市整备局、环境局、福祉保健局、医院经营本部、产业劳动局、中央批发市场、建设局、港湾局、会计管理局、东京消防厅、交通局、水道局（含多摩水道改革推进本部）、下水道局（含流域下水道本部）在内的共计 20 个机关称为"知事部局"，由知事直接统辖。包括教育委员会、选举管理委员会、人事委员会、公安委员会、劳动委员会、收用委员会（负责基础设施建设等所需

---

① 该数字是政府机关职员。加上议员和学校、警察、消防、公营企业等部门在内，东京都行政系统全体有关人员共有约 16.6 万人。

土地的征用工作）、东京海区渔业调整委员会、内水面渔场管理委员会、固定资产评价审查委员会在内的 10 个委员会称为 "行政委员会"，可以不受知事的指令独立工作，以防止权力过于向知事集中。但是为保持行政的整体性和连贯性，委员会的预算关系的工作以及向议会提出议案的工作由知事负责，委员会的委员也由知事任命。

表 8 – 4   东京都的政府部门

知事	副知事	政策企划局	总务部、调整部、计划部、外务部	知事部局
		青少年及治安对策本部	综合对策部	
		总务局	总务部、复兴支援对策部、行政改革推进部、信息通信企划部、人事部、行政监察室、行政部、综合防灾部、统计部、人权部	
		财务局	经理部、主计部、财产运用部、建筑保全部	
		主税局	总务部、税制部、课税部、资产税部、征收部	
		生活文化局	总务部、广报广听部、都民生活部、消费生活部、私学部、文化振兴部	
		奥运会准备局	总务部、综合调整部、大会准备部、体育推进部	
		都市整备局	总务部、都市创造政策部、住宅政策推进部、都市基础设施部、市街地整备部、市街地建筑部、都营住宅经营部、基地对策部	
		环境局	总务部、地球环境资源部、环境改善部、自然环境部、资源循环推进部	
		福利保健局	总务部、指导监查部、医疗政策部、保健政策部、生活福利部、老龄社会对策部、少子社会对策部、残疾人施策推进部、健康安全部	
		医院经营本部	经营企划部、服务推进部	
		产业劳动局	总务部、商工部、金融部、金融监理部、观光部、农林水产部、雇用就业部	
		中央批发市场	管理部、事业部、新市场整备部	
		建设局	总务部、用地部、道路管理部、道路建设部、三环状道路整备推进部、公园绿地部、河川部	
		港湾局	总务部、港湾经营部、临海开发部、港湾整备部、离岛港湾部	
		会计管理局	管理部、警察消防出纳部	
		东京消防厅	企划调整部、总务部、人事部、警防部、防灾部、救急部、预防部、装备部	

		交通局	总务部、职员部、资产运用部、电车部、汽车部、车辆电气部、建设工务部	
知事	副知事	水道局	总务部、职员部、经理部、服务推进部、净水部、给水部、建设部	行政委员会
		多摩水道改革推进本部	调整部、设施部	
		下水道局	总务部、职员部、经理部、计划调整部、设施管理部、建设部	
		流域下水道本部	管理部、技术部	
		教育委员会	教育厅、总务部、都立学校教育部、地域教育支援部、指导部、人事部、福利厚生部	
		选举管理委员会	事务局	
		人事委员会	事务局、任用公平部、考试部	
		监查委员	事务局	
		公安委员会	警视厅、总务部、警务部、交通部、警备部、地域部、公安部、刑事部、生活安全部、组织犯罪对策部	
		劳动委员会	事务局	
		收用委员会	事务局	
		东京海区渔业调整委员会	—	
		内水面渔场调整委员会	—	
		固定资产评价审查委员会	—	

资料来源:《都政 2016》，东京都，2016 年 3 月。

3. 都和区市町村

日本的行政区划分为两级，一级行政区为前述的 47 都道府县，二级行政区为市町村，东京都辖内还另外设有 23 个特别区。特别区、市、町、村名称不同，级别一样。根据《地方自治法》第八条规定，成为"市"的条件是拥有五万以上人口、全户数的六成以上居住在中心市区、全人口的六成以上（包括家属）从事第二和第三产业；成为"町"的条件由各一级行政区制定，不具备"市""町"条件的地方为"村"。现在日本的二级行政区共有 1741 个，包括 791 个市、744 个町、183 个村、23 个特别区。如前所述，东京都下辖的二级行政区共有三类 62 个，包括 23 个特别区（简称区，统称"区部"），26 个市（统称"市部"），5 个町、8 个村（统称"町村部"）。区部人口密集，大概相当于一般所说的市区，市部人口比较少，大概相当于一般所说的郊区，町村部则位于东京西部边境和东部海上岛屿等偏僻地区，人口稀少。三类区域的形成有地理位置和人口方面的因素，也有历史方面的背景。1868 年明治维新开始后，此前的江户府改称为东京府，东京府厅所在地为东京市。1943年颁布实施的《东京都制》（法律第 89 号）废除东京府和东京市，东京府改称为东京都，旧东京市辖区改为东京都的下属行政区（共有 35 个区）。1947 年《地方自治法》颁布实施，《东京都制》随之被废除。依照《地方自治法》，35 个区改编为 23 个特别区，特别区以外设为市町村。"特别区"的成立条件与"市"等同，作为行政区与"市町村"同属东京都之下的二级行政区，不过实际上特别区比市町村更多接受东京都政府的直接管理，也得到东京都政府更多的财政支援（参见后述"都区协议会""财政调整交付金""下水道"等项目）。

作为二级行政区的各区市町村也各有作为议政机构的议会，分别称为"区议会""市议会""町议会""村议会"，议员由居民直接选举产生，任期 4 年。与都议会一样，各区市町村的重大事项也需先经议会审议通过，其执行情况也由议会监督审查。区市町村的议会各自独立，与都议会没有隶属关系。

区市町村的最高行政长官分别称为"区长""市长""町长""村长"，也由居民直接投票选举产生，任期 4 年。区市町村的政府机关分别称为"区役所""市役所""町役场""村役场"，相当于北京的区政府。按照《地方自治法》，原则上实行"都道府县"和"区市町村"二级行政管理制度，所以东京都内二级行政区的区市町村原则上也是实行地方分权和地方自治，具有一定的独立性。但是另一方面，很多本来属于二级行政区的事务例如城市规划及基础设施建设、自来水、下水道、交通、消防等经费庞大而且关系到城市行政一体化的事务实际上由"都"统一管理，"都"统一管理以外的事务才由区市町村自行管理，主要是直接关系居民日常生活的事务，例如学校、保健、福利、保险、垃圾、户籍等（参见表 8-5），所以区市町村的独立性有很大的限制。总之，区市町村与"都"的关系比较复杂。从法律上来说区市町村是与"都"对等的独立的政府，其最高长官也由居民投票选举产生，但是从事权的划分上来说，很多本属于区市町村管理的事务由"都"实行一元化管理，区市町村对"都"的依附性比较大。为此，面向人口稠密事务较多的特别区还专门设立了"都区协议会"，负责"都"与特别区之间的联络和调整。东京都知事在制定和修改很多重要条例的时候，一般事先在"都区协议会"上进行说明和听取意见。

表 8 – 5　东京都的行政管理体制及自治组织

性质	一级行政区（政府机关）	二级行政区	二级行政区的派出机构	居民自治组织
名称	东京都（都厅）	区（区役所）	派出所/特别派出所	町会/町内会/自治会
		市（市役所）	事务所/支所/联络所	
		町（町役场）	—	
		村（村役场）	—	
分担	警察（警视厅）、国道（指定区间）、高中大学、中小学教员的任免和工资、城市规划（一定规模以上）、基础设施建设、自来水、下水道、交通（地铁、公共汽车）、消防	幼儿园、中小学、保健所、儿童福利、生活保护、国民健康保险、看护保险、垃圾收集和处理、户籍管理、城市规划及建筑物的确认		地方政府有关政策及信息的宣传册子的分发、居民的集会和交流、有关居民生活信息的传递等
共同	公营住宅（都营/区营/市营住宅）、医院（都立/区立/市立医院）、公园（都立/区立/市立/町立/村立公园）、图书馆（都立/区立/市立/町立图书馆）、美术馆（都立/区立/市立美术馆）、体育馆（都立/区立/市立体育馆）等			—

资料来源：根据各种资料整理。

另外区和市因为区域范围比较大，为了更方便为居民提供服务，区役所和市役所都在辖区内设立多所派出机构，相当于北京的街道办事处。居民办理有关手续或者开具各种证明可以去就近的派出机构。类似北京的居民委员会的社区组织东京也很普遍，叫作"町会""町内会"① 或者"自治会"，一般统称为"町内会"。町内会不是行政机构，只是居民的互助自治组织，主要活动是组织居民集会交流、传递社区内的活动信息、定期结队在社区内巡逻等，但是也协助政府机关工作，例如挨户分发政府机关印制的宣传册子和传单、传递政府机关关于居民生活以及安全防灾的信息等。

---

① 日语的"町"有两种意思，一是作为行政区划的町，与"特别区""市""村"平级。一是作为居住区域称呼的町，类似国内的街道。在此意思为后者。

经费方面，各级行政机构的经费主要来源于税收，税收的项目及其征收权依照事权的划分来区分（见表 8-6）。需要指出的是，由于东京都政府承担了一部分原本属于区市町村的行政事务，所以原本属于"区市町村税"的一部分税收作为特例改由东京都政府作为"都税"征收，具体包括法人住民税（被合并到法人都民税征收）、固定资产税、事业所税、都市计划税等 4 项税收。

表 8-6 东京都各级行政机构的税收

单位：%

都（都税）	比例	区市町村税
都民税	38.4	
个人都民税	18.2	个人住民税
法人都民税	19.3	
利息	0.9	
事业税	16.4	
个人事业税	1.0	轻机动车税
法人事业税	15.4	
固定资产税	24.1	区市町村烟税
都市计划税	4.7	矿产税
地方消费税	8.9	温泉税
事业所税	2.1	国民健康保险税
不动产取得税	1.6	—
机动车取得税	0.2	—
机动车税	2.3	—
轻油税	0.9	—
都烟税	0.4	—
都税合计	100	

注：比例为 2014 年度决算额。

资料来源：《都政 2016》，东京都，2016 年 3 月。

这样一来区市町村的税收来源比较少。为了弥补区市町村财政的不足，东京都政府与区部实行"都区财政调整制度"。即由东京都政府将征收的上述本属于区市町村税的 4 项税收的一定比例（2007 年以后定为55%）作为"财政调整交付金"划拨给相关区政府（见图 8-2）。财政调整交付金分普通交付金和特别交付金两部分。普通交付金约占交付金总额的 95%，面向财政支出超过收入的区，支付其亏空部分。特别交付金约占交付金总额的 5%，面向遭受自然灾害等有特别财政需要的区支付。市部和町村部则按国家统一做法由中央政府划拨的"地方交付税"弥补①。地方交付税资金来自国税，也分普通交付税和特别交付税两部分。

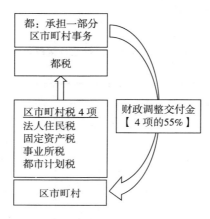

图 8-2　都区财政调整制度

（三）东京都的财政

作为日本的首都，东京都的财政规模远远大于其他一级行政区。以 2017 年为例，东京都的一般会计的财政规模为 6 兆 9540 亿日元，相当于日本全国财政规模（97 兆 4547 亿日元）的 7.1%。表 8-7 是东京都 2017 年一般会计的预算额。

表 8-7　东京都的财政收支状况（2017 年度预算）

收入		支出	
都税（地方税）	5 兆 911 亿日元（73.2%）	福祉保健	1 兆 2017 亿日元（23.7%）
其中，法人都民税和法人事业税 1 兆 7538 亿日元、固定资产税和都市计划税 1 兆 4213 亿日元、其他都税（个人都民税、个人事业税、地方消费税、不动产取得税、机动车取得税、机动车税、轻油税、事业所税、都烟税等）1 兆 9161 亿日元		教育文化	1 兆 1073 亿日元（21.9%）
		警察消防	8957 亿日元（17.7%）
		都市整备	8821 亿日元（17.4%）
		产业经济	4815 亿日元（9.5%）

---

① "地方交付税"是中央政府用于支援财政困难地区的专用资金，东京都的区部不属于"地方交付税"的交付对象。

续表

收入		支出	
国库支出金	3854 亿日元（5.5%）	企划总务	2945 亿日元（5.8%）
转入金	3807 亿日元（5.5%）	生活环境	2014 亿日元（4.0%）
都债（地方债券）	2983 亿日元（4.3%）	一般支出合计 5 兆 642 亿日元（100%）	
地方退还税	2346 亿日元（3.4%）	公债费	5002 亿日元
其他	5641 亿日元（8.1%）	其他费用	1 兆 3896 亿日元
收入合计	6 兆 9540 亿日元（100%）	支出合计	6 兆 9540 亿日元

注：国库支出金是根据《地方财政法》由国家所负担的地方事业的经费。转入金是从特别会计和公营企业会计转入一般会计的收入。都债是为基础设施建设和城市改造而发行的地方债券。地方退还税是因手续上的原因被作为国税征收后来又退还给地方政府的地方税。

资料来源：东京都财务局网站，http://www.zaimu.metro.tokyo.jp。

东京都财政收入的七成以上依靠东京都的地方税"都税"，而都税中占最大比例的是被称为"法人二税"的"法人都民税"和"法人事业税"，其次是面向土地、住宅等不动产征收的固定资产税和面句市区内土地、住宅征收的都市计划税。因此东京都的财政收入比较受经济状况特别是企业业绩的影响，很不稳定。例如，以最近十年的"都税"收入为例，2007 年 5.5 兆日元，2008 年 5.3 兆日元，2009 年 4.3 兆日元，2010年 4.1 兆日元，2011 年 4.1 兆日元，2012 年 4.2 兆日元，2013 年 4.5 兆日元，2014 年 4.7 兆日元，2015 年 5.2 兆日元，2016 年 5.2 兆日元，2017 年 5.1 兆日元，经历了一个由下降而逐步回升的过程。

财政支出方面，受日益严重的老龄化和少子化的影响，用于福祉和保健事业的支出最大而且年年上升，其次比较大的是教育文化、警察消防、都市整备（城市建设）方面的支出。从支出的项目来看，2017 年度用于政府机关职员、警察、消防队员、学校教员等在内的工资方面的支出为 1 兆 5702 亿日元，占一般支出总额 5 兆 642 亿日元的 31%。总之，财政支出中直接与都民生活有关的部分占比例较大。

据东京都财务局提供的决算结果报告，2014 年实际收入 6 兆 8534 亿日元，实际支出 6 兆 5540 亿日元，2015 年实际收入 7 兆 1863 亿日元，实际支出 6 兆 9347 亿日元，收大于支。

对于基础设施以及城市改造等资金需要比较庞大的项目，东京都发行的地方债券"都债"是其主要财源之一。2017 年东京都民人均"都债"余额是 41 万日元，与人均 682 万日元的"国债"和人均 154 万日元的全国地方债相比情况要好得多。

二 东京的交通

交通拥堵是大城市的通病，东京自然也不例外。而解决交通拥堵的方法则是因地而异的，中国主要采取限牌和工作日高峰时段区域限行等行政措施（"北京模式"），收效快但难以根本解决。东京实施的是各项经济手段并举的渐进式政策（"东京模式"），收效慢但比较稳定。

（一）东京与北京交通拥堵程度比较

东京跟中国大城市一样，也经历了而且正在经历着人口迅速增加、城市规模不断扩大的过程，不过与中国大城市相比，东京的拥堵程度相对比较轻。一项针对部分大城市平均行车速度进行的调查结果显示，北京 12.1（公里/小时）最低，其后是上海 16.3（公里/小时）、广州 17.2（公里/小时）、成都 18.0（公里/小时）、香港 20.0（公里/小时）、武汉 20.4（公里/小时）。东京是 21.6（公里/小时），比北京高 9.5（公里/小时）（见图 8 - 3）。

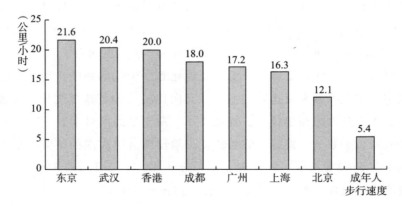

图 8 - 3 东京与中国主要大城市平均行车速度比较

资料来源：樊纲、郭万达等《中国城市化和特大城市问题再思考》，中国经济出版社，2017 年 5 月，第 164 页。

或许有人认为北京交通拥堵是因为汽车数量增长太快，其实不论是从总数还是人均来看，东京的汽车数量远超北京。从表 8 - 8 可以看出，东京交通圈的人口与人口密度分别是北京市的 1.7 倍和 2 倍，面积是北京市的 80%。东京圈的机动车保有量是北京市的近 3 倍，人均机动车保有量是北京市的 2 倍。不过东京与北京的不同在于，东京的机动车保有量与人口密度呈反比，人口密度越高的地区机动车保有量越少，而北京的机动车保有量与人口密度呈正比，人口密度越高的地方机动车保有量越多。据研究，北京市 70% 以上的机动车保有量集中在六环路以内，人口特别集中的东城区和西城区（人口密度约 2 万人/平方千米）的机动车保有量分别为 0.34 台/人和 0.29 台/人，是东京同人口密度的中野区（人口密度约 2 万人/平方千米）机动车保有量（0.16 台/人）的 2 倍①。

表 8-8 东京圈与北京市交通状况比较

		东京圈	北京市	东京圈/北京市
城市规模	面积（km^2）	13559	16411	0.8
	人口（万人）	3583.9	2114.8	1.7
	人口密度（人/km^2）	2643.2	1288.6	2.0
	机动车保有量（万台）	1490.5	518.9	2.9
	人均机动车保有量（台）	0.4	0.2	2.0
道路状况	道路总里程（km）	116276	21614	5.4
	高速公路里程（km）	431.7	923	0.5
	每台机动车平均道路里程（m）	7.8	4.2	1.9
	机动车分担率（%）	13	33	0.4
铁道状况	地上铁道里程（km）	3473.9	465	7.5
	地铁里程（km）	301.8	513	0.6
	运营线路条数（条）	132	16	8.3
	车站数（个）	1960	318	6.2
	铁道分担率（%）	86	17	5.0

注：东京圈是前面提到的东京通勤圈，包括东京都和埼玉县、千叶县、神奈川县。

资料来源：李春利、张钟允：《汽车社会成本中的交通拥堵机理分析与"东京模式"》，《汽车安全与节能学报》2015 年第 2 期。

---

① 李春利：《北京与东京交通问题比较分析》，《中国经济经营学会 2017 年春季研究集会论文集》2017 年 7 月。

（二） 东京的交通供给策略

解决交通拥堵的办法一般具体区分为扩大交通供给、控制交通需求、调节空间布局等三大策略，东京的经验在于以扩大交通供给为主，三大策略并举，循序渐进，逐渐取得成效。

1. 增加道路长度和面积

解决交通拥堵最直接的方法是增加道路长度和面积，扩大道路的输送能力。随着汽车数量的增加，日本从 20 世纪 50 年代就开始着力于道路建设。同时期实施的收费道路制度（1952 年开始）和汽油税征收（1953 年开始）为道路建设提供了雄厚的财源。东京都区部从 1956 年到 1987 年 30 年间道路长度增加了 22%、道路面积增加了 60%[①]。从表 8-8 可以看出，东京圈的道路总里程是北京市的 5 倍多，每台机动车平均道路里程是北京市的近 2 倍。北京中心区机动车保有量大，道路面积却比较狭小。有研究指出，北京的首都功能核心区（东城区和西城区）人均道路面积为 5.12 平方米，人均道路长度 0.462 米，分别只有东京的 45% 和 35%[②]。

2. 发展大运量的轨道交通

发展以轨道交通为中心的大运量的公共交通是东京解决交通拥堵最有效的方法。从表 8-8 可以看出，东京地铁的长度虽然已被北京远远超过，但地上铁道的里程是北京的 7 倍多（东京的地铁主要集中在城市中心区域，北京的地铁好多是连接市中心和郊外，因此长度上占优势），铁道运营线路条数是北京的 8 倍多，铁道车站是北京的 6 倍多，形成了地上地下互联的四通八达的轨道交通运输网（见图 8-4）。铁道的交通分担率高达 86%，机动车的分担率只有 13%。与此相比，北京的铁道分担率只有 17%，而机动车的分担率则达 33%。

尤其是在东京都区部的公共交通中，轨道交通的分担率高达 92.0%，公共汽车和出租车的分担率分别只有 4.4% 和 3.6%。可见东京的公共交通主要依靠轨道交通，公共汽车所占的比例非常小。相比之下，

---

① 张兵：《中国的大城市问题与日本的经验》，《山梨国际研究》第 10 号，2015 年 3 月。
② 樊纲、郭万达等：《中国城市化和特大城市问题再思考》，中国经济出版社，2017 年 5 月，第 172 页。

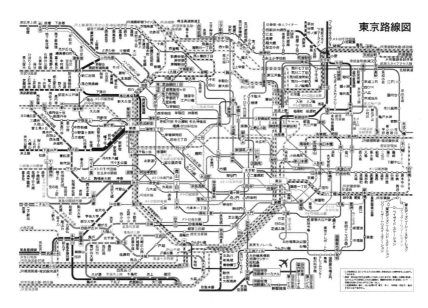

图 8-4 东京轨道交通路线

资料来源：http://www.meik.jp。

北京市公共交通工具整体的输送能力还不是很高，而公共交通中公共汽车占的比例比较大，轨道交通占的比例还比较小。发展大运量的轨道交通是北京市的当务之急（见表 8-9、表 8-10）。

表 8-9 东京都区部交通工具分担率（2010 年）

单位：万人次，%

交通工具		客运量		分担率
		一年	平均每天	
轨道交通	JR	367832	1008	35.3
	私铁	274936	753	26.4
	地铁	310833	852	29.9
	路面电车	3823	11	0.4
公共汽车		45681	125	4.4
出租车		37513	103	3.6
合计		1040619	2851	100.0

注：JR：Japan Railways 的略称，原为日本国有铁道，1987 年后按地域分割改为民营，东京圈属于 JR 东日本。

资料来源：《都政 2016》，东京都，2016 年 3 月。

表 8 – 10   北京市公共交通运营状况（2015 年）

项目	合计	按交通工具分	
线路条数 （条）	894	公共汽车	876
		轨道交通	18
线路长度 （公里）	20740	公共汽车	20186
		轨道交通	554
客运量 （万人次）	738384	公共汽车	406003
		轨道交通	332381
		出租车	58750

资料来源：《北京统计年鉴 2016》。

（三） 东京的交通需求控制策略

1. 机动车通行量的控制

与其他城市一样，东京也积极推行控制机动车通行量的 TDM（Transportation Demand Management）政策，包括根据路段限制特定车辆行驶，收费路段按时间段实行不同收费标准，单行线的设置，运用智能交通系统及时收集和提供交通信息，提倡利用公共交通，在新宿等大车站附近建设大型停车场让开车者停车改换乘公共交通工具（Park and Ride）等。在市中心的千代田区、中央区、港区、江东区四区设置公用自行车点，提倡人们利用自行车。

2. 停车限制

为了防止乱停车和道路堵塞，东京实行限制停车的政策。根据《东京都停车场条例》（1958 年公布，最新修订是 2013 年）、总务省《停车场法》（1962 年公布）规定，①禁止随便在路上停车，②购车者必须先拥有车库，③超过一定面积的建筑必须在建筑物内设置停车场，④推进在道路及公园、广场的地下建设大规模的公营停车场，等等。对于路上随便停车的对策主要是，用各种标记明确提示禁止停车，派遣交通指导员在路上巡回监督，在路口和交通要道设置摄像头监控，增设收费的路边临时停车点，在大型建筑物等处增设专用临时卸货点，等等。

（四） 东京的城市空间调节策略

1. 城市副中心建设和城市功能的分散

为了分散和缓解城市中心的压力，东京从 20 世纪 50 年代开始推进多极分散型城市的形成。先是在中心区边缘（环状铁路山手线的主要车站）建立了 7 个副中心（"副都心"），这些副中心都位于环状铁路山手线与其他铁道放射线的交叉部，同时拥有复数铁道线路和车站，周围具有购物、餐饮、娱乐、公共服务、居住等各种设施，是集车站和城市功能于一体的次城市中心。后来随着人口的增加又在东京都邻县设立了 3 个新中心，并在东京都西郊地区设立了 5 个核都市。副中心、新中心、核都市都将功能的综合性和职住近接为目标，形成了典型的多极分散型城市结构（参见表 8 – 11）。这种结构不但对缓解城市中心部的交通拥堵问题有效，对缓解其他基础设施以及人口和城市功能往城市中心部的过度集中也有很大效果。

　　与东京相比，北京是一个典型的同心圆结构布局，容易形成各项要素往中心部集中的现象。虽然中心部以外也形成了几个核心点，但这些核心点多局限于商业功能或者其他单一性功能，作为交通结合点的规模和能量也还不足，还不是综合性的次城市中心。

表 8 – 11　多极分散型都市结构的推进

中心	副中心	新中心	核都市
①千代田区 ②中央区 ③港区	①新宿（1958） ②池袋（1958） ③涩谷（1958） ④上野/浅草（1982） ⑤锦系町/龟户（1982） ⑥大崎（1982） ⑦临海（1995）	①大宫（埼玉县） ②幕张（千叶县） ③横滨（神奈川县）	①八王子 ②立川 ③多摩新城 ④町田 ⑤青梅

资料来源：根据东京都政府有关资料整理。

2. 郊外新城建设及人口疏散

　　从经济高度成长、人口急速向市区集中的时候（20 世纪 60 年代）开始，为了疏散和接纳激增的人口，东京在郊外周边开发建设了一些新城，包括多摩新城（多摩市）、南野新城（八王子市）、山田樱台新城（町田市）、渚新城（江户川区）、高岛平新城（板桥区）、光丘新城（练马区）等，规模最大的多摩新城从 1965 年开始建设，面积达 3000 公顷，容纳人口近 35 万人。地价便宜的郊外确保了可集中利用的土地，得以建设大规模住宅。不过郊外新城的建设必须与轨道交通建设同步，以便于人们通勤。以密如蛛网的轨道交通网为支撑的东京通勤圈由此形成。

三　东京的市政公用设施

市政公用设施方面，东京都政府管理的主要是自来水（"上水道"）和下水道。前面提过东京都政府里面设有"水道局"和"下水道局"，分别管理东京都内的自来水和下水道业务。

（一）自来水

东京的自来水供水业务始于 1898 年，现在由东京都水道局统一管理。水道局是东京都政府所属的地方公营企业，内设总务部（计划、调整、预算、决算）、经理部（固定资产管理、出纳）、建设部（工程的设计和施工）、净水部（取水、储水、导水、净水、水质管理）、给水部（供水、漏水等故障的处理）、服务推进部（客户管理、水费收费），负责东京都区部及市部的自来水业务，其业务规模参见表 8－12。

表 8－12　东京都水道局概况（2016 年 3 月末）

业务开始时间	创立批准	1890 年 7 月 5 日
	供水开始	1898 年 12 月 1 日
职工人数	3543 人	
供水服务面积	1239 平方千米（区部及市部）	
供水人口	1317 万人	
供水用户	734 万户	
水源量	630 万立方米/日	
供水能力	686 万立方米/日	
供水管线长度	26915 千米	
年总供水量	153030 万立方米	
日最大供水量	460 万立方米	
日均供水量	418 万立方米	
水费（口径 20mm、24m³）	3414 日元（含消费税）	
供水原价	210 日元立方米（含消费税）	

注：供水服务面积及人口、用户、供水量、水费、供水原价为 2015 年数据。
资料来源：东京都水道局，https://www.waterworks.metro.tokyo.jp。

东京都的水源是河水，其中 78% 来自利根川及荒川水系（一级河川，由国土交通省管理），19% 来自多摩川水系（一级河川，作为指定区间由东京都水道局管理），另外工业用水主要来自多摩川水系。东京都水道局设有 11 座净水场，日供水总能力 686 万立方米。水道局内设有"水质中心"，负责对水质进行严格的检测和管理①，东京所有的自来水都可直接饮用。水道局内设有 24 小时值班的"水运用中心"，负责从水源到供水管道的监控，通过该中心的压力感测器可以及时发现漏水并解决。2015 年总供水量 153030 万立方米，漏水量 4962 万立方米，漏水率仅为 3.2%。

（二）下水道

管理东京下水道业务的东京都下水道局也是隶属东京都政府的地方公营企业，职工有 2519 人，不过具体管理方式与水道局略有不同。区部下水道各项业务均由下水道局统一负责，市町村部则由下水道局与当地市町村政府共同负责，具体说就是干线管道的建设和管理由下水道局、从用户到干线管道的支线管道的建设和管理由当地市町村政府负责。各部分的业务规模参见表 8 - 13。下水道局分管下水道，但是为了节省开支和方便用户，下水道收费委托给东京都水道局，与自来水费一起收取。下水道费收费标准是，8 立方米以下一律 560 日元，超过 8 立方米以后实行累进收费，例如 8 ~ 20 立方米，每立方米加收 110 日元，20 ~ 30 立方米，每立方米加收 140 日元。

从 1908 年起，东京就开始推行污水与雨水同时处理的"合流式下水道"②，1994 年合流式下水道普及率达到 100%。晴天及小中雨时，污水和雨水通过密如蛛网的下水管道（有粗有细，直径从 25cm 到 8.5m 不等）全部汇集到下水处理中心（东京都共有 20 座下水处理中心，负责处理污水及污泥，日处理能力约 550 万立方米），然后再排到河川和大海。下大雨时，为了防止市街地大量进水，夹杂污水的雨水不经下水处理中

---

① 东京都水道局水质的标准（部分）：氯 0.1 ~ 0.4mg/L、三氯胺 0mg/L、土臭素 0mg/L、有机物（TOC）1mg/L 以下。

② 以前采用污水与雨水分别埋设管路排放的分流式下水道，污水经下水处理，雨水不经下水处理直接排放到河川。合流式下水道是污水与雨水用一条管路，这样既节省成本，掺杂了污浊物质的雨水也与污水一样经下水处理后再排放，不污染河川。

心，直接排放到河川和大海（见表 8 - 13）。

表 8 - 13　东京都下水道概况（2015 年 3 月末）

	区部	市町村
下水道管线长度 其中干线长度 其中支线长度	16002220 米 1094410 米 14907810 米	232190 米 — —
水泵所	84 座	2 座
下水处理中心	13 座	7 座
下水道井口	483430 个	1230 个
年下水处理量	1685272760 立方米	342495876 立方米
日均下水处理量	4617186 立方米	938345 立方米

注：市町村数据仅限于下水道局所管部分。
资料来源：《都政 2016》，东京都，2016 年 3 月。

　　另外，为了防止洪水灾害，由国土交通省主管，于 2006 年 6 月在东京外围建立了世界最大级别的地下防水路"首都圈外郭放水路"（见图 8 - 5）。该放水路由调压水槽 1 个（长 177m、宽 78m、高 18m）、地下隧道 1 条（长 6300m、直径 10m）、立坑 5 个（各直径 30m、深 70m）等部分组成，总储水量约 67 万立方米，排水量 200 立方米/秒，可以在大雨时吸收中川、仓松川、大落古利根川等河川泛滥出来的水并排放到江户川。自建成以来每年大约使用 8 次。东京都也建有类似的防洪设施（例如，环状七号线地下广域调节池），不过规模比较小。

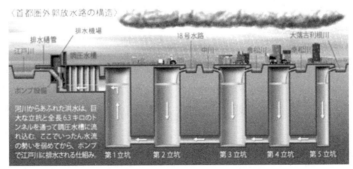

图 8 - 5　首都圈外郭放水路

资料来源：https://sciencewindow.jst.go.jp。

（三）　电力

在日本，发电和供电按地区由不同的民营电力公司实行，由北向南有北海道电力、东北电力、东京电力、北陆电力、中部电力、关西电力、中国电力、四国电力、九州电力、冲绳电力。东京电力全称为"东京电力株式会社"，承担东京都及周围7县（埼玉县、千叶县、神奈川县、山梨县、茨城县、群马县、栃木县）的发电和供电业务。

东京的供电还是传统的地上电线方式，东京都内共有大约754500根电线杆。为了安全以及改善市容，东京都在一些地段试点建设"电线共同沟"，将电线埋到地下。具体做法是，道路管理者（东京都）与电力公司、通信公司三方共同出资和施工，道路管理者负责电线共同沟的建设，电力公司和通信公司负责各自地上机器的设置、地下供电线和通信电缆的设置、通往用户的线路的设置、地上电线和电线杆的撤去等（见图8－6）。

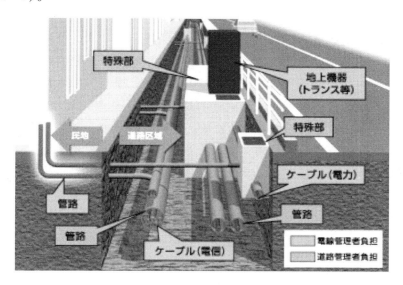

图8－6　电线共同沟

资料来源：东京都建设局网站，http://www.kensetsu.metro.tokyo.jp。

（四）　煤气

日本的城市煤气也是按地区由不同的煤气公司供气。现在日本全国共有大大小小203家煤气公司，其中民营177家、公营26家。东京及周围地区的煤气由民营的东京瓦斯承担。东京瓦斯的正式名称为"东京瓦斯株式会社"，拥有1.7万名职工，是日本最大的煤气公司，供气范围包括东京都及其周围6县（埼玉县、千叶县、神奈川县、茨城县、群马县、栃木县），煤气管道总长度达6万公里。煤气管道由东京瓦斯自行施工和管理。

四 东京的环境和绿化

（一）垃圾处理

东京都的垃圾分生活垃圾（"一般废弃物"）和工业垃圾（"产业废弃物"），采取不同的管理方法。

生活垃圾原则上是由各个区、市、町、村负责管理，东京都政府主要负责全体的调整和技术上的指导支援。2014年东京都全体生活垃圾量约450万吨，其中区部约332万吨、市町村部约118万吨。生活垃圾首先被分成可燃垃圾、不可燃垃圾、粗大垃圾（家电、家具等大型垃圾）、资源垃圾（易拉罐、塑料瓶、玻璃瓶、纸类等）等种类，分种类按各地方政府指定回收日进行回收。区部有21座垃圾焚烧厂和14座垃圾处理厂，市町村部有24座垃圾焚烧厂和20座垃圾处理厂。占垃圾总量50%以上的可燃垃圾一般直接运到就近的垃圾焚烧厂焚烧。焚烧炉使用800度以上的高温，能防治二噁英的排放。焚烧后的灰烬一部分作为建材原料（炉渣、水泥等）再利用，剩下的进行填埋处理。垃圾焚烧厂还利用焚烧垃圾产生的热量发电和供热（参见图8-7）。不可燃垃圾和粗大垃圾运到就近的垃圾处理厂进行分解、筛选，可利用的资源进行回收，剩下的进行焚烧或者填埋处理。资源垃圾运到专门的处理设施进行处理和回收。填埋造地的场地由东京都设立和管理，最大的是设在临海的"中央防波堤外侧埋立处分场"（199公顷）和"新海面处分场"（319公顷）。焚烧和再利用大大减少了填埋量。2014年东京都生活垃圾排出量450万吨，经焚烧和再利用后最后填埋的只有35万吨。[①]

以前人们将垃圾装到普通购物袋里扔掉，为了减少垃圾排出数量，从1996年左右开始，各区市町村逐步实施垃圾收费制度。具体做法是，

---

① 《东京都环境白书2016》，东京都，2016年11月，第122页。

可燃垃圾和不可燃垃圾必须使用指定的专用垃圾袋,专用垃圾袋可以在就近的商店购买,用颜色区分可燃垃圾用和不可燃垃圾用,有大中小不同尺寸。粗大垃圾必须贴上指定的垃圾处理票,垃圾处理票也可以在就近的商店购买,根据垃圾的大小额面不同。垃圾收费制度效果明显,东京都生活垃圾排出量 2004 年是 534 万吨,2014 年降至 450 万吨。①

工业垃圾原则上由排出者负责处理,自己不能处理的可以委托给专门的工业垃圾处理公司代为处理(不过直到处理完毕,排出者对处理负责)。东京都有专门指定的工业垃圾处理厂(包括上面提到的中央防波堤外侧埋立处分场和新海面处分场)。工业垃圾也要经过筛选和减量处理后再填埋。2014 年,东京都排出工业垃圾 2467 万吨,其中有 928 万吨被回收再利用,通过脱水和焚烧减少了 1469 万吨,最后填埋处理的仅有 70 万吨。②

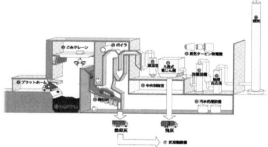

图 8 - 7 垃圾焚烧厂外观及内部构造

注:外观图为东京练马垃圾焚烧厂。

资料来源:东京 23 区清扫一部事务组合网站,http://www.tokyo23city.orDjp。

(二) 空气污染治理

东京在经济高速发展期间空气污染也相当严重。为此东京都与日本政府相配合,下大力气治理空气污染,取得了显著的成效。日本治理大气污染的措施可以分为两方面,一是出台有关法律法规进行严格规制,二是大力开发和应用各种污染防治技术和环保节能技术(见表 8 - 14)。制定的法律法规严格执行。例如东京都遵照《煤烟规制法》和《大气污

---

① 《东京都环境白书 2016》,东京都,2016 年 11 月,第 34 页。
② 《东京都环境白书 2016》,东京都,2016 年 11 月,第 123 页。

染防治法》每年对有关工厂实施排出量调查，包括到工厂进行现场检查，根据情况给予处分和指导。对锅炉使用进行规制，推广污染较轻的小型锅炉的使用。研发和推广排烟脱硫和排烟脱硝技术。东京都认为机动车是空气污染的重要根源之一（见表8-15），对汽车尾气制定了独自的排出基准，设置机动车公害监查员巡逻，对达不到基准的车禁止行使。同时采用减税及给予购车补贴等手段大力推广混合动力和电动汽车的使用。2014年，东京都混合动力及电动车等环保型汽车保有量约为32.4万台，占机动车保有量总数394万台的8.2%。[1]

表 8 - 14　防治大气污染主要法规和技术开发

防治大气污染法规	防治大气污染技术开发
煤烟规制法（1962年）	排烟脱硫装置
大气污染防治法（1968年）	排烟脱硝装置
机动车 NOx 法（1992年）	燃料转换
机动车 NOx · PM 法（2001年）	燃料管理
柴油车规制法（2003年）	环保节能型汽车

资料来源：根据各种资料整理。

表 8 - 15　分交通工具 CO_2 排出量

单位：$g - co_2$/人公里

交通工具	CO_2 排出量
步行	0
自行车	0
铁道	18
公共汽车	48
飞机	110
家用小汽车	165

资料来源：《东京的环境2011》，东京都，2016年8月，第28页。

（三）绿化管理

东京都的绿化管理主要是都市公园管理。根据都市公园法，东京都

---

[1] 《东京都环境白书2016》，东京都，2016年11月，第122页。

设立和管理着 81 所都市公园，面积约 2013 公顷。另外都内的动物园、植物园也与都市公园一起由东京都政府管理（具体管辖机关为东京都建设局公园绿地部）。区市町村设立和管理的公园有 7948 所，面积约 3624 公顷。另有国立公园 2 所，面积约 176 公顷。东京都内共有都市公园 8031 所，总面积约 5813 公顷。

东京都还设立了绿地率（地表绿色覆盖部分加上公园区域和公园水面的面积总和占东京都总面积的比例）并从 2003 年开始每年进行监测。2013 年，东京都全体绿地率为 50.5%，其中区部 19.8%、市町村部 67.1%。[①]

按照东京都制定的《自然保护条例》，从 2001 年开始，在 1000 平方米（公共设施 250 平方米）以上的场地上新建或者修建建筑物时，必须保证在地上或者建筑物上有一定比例的绿化面积，并需提交绿化计划书。该措施行之有效，从 2001 年到 2016 年的 15 年间，光是建筑物顶上的绿化面积就增加了大约 198 公顷。[②]

（四）市容管理

为了维护市容，东京都制定了《屋外广告物条例》，对私自在屋外设置广告物（包括广告塔、广告板、广告旗等）以及在建筑物、电线杆、路灯柱等张贴广告而破坏市容及危及他人和公众的行为进行规制，违反者处以 5 万～30 万日元以下的罚款。还制定了《东京都景观条例》《东京街道景观推进条例》等条例，对景观维护进行监督指导，禁止违法建筑、破坏建筑物等行为。定期举行有东京都政府职员、警察和都民共同参加的巡逻活动，对各种违法现象进行集中清理。东京都政府内负责市容整顿的机关是都市整备局。在路上设立摊点进行贩卖时需事先向就近的保健所申请，东京都政府内负责对设摊贩卖饮食进行管理的机关是福祉保健局。对于乱停自行车现象，东京都制定了《关于促进自行车安全妥善利用的条例》，由东京都青少年及治安对策本部负责，主要是对自行车停放进行宣传诱导。各区市町依照东京都的条例各自制定了关于自行车停放及自行车停车场整备的条例，采取强化取缔与扩大收费自行车停车场相结合的办法。取缔的方法主要是，在车站前等指定禁止停放

---

① 《东京都环境白书 2016》，东京都，2016 年 11 月，第 54 页。
② 《东京都环境白书 2016》，东京都，2016 年 11 月，第 56 页。

自行车区域，当地政府派监查员巡逻，违反者先给予贴纸警告，无视警告者将其自行车搬走到当地政府设置的自行车收容所保管，在通知期间内缴纳保管费（一般自行车 3000 日元、摩托车 4000 日元）领回，过期无人认领的自行车由当地政府负责处分。

总之，对于市容整治东京没有独立的城市管理执法部门，一般是根据情况由东京都政府相关机关或者当地政府负责应对，在很多情况下是靠居民举报。东京都在车站及主要道路口设有 1186 所小型公安派出所"交番"（Police Box），24 小时有警察值班。一般居民发现违法或者异常现象会告诉"交番"或者打电话报警，由警察来处理。

五　东京的人口和城市规划

（一）东京的人口规模和展望

2008 年以后日本的总人口受少子化的影响逐渐减少，但是人口从其他地区向东京集中的趋势一直没有改变。以此为背景，东京都的人口年年增加，2005 年 1258 万人，2010 年 1316 万人，2015 年 1352 万人（见表 8 - 16）。

表 8 - 16　东京都的人口推移

年份	人口（人）	对全国比（%）	人口密度（人/平方公里）	由其他地区迁入（人）
1945	3488284	4.83	—	—
1950	6277500	7.55	3091	—
1955	8037084	9.00	3973	—
1960	9683802	10.37	4778	628000
1965	10869244	11.06	5357	703747
1970	11408071	10.90	5328	668483
1975	11673554	10.43	5441	541685
1980	11618281	9.93	5388	490980
1985	11829363	9.77	5471	485208
1990	11855563	9.59	5430	453116
1995	11773605	9.38	5384	430369
2000	12064101	9.50	5517	444118
2005	12576601	9.84	5751	436245

年份	人口 （人）	对全国比 （％）	人口密度 （人/平方公里）	由其他地区 迁入（人）
2010	13159388	10.28	6016	394518
2015	13515271	10.63	6168	454043

资料来源：《东京都统计年鉴2015》，东京都。

（二）东京应对人口增加的措施

对于外地人口的流入，东京没有直接限制的政策，迁入迁出自由。通过购房或者租房在东京取得居所后，原则上14天以内持以前居住地政府开具的迁出证明和本人身份证件到居所所在地的政府部门登记，即可成为东京居民，也没有户籍人口及常住人口等区分。

20世纪60年代以后随着人口由地方往东京大量涌入，曾采取过一些间接控制人口流入和集中的政策。例如1959年国家制定的《首都圈建成区限制工业等的法律》（最后修订是2000年），限制在市街地区新设或者增设工厂和大学，诱导工厂和大学往东京郊外和东京都外迁移等等。

东京应对人口增加的措施主要是扩大各项城市基础设施的承载能力和调整城市空间布局。前者包括增加住宅保有量、发展高层和超高层建筑、增加道路长度和面积、提高铁道地铁等轨道交通的密度和输送能力、改善铁道地铁公共汽车等交通工具之间的衔接、线路和车站高架化、大深度地下利用等等。后者包括新城的建设和开发及设立副都心、新都心、核都市等等。以住房为例，即使1988年人口涌入高峰已经过去以后，住房保有量的增加也一直在继续（见表8-17）。1964年东京奥运会前后东京各项基础建设突飞猛进，以2020年奥运会在东京举办为契机，东京的城市基础设施预计将会有很大的改善。

表8-17 东京家庭数和住房存量的推移

年份	1958	1968	1978	1988	1998	2008
家庭数（万户）	196.9	317.9	391.5	436.0	500.5	599.0
住房存量（万套）	182.4	313.9	423.9	481.8	567.0	678.5
每户平均住房存量	0.93	0.99	1.08	1.11	1.13	1.13

资料来源：东京都都市整备局网站，http://www.toshiseibi.metro.tokyo.jp。

（三） 东京的城市规划

东京的城市规划由东京都都市整备局负责。但是在制定东京都城市规划时，首先要依据国家的相关法律以及东京都的大政方针。

国家的相关法律主要有：《国土形成计划法》（2005 年由旧《国土综合开发法》修订改称，主要内容是国土综合治理）、《国土利用计划法》（1974 年制定，主要内容是土地利用）、《首都圈整备法》（1956 年制定，主要内容是首都圈整备）、《都市计划法》（1968 年制定，主要内容是城市规划）等。

东京都的大政方针是指东京都制定的关于城市建设的总体方针，例如 2014 年 12 月制定的 10 年计划《创造未来：东京长期愿景》，提出要在成熟中成长，实现东京的可持续发展。2017 年制定的 3 年计划《面向 2020 年的实行计划》，提出要把东京建成安全城市、多样化城市、智能城市。

东京都都市整备局下设多个部、课。其中都市创造政策部负责城市整体规划、城市开发政策，住宅政策推进部负责住宅政策的企划和调整，都市基础设施部负责交通以及上下水道等城市基础设施的规划和交通政策，市街地整备部负责市区的土地区划和开发再开发，都营住宅经营部

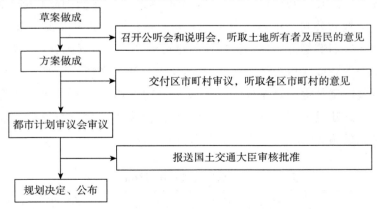

图 8－8　东京都城市规划制定程序

注：都市计划审议会由专家学者（10 名以内）、有关行政机关职员（9 名以内）、区市町村长代表（3 名以内）、东京都议会议员（10 名以内）、区市町村议会议长代表（3 名以内）等合计 35 名以内组成。审议会原则对外公开，都民可经抽选（15 名以内）参加旁听。

资料来源：《都市计划概要 2013》，东京都，2016 年 11 月。

负责公营住宅的企划和管理,总务部负责全局的组织调整。城市规划制定的程序大致如图 8-8 所示。都市整备局是知事部局,直接隶属东京都知事,接受知事的领导和监督,与政府内其他机关的调整通过知事进行。另外所制定各项城市规划要经过东京都议会审议批准,其落实情况要接受东京都议会都市整备常任委员会的监督审查。

六 东京城市管理对北京的启示

以上对东京的城市管理做了介绍分析。国情不一样,东京的有些做法未必能直接适用于中国的城市。例如东京对外来人口不设限制与日本城乡之间收入差距和社会福利差距很小有关,中国城乡在这些方面的差距还比较大,不设限制会使城市不堪重负。再如东京公共交通特别是轨道交通发达,私营铁路公司起着很大的作用,中国主要还是依靠政府部门来建设和经营。不过东京与北京不论是发展过程还是城市管理体制也有很多共同之处,东京的很多经验可以作为北京的参考和借鉴。

(一)充分发挥议政机构的议政和监督作用

东京的城市管理体制与北京实行的"两级政府、三级管理、四级落实"的城市管理体制有相似之处。两级政府是指一级行政区的"都"和二级行政区的"区市町村"。各区市在辖区内分设派出机构以方便为居民提供服务和管理。作为居民自治组织的町内会也起到协助政府进行宣传的作用。与北京相比,作为二级行政区的区市町村的独立性要大一些。区市的派出机构数量不多(例如比较多的新宿区役所和涩谷区役所各下设 10 个派出所),其目的和职责也主要是为居民就近办理各种手续和开具各种证明,比北京的街道办事处事务要少。町内会则主要限于帮助当地政府做一些宣传工作,而且随着少子老龄化和社区内人际关系变得疏远淡漠,町内会的活动越来越少,存在感越来越小。

东京的城市管理体制的一个重要特点和成功之处是作为议政机构的议会的作用。东京都有都议会,各区市町村也各有自己的议会,议员由居民投票选举产生,议长由议员互选。议会有定期召开的"定例会"和根据需要随时召开的"临时会",召开次数很多。各级政府的重大事项都必须经议会审议和通过,其执行情况也由议会监督落实。议会内按不同领域设置多个常任委员会,分头对行政机关进行对口的监督审查。议会还直接接受居民的请愿和陈情。东京的经验证明，充分发挥议政机构的议政和监督作用，有助于行政机构正确合理地制定有关政策，踏实有效地进行城市管理。

（二）行政层级之间分工明确又互相协调补充

二级行政区的"区市町村"与一级行政区的"都"既有上下级关系，又有一定的独立性和自主权，两级政府之间在事权和财权的划分上既有分明的一面，又有融合的一面。很多本来属于"区市町村"的事务例如跨区域的城市计划以及基础设施建设、自来水、下水道、交通、消防等等，因为经费庞大而且关系到城市行政的一体化和公共服务的平等化，由"都"实行一元化管理，与此相应本来由"区市町村"征收的"区市町村税"的一部分改由"都"作为"都税"征收，为"都"实行一元化管理提供了充分的财力保障。而对于出现财政赤字的"区市町村"，"都"又从"都税"中拿出一部分经费作为"财政调整交付金"给予支援。"区市町村"能处理的事务特别是直接关系到居民日常生活的事务则尽量由"区市町村"自行处理，例如垃圾的收集和处理原来是由"都"统一管理，后来下放给"区市町村"管理。面向人口稠密、事务较多的特别区，还专门设立了"都区协议会"，负责"都"与"区"之间的联络和调整。"都区协议会"成为两级政府之间密切沟通的渠道。分工明确又互相协调补充是东京行政层级之间关系处理的有效经验。

（三）采用经济手段解决城市问题

东京在进行城市管理和解决城市问题时注重采用经济手段而不是行政手段。例如，交通拥堵问题的解决主要是通过发展公共交通，特别是大运量的轨道交通，扩大交通供给；垃圾问题的解决主要是通过垃圾收费制度、垃圾分类和资源回收再利用、垃圾焚烧方式等大幅减少垃圾排出量和填埋量；空气污染治理主要是通过大力开发和应用各种污染防治技术、环保节能型技术和产品；人口的大量流入和规模过大问题的解决主要是通过在市内建设和形成多个城市副中心、在郊外建设多个新城、扩大包括住房在内的基础设施的承载能力等方法，疏散和缓解人口及城市功能往市区特别是市中心的集中，等等。总之很多"大城市病"问题的解决，东京都是采取经济手段为主，辅以行政手段的方式。比起依靠行政手段，依靠经济手段见效慢，但是政策比较稳定，效果比较彻底，来自社会的压力也比较小。

（四）适当引进和利用民间资本

从交通等基础设施的建设运营到电力煤气等市政公用设施的建设管理，民间资本在东京城市建设和管理方面发挥着巨大的作用。东京在进行城市管理上很注重利用民间资本。一些行政机关管理的事务例如垃圾收集、园林绿化、老人服务、场馆的运营等等很多委托给民间企业去做。民间资本和运营经验的利用，不仅可以减轻政府机关负担，还可以起到促进竞争、节省经费、提高效率等效果。北京虽然不可能像东京那样大幅度利用民间资本，但是可以从个别领域和环节入手，适当放开政策，有步骤地对民间资本进行引进和利用。

参考文献

北京市统计局等：《北京统计年鉴 2016》，中国统计出版社，2016 年 6 月。

樊纲、郭万达等：《中国城市化和特大城市问题再思考》，中国经济出版社，2017 年 5 月。

李春利、张钟允：《汽车社会成本中的交通拥堵机理分析与"东京模式"》，清华大学《汽车安全与节能学报》，2015 年第 2 期。

李春利：《北京与东京交通问题比较分析》，载《中国经济经营学会 2017 年春季研究集会论文集》，2017 年 7 月。

张兵：《中国的大城市问题与日本的经验》，载《山梨国际研究》第 10 号，2015 年 3 月。

《东京的环境 2011》，东京都，2011 年 8 月。

《都市计划概要 2013》，东京都，2013 年 11 月。

《东京都统计年鉴 2015》，东京都，2017 年 3 月。

《都政 2016》，东京都，2016 年 3 月。

《东京都环境白书 2016》，东京都，2016 年 11 月。

第九章　2030 首尔规划

韩国首都首尔是一座拥有两千年历史的古都，现已发展成为一座国际化大都市。随着城市的发展，城市规划的重要性不断凸显，城市规划需考虑开发与保护、可持续性、规划过程中的市民参与以及规划和执行之间的衔接等问题。首尔市的城市问题以及相关的城市规划措施，特别是最近实施的《2030 首尔规划》的热点背景和推进方式，以及确保规划实现的保障措施等相关政策经验，能够为北京市的规划管理提供启示。

一　《2030 首尔规划》概要

（一）《2030 首尔规划》简介

2011 年首尔市发布的《2030 首尔规划》是设定目标年份为 2030 年的"首尔市城市基本规划"的简称，编制本规划的标准年份是 2010 年。城市基本规划是包括经济、环境、能源、交通、基础设施、文化等各领域、全方位的综合性规划。在韩国与城市空间规划有关的法律体系中，城市基本规划是依据《关于国土的规划和利用的法律》编制的城市规划体系中最顶层规划，在该规划框架下，附属的城市管理规划和依据法律所制定的部门规划是相互协调、相互配合的。

1990 年首尔市首次编制了城市基本规划，1997 年和 2006 年又编制了两次规划（见表 9-1），《2030 首尔规划》是首尔市第四次编制的城市基本规划。

表 9 – 1　首尔市城市基本规划纲要（1990~2006 年）

规划名称	迈向 2000 年的首尔城市基本规划	2011 首尔城市基本规划	2020 首尔城市基本规划
编制年份	1990 年	1997 年	2006 年
目标年份	2000 年	2011 年	2020 年
未来蓝图	统一韩国的首都 太平洋时代的枢纽城市 市民之城	以人为本的宜居城市	自然与人文、历史与未来相互和谐的世界之城
规划基调	国际化、广域化、信息化、民众参与、居住品质	市民主体、以人为本	治理和恢复
规划背景和主要内容	制定法定规划 汉江南部和北均衡发展 建设多核城市 规划城市铁路网和城市高速道路网 1 都心—5 副都心—59 地区中心	2000 年规划的修改和完善 地方自治时代的到来 区域规划的听取和反映 上岩、纛岛、龙山、麻谷地区的开发计划 1 都心—4 副都心—11 地域中心—54 地区中心	2011 年规划的修改和完善 亚洲金融危机以后的变化 应对行政首都搬迁、清溪川复原等问题 解除限定开发区域的限制 1 都心—5 副都心—11 地域中心—53 地区中心

　　2009 年 2 月修订了《关于国土的规划和利用的法律》，城市基本规划的批准权限由中央政府下放到地方政府，扩大了首尔市市长关于城市规划编制和管理的权限。《2030 首尔规划》积极响应上述情况变化，同时广泛囊括了法规明文规定的内容，与之前的城市基本规划相比，规划内容和编制方式更充分地反映了首尔市的城市特点。此外，通过扩大市民参与，把与市民生活紧密相关的热点选定为规划主题。同时，为确保市民能够理解规划内容，实现规划用语通俗易懂的要求也愈发强烈。

　　《2030 首尔规划》强化了市民听证会、专家讨论会、主管城市规划的有关部门之间的协商会、征求各区部门的说明会等程序。通过此过程，重视以下事项：第一，以行政人员和专家为主，通过市民广泛参与，强化了民主程序；第二，提出了共享、革新（创新）、共生（双赢）、融合等新理念；第三，考虑了人口结构变化、城市更新等情况。

　　《2030 首尔规划》的时间范围是从 2010 年至 2030 年，空间范围是首尔市行政区划所属的大约 606 平方公里的地区。但为制定规划措施，在现状分析以及空间结构重组的框架下，以包括首尔周边地区在内的首尔大都市圈作为对象。

《2030 首尔规划》的主要内容：第一，从长期来看，提出了首尔的未来构想，以及为实现此构想制定的规划措施；第二，为规划措施的执行制定出热点主题，选定各热点主题的目标和战略，并为实现这些目标战略提出了城市空间结构重组计划和土地利用规划；第三，提出反映各区域特色的全域生活圈规划构想，谋求区域均衡发展；第四，为实现规划，提出首尔型城市规划体系、实时监督体系、市民参与体系和政府管理体系的组合方案，并制定财政投入的原则和方向。

（二）《2030 首尔规划》的原则和作用

《2030 首尔规划》作为首尔市的城市基本规划，是在城市空间结构和土地利用相关规划中最核心的规划，是所属城市规划编制的指南。《2030 首尔规划》囊括住宅、交通、公园、绿地等物理性空间领域和社会、经济、福利、教育等非物理性领域，为实现规划目标，需获得能够调整首尔市全部领域相关政策的权限和任务。

《2030 首尔规划》是通过未来构想、热点主题、空间结构和土地利用来实现的空间规划（见图 9-1）。为制定出反映未来构想和各热点主

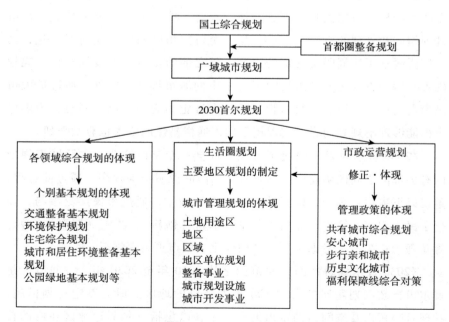

图 9-1　《2030 首尔规划》在城市规划体系中的地位

题规划的城市空间结构，需提出与此有关的土地使用原则，实现对开发选址和土地利用行为的控制和引导。

《2030 首尔规划》设定了政策实施的先后顺序，强调资源高效利用。为有效应对持续低成长的状况、财政投入需求的增加、市民多样化和高端化的需求，同时确保有限资源能够有效利用，明确了政策实施的先后顺序。

二 《2030 首尔规划》的编制原则和特点

（一）《2030 首尔规划》的编制原则

《2030 首尔规划》的编制原则体现"以人为本而规划"的时代价值，克服了现行城市规划的局限，主要关注以下内容。

第一，从规划编制的起步阶段到确定阶段，市民和专家共同进行协商和讨论。

第二，规划的内容能够充分体现民意，通俗易懂。

第三，探究《2030 首尔规划》与首尔市政府各部门规划间的整合，构建决定政策实施先后顺序的运营体系。

第四，把未来蓝图和热点主题的概念性、抽象性内容，转化为切实提高市民生活质量的具体性内容。

第五，确保规划的可行性。通过生活圈规划和中心规划，提出后续推进措施，运营监控体系，编制财政投入的原则，构建首尔市各区和首都圈内各地方政府间的共同治理体系（见图 9 - 2）。

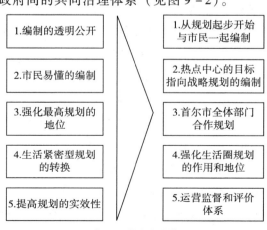

图 9 - 2 《2030 首尔规划》编制原则

(二)《2030 首尔规划》的特点

1. 规划起步阶段，与市民一起编制

从规划编制的起步阶段开始，市民直接参与了首尔的未来蓝图和规划措施的制定，也直接参与了热点主题规划的编制过程。

2. 制定了以热点主题为中心的目标型战略规划

由以前的 12 个部门规划调整为 5 个热点主题和 17 个目标，内容通俗易懂（见图 9 - 3）。

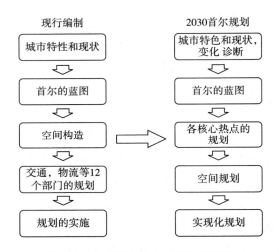

现行编制　　　　　　　　2030首尔规划

城市特性和现状 → 首尔的蓝图 → 空间构造 → 交通，物流等12个部门的规划 → 规划的实施

城市特色和现状，变化 诊断 → 首尔的蓝图 → 各核心热点的规划 → 空间规划 → 实现化规划

图 9 - 3　《2030 首尔规划》的要素

3. 首尔市全体部门通力合作

《2030 首尔规划》囊括物理性规划和福利、教育、历史、文化、环境等非物理性规划等内容。在规划编制过程中，以首尔市企划调整室和城市规划局为主导的全市各部门进行了紧密的合作。

4. 加强生活圈规划，提升生活圈功能

《2030 首尔规划》之前的城市规划，重点在于扩大城市规模、扩张城市边界、提高城市竞争力，这样的城市规划与市民关切的生活水平没有直接关系。《2030 首尔规划》通过关注和提高市民生活水平的生活圈规划，谋求自下而上的城市空间结构重组和区域均衡发展。

5. 提高规划的实效性，构建运营监督和考核体系

《2030 首尔规划》对规划内容进行持续地监督和考核，以便评估规划完成情况。《2030 首尔规划》设定了热点主题和各目标的主要评价指

标，通过评估与市民的持续参与，检查规划每年的完成情况，构建能够及时反映后续规划情况的实时监督体系。

（三）《2030 首尔规划》的编制过程

《2030 首尔规划》的编制工作始于 2009 年 1 月的城市基本规划修订事业。2009 年 2 月，城市基本规划的审批权下放到首尔市以后，关于同首尔特色相符的战略规划的特点、性质、原则、未来蓝图、热点主题的讨论活跃起来。

2010 年 5 月，进行调查问卷和征求意见，并召开各领域的咨询会议，进而制定了城市基本规划案，市民参与首尔规划的编制过程及各编制过程的主要内容详见图 9 - 4、表 9 - 2、表 9 - 3。在收集、修改和补充了首尔市相关部门意见，并通过各区的说明会和听证会之后，于 2011 年 5 月公布了此规划。

表 9 - 2　首尔城市基本规划编制过程（2009 ~ 2013 年）

日期	内容
2009.1	开始重编城市基本规划
2009.2 ~ 9	基础研究、规划编制构想、讨论未来蓝图
2009.8 ~ 11	对市民和专家进行问卷调查，收集区政府和居民的意见（9 月）
2010.1 ~ 2011.2	编写规划案，收集相关部门的意见
2011.4 ~ 5	记者招待会、区说明会、听证会
2011.6 ~ 7	专家讨论会、收集有关部门的意见（国土部、区政府等） 咨询并收集中央城市规划委员会、绿色首尔市民委员会的意见
2011.8 ~ 10	研究、修改并完善基本规划
2012.7（截止）	专家顾问团的运营
2012.8 ~ 10	招募市民参与团，制定未来蓝图和规划措施
2012.11	推进委员会的组成和运营
2013.3	召开区研讨会
2013.3 ~ 8	编写规划案
2013.9	筹划首尔规划，召开记者招待会
2013.10	召开区说明会、听证会、国土部协商会、听取市议会的意见 城市规划委员会审议（12.26）

事前准备　→　蓝图和规划课题　→　编写规划案　→　听证会，说明会　→　行政程序

图 9 - 4　市民参与型首尔规划的编制过程

表 9 - 3 　各编制过程的主要内容

编制的过程	主要内容
事前的筹划	专家论坛、专家顾问团会议、调查问卷、研讨会
制定未来蓝图和规划措施	依据市民参与团和专家顾问团制定未来蓝图和规划措施
各热点主题的规划	确保市民提出的未来蓝图具体化，编制各热点主题规划
生活圈规划	编制生活圈内的规划，召开区居民、公务员研讨会
收集意见过程	收集各界人士的意见，进行修改和完善

（四）《2030 首尔规划》的推进体系

首尔市的第一、第二行政副市长和规划总负责人（MP：Master Planner）担任"2030 首尔规划推进委员会"（以下简称为"推进委"）的共同委员长，负责规划推进的主要事项。规划总负责人总管与规划内容、规划推进有关的全部业务，各规划阶段负责人的作用详见表 9 - 4。

"推进委"由制定出首尔未来蓝图和主要措施的市民参与团和规划编制（各热点主题目标和战略）的各分科推进委组成。市民参与团由 100 名普通市民组成，各分科推进委依据市民参与团提出的规划措施，由 5 个领域共 108 名人员组成，每个分委由专家、首尔市公务员、市议会议员、市民团体、首尔研究院研究员共 20 名左右的人员组成。《2030 的规划》的推进体系详见图 9 - 5。

表 9 - 4 　各规划阶段负责人的作用

区分		制定未来蓝图和热点主题	各热点主题的规划
负责人的作用	总负责人	总管未来蓝图和热点主题的制定	负责综合协调各分科和编写总体规划案 统一协调和编制各分科的规划案
	分科负责人	协调和管理各种市民参与方案 与市民参与团进行协商和编写报告书	主管各分科会议 制定规划方向和规划案的框架 编写各核心规划报告书的草案

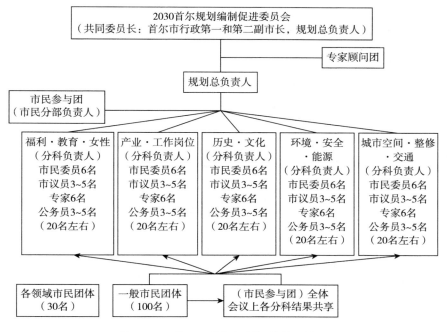

图 9 – 5　《2030 首尔规划》的推进体系

三　各热点主题规划

设立各热点主题规划的综合协调分科和 5 个热点主题分科。综合协调分科由规划总负责人（1 名）、各分科负责人（5 名）、市议会议员、首尔市政府企划调整室长和市规划局长、首尔研究院研究员组成。各热点主题分科由专家、首尔市民、市议会议员、首尔市公务员、首尔研究院的研究员等 20 ~ 30 名分科委员组成。

各热点主题领域由市民参与团提案的 7 大规划课题（教育、福利、就业、交通、历史文化景观、气候环境变化、城市治理）组成，经过综合协调之后，设立福利—教育—女性、产业—就业岗位、历史文化、环境—能源—安全、城市空间—交通治理等 5 个分科。

各热点主题规划的主要内容包括规划方向、评估指标、目标和战略等。为了编制规划，各部门 10 个月内进行了 10 余次会议，选定了热点主题。为根据热点主题制定具体目标和战略，由综合协调分科协调各热点主题分科。为收集市民参与团的意见，举办了 3 次"2030 首尔规划编制推进委员会"的全体会议。

(一) 热点主题1：平等和谐生活的以人为本的城市 (见表9-5)

表9-5   5个目标和17个战略

5个目标	17个战略
筹建应对老龄化社会的福利系统	改善老年人生活状况，提高社会保障水平 扩大老年人的社会参与，营造世代和谐的文化氛围
营造市民健康生活家园	构建有效的公共保健医疗体系，减少健康盲区 加强疾病预防管理体系建设 加强环境疾患的预防控制，保障食品安全
构建减少两极化和歧视的社会	保障社会弱者生存的平等权利 建立有针对性的地区福利体系 通过分享和参与，构建自助性福利集体 营造尊重多元文化的社会氛围
创建终身教育系统	推动无歧视的大众教育 建设学习型社会，提高市民素质 提升学校的素质教育 构建教育资源高效利用的地区共同体
实现男女平等，提高社会保障水平	营造男女平等的社会文化氛围 营造利于女性参与经济活动的社会环境 维护社会安全稳定 构建地区社会保障共同体

(二) 热点主题2：足够工作岗位和充满活力的国际化共生城市 (见表9-6)

表9-6   3个目标和10个战略

3个目标	10个战略
迈入创意和革新为基础的全球性经济城市	强化创新经济的基础，提高动力产业的竞争力 发展中小型创投公司 打造首尔型可持续产业生态链 培育创新集群和搞活产业聚集区
谋求经济主体间的共同成长和区域均衡发展	搞活合作共享的社会经济 扶持中小工商业者，提高企业自生力 增加面向弱势群体的就业岗位
发展以工作岗位和人为中心的活力经济	培育创新人才，扩大创新群体 营造宜居宜业的社会经济环境 实现城市职住平衡，营造21世纪型城市经济环境

（三）热点主题 3：充满历史文化气息的城市（见表 9 - 7）

表 9 - 7　3 个目标和 11 个战略

3 个目标	11 个战略
在生活中体现城市历史	形成具有历史文化特色的城市空间 改善市民对历史资源的交通便捷性 扩大历史资源的时间和空间领域（范围） 推动有执行力的历史保护
城市景观治理	自然景观的治理与保护 历史景观的治理与保护 街道景观和市内景观的治理 推动与市民共同治理景观
创造人人共享的多样性城市文化	营造创意舒心的文化环境 促进地区特色文化的发展 形成文化生态网

（四）热点主题 4：充满生机的安全城市（见表 9 - 8）

表 9 - 8　3 个目标和 11 个战略

3 个目标	11 个战略
打造公园引领型生态城市	推动公园基础设施建设，引领城市发展 提升城市调节气候的能力 提升城市自然生态涵养能力
建设资源高效利用的循环城市	改善应对能源危机的管理体系 构建低碳能源的生产和消费体系 提高资源的循环利用率
创造全体市民共同守护的安全城市	改善危急状况的应急机制 确保危机应急响应的及时性，提高应变能力 加强城市的安全治理 预防气象灾害，提升环境治理的能力

（五）热点主题 5：安居乐业和交通便利的城市（见表 9 - 9）

表 9 - 9　3 个目标和 11 个战略

3 个目标	11 个战略
建设职住平衡的再生型城市	以地铁站周边区域为中心，规划职住相邻型复合土地 发挥各区域特色，谋求均衡发展 市民主体参与再生型城市建设，增添区域活力 空间技术和信息技术相结合的综合性城市管理 构建高效的绿色物流体系

3 个目标	11 个战略
打造绿色便利的交通方式	建设公共交通为核心的再生型城市,构建复合联动的交通体系 整合非机动车使用的道路空间,营造安全便利的交通环境 管理机动车的使用
保障市民住房需求	扩大可持续的住宅供给,构建住宅供需管理体系 建设人性化的福利住宅项目 营造宜居的居住环境

四　实现规划的措施

(一) 规划体系的协调与完善

1. 强化生活圈规划和城市管理规划的作用

《2030 首尔规划》的生活圈规划是以各个区域的构想为基础,能够提供具体的符合各区域实际的城市管理规划指南。直到现在,城市基本规划仍存在很多概念化的抽象内容,所以给附属城市管理规划提供指南存在一定困难。由于各区域的特点和问题不同,难以采用统一的规划来达到目的。因此,需制定能够反映出各区域环境、人口、就业、产业、空间结构、土地利用等特点的差异化战略。

此外,对按土地功能分类的地域,编制地区单位规划、整治规划、城市设施规划等单独运营的城市管理规划,制定了规划编制方向和运营原则,构建了可持续重构的城市规划框架。

2. 编制重要地区的基本管理规划

为保证首尔的战略性中心功能,汉阳都城、汉江周边、龙山公园用地以及中心区域等地区需要编制单独的管理规划。汉江和汉阳都城是首尔全体市民和子孙后代享有的共同财产,因此,对汉江、汉阳都城、龙山公园用地,以系统管理和市民参与为基础来编制基本管理规划,可以保障规划的实现。

此外,首尔的中心地区体系从"1 个城市中心、5 个副城市中心"变为"3 个城市中心、7 个广域 (地区间) 中心"。为管理变化的中心地区,重组符合体系变化的城市基本规划必须要持续地进行下去。城市基本规划实现体系的强化详见图 9-6。

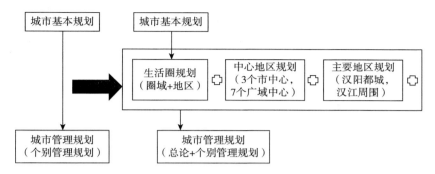

图 9 - 6　城市基本规划实现体系的强化

（二）构建和运营实时监督体系

对《2030 首尔规划》的实施过程进行持续地监督。为确保规划的可行性，明确了对规划实施效果有关的事项，对经济、环境、住宅等快速变化的城市环境，通过实时监督来构建规划的回溯基础。

1. 规划指标的监督

选定了能够评估《2030 首尔规划》执行过程的指标，首先选定和监督了 5 个热点主题的 17 个定量指标（见表 9 - 10）。

表 9 - 10　各热点主题的主要指标

区分	规划指标	2013 年	2030 年
热点主题 1： 以人为本的城市	最低收入标准保障率	48%	100%
	区域公共保健机关数量 （以每十万名人口为标准）	0.5 个	1.2 个
	老人休闲福利设施数量 （以 60 周岁以上的每千名老人为标准）	2.3 个	10 个
	民众享受终身教育的比例	35%	70%
	公立幼儿园托管分担率	11%	35%
热点主题 2： 充满活力的 国际化都市	创新群体比重	25%	33%
	社会经济岗位比重	1.6%	15%
	就业率（以 15 ~ 65 周岁为标准）	65%	75%
热点主题 3： 充满历史文化 气息的城市	文化环境满意度	65 分	90 分
	文化基础设施数量	2.8 个	4.5 个
	外国游客数量	800 万名	2000 万名

区分	规划指标	2013 年	2030 年
热点主题 4： 充满生机的 安全城市	未纳入公园服务的地区比重	4.6%	0%
	新再生能源的使用率	2%	30%
	灾害死亡人数的增减率	—	−20%
热点主题 5： 安居乐业和交通 便利的城市	职住均衡指数	71	90
	绿色交通方式的分担率	5%	12%
	公共租赁住宅的比重	5%	12%

2. 确保与各市政部门规划的契合

为确保各部门规划与《2030 首尔规划》的契合，首尔市政府内各室、局、本部编制各自中长期规划的时候，要依据最顶层的《2030 首尔规划》。

3. 关注城市和规划条件的变化

不断探究世界大城市的规划动向和趋势、关注首尔的城市变化、市民需求变化，同时通过研究基础资料和建立数据库，构建能够确保规划完善的体系。

4. 各年度顾客监督报告书的出版和推进体系

通过顾客监督报告书的公开和出版，评估《2030 首尔规划》实施情况。构建专家、首尔市民、首尔研究院等主体间的顾客合作监督体系，确保监督报告书的持续出版（见图 9 - 7）。

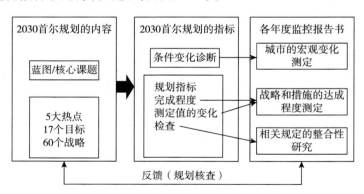

图 9 - 7　各年度监督报告书编写和回溯过程

（三）加强市民参与和治理

1. 构建市民参与和沟通体系

《2030 首尔规划》之前的城市基本规划编制过程也依照法定程序，

实施过听证会或公告，但在规划制定后的实施过程中市民参与的方式不当，引发的不满和争议等事件层出不穷。

《2030 首尔规划》是市民首次实际参与编制的首尔城市基本规划，编制过程是由市民参与团和"2030 推进委员会"主导的，之后合作监督也贯穿在规划实施过程和后续规划编制过程中。首尔市持续探索在规划过程中能保障市民全方位参与的方案，确保成为以市民参与为基础的自下而上的规划。

2. 设立常设广域规划组织和引入广域合作治理

为应对广域城市圈的问题，设立和运营了首都圈广域经济发展委员会、首都圈交通本部等特别行政机构组织，但暴露出预算不足、执行力有限、决定权不强等问题。作为应对方案，首尔市推动设立了首都圈广域规划组织（Metropolitan Planning Organization），管理包括首尔市、京畿道、仁川市在内的首都圈，针对交通通勤、地方政府自治、住房、公共服务等问题，提出切实可行的治理方案。构筑各规划相关主体之间的合作体系详见图 9 - 8。

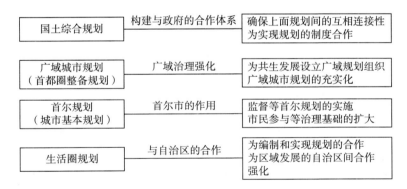

图 9 - 8　构筑各规划相关主体之间的合作体系

（四）确立财政投入的原则和方向

1. 财政投入的原则

《2030 首尔规划》为保障未来蓝图、各热点主题规划中的目标、战略、措施等内容的实现，制定了一定时期和领域内的财政投入原则。

首先，提出未来蓝图、热点主题、空间管理政策中各目标实现的时间点以及各阶段的实施战略。

其次，整合核心规划和相关规划，确定已在实施中的中长期措施的先后顺序。

最后，通过各年度进行顾客监督（monitoring），适时调整财政投入规模和先后顺序。

2. 按阶段实施策略

《2030 首尔规划》的 5 个热点主题分为短期应对措施和中长期应对措施。

短期应对措施是提高竞争力和构建安全城市，提高竞争力的措施和目标包括培育尖端产业、创造就业岗位、提高国际竞争力等，此外涉及因气候变化产生暴雨和暴雪等危害的应对方案。

中长期应对措施针对住房、社会福利、落后区域振兴、提高城市历史文化品位等问题。把不断提高居民生活质量作为今后关心和努力的方向，不再只关注城市外貌建设。此外，应对气候变化以及保护和恢复城市生态环境也是需要长期关注和持续追求的目标。

3. 制定政策的先后顺序

为实现《2030 首尔规划》，制定了政策实施的先后顺序，制定标准有以下几点。

首先，《2030 首尔规划》提出的战略和措施中，对相关的法律规划和市政规划以及现在推进中的主要事项整合度高的措施，优先进行部署。

其次，依据相关研究，对紧迫的和实践验证过的措施优先进行部署。包含在法定规划或者市政规划中的措施，可以得到中央政府的预算支持和首尔市政府的直接财政投入。

最后，《2030 首尔规划》指出，涉及规划方向以及必要性程度的静态措施，需体现在相关的法律规划中或者通过相关研究建立具体的目标和方法之后，才能实施。

参考文献

《2030 年首尔城市基本规划》，首尔特别市，2014。
《2020 年首尔城市基本规划》，首尔特别市，2006。

图书在版编目（CIP）数据

建设国际一流的和谐宜居之都研究／盛继洪主编
. -- 北京：社会科学文献出版社，2017.12
ISBN 978 - 7 - 5201 - 1832 - 3

Ⅰ.①建… Ⅱ.①盛… Ⅲ.①城市建设 - 北京 - 文集
Ⅳ.①F299.271 - 53

中国版本图书馆 CIP 数据核字（2017）第 289817 号

建设国际一流的和谐宜居之都研究

主　　编／盛继洪
副 主 编／黄江松　王　海　鹿春江

出 版 人／谢寿光
项目统筹／曹义恒
责任编辑／刘　荣　吕霞云

出　　版／社会科学文献出版社·社会政法分社（010）59367156
　　　　　地址：北京市北三环中路甲 29 号院华龙大厦　邮编：100029
　　　　　网址：www. ssap. com. cn
发　　行／市场营销中心（010）59367081　59367018
印　　装／北京季蜂印刷有限公司

规　　格／开本：787mm × 1092mm　1/16
　　　　　印张：15　字数：235 千字
版　　次／2017 年 12 月第 1 版　2017 年 12 月第 1 次印刷
书　　号／ISBN 978 - 7 - 5201 - 1832 - 3
定　　价／68.00 元

本书如有印装质量问题，请与读者服务中心（010 - 59367028）联系